리더십의 성벽을 쌓아라

모든 인간은 하나님의 형상을 닮은 존엄한 존재입니다. 전 세계의 모든 사람들은 인종, 민족, 피부색, 문화, 언어에 관계없이 존귀합니다. 예영커뮤니케이션은 이러한 정신에 근거해 모든 인간이 존귀한 삶을 사는 데 필요한 지식과 문화를 예수 그리스도의 사랑으로 보급함으로써 우리가 속한 사회에 기여하고자 합니다.

리더십의 성벽을 쌓아라

초판 1쇄 찍은 날 · 2007년 8월 6일 | 초판 1쇄 펴낸 날 · 2007년 8월 10일

지은이 · 글렌 존슨 | **옮긴이** · 임은묵 | **펴낸이** · 김승태

편집 · 이덕희, 방현주 | **디자인** · 이훈혜, 이은희, 정혜정
영업 · 변미영, 장완철 | **물류** · 조용환, 엄인휘

등록번호 · 제2-1349호(1992. 3. 31.) | **펴낸 곳** · 예영커뮤니케이션
주소 · (110-616) 서울 광화문우체국 사서함 1661호 | **홈페이지** www.jeyoung.com
출판사업부 · T. (02)766-8931 F. (02)766-8934 e-mail: jeyoungedit@chol.com
출판유통사업부 · T. (02)766-7912 F. (02)766-8934 e-mail: jeyoung@chol.com
제작 예영 B&P · T. (02)2249-2506~7

Copyright ⓒ 2007, 글렌 존슨

ISBN 978-89-8350-443-2 (03230)

값 14,000원

- 잘못 만들어진 책은 교환해 드립니다.
- 본 저작물은 저작권법에 의하여 한국 내에서 보호를 받는 저작물이므로 무단 전제와 무단 복제를 금합니다.

리더십의 성벽을 쌓아라

글렌 존슨 지음
임은묵 옮김

예영커뮤니케이션

예영커뮤니케이션은
복음주의기독출판협회(ECPA)의 국제 회원사로서 기독교 출판을 통하여
세계복음화를 위한 지상명령의 실현을 위해 동참하고 있습니다.

Leadership that Builds
by Glenn Johnson

Copyright ⓒ 1993, 1996 by Glenn Johnson
Originally Published in English by Action International Ministries

All rights reserved.

Korean Translation Copyright ⓒ 2007 by Jeyoung Communications Publishing House
179-56, Seongbuk 1dong, Seongbuk Gu, Seoul, Korea

본 저작물의 한국어판 저작권은 예영커뮤니케이션에 있습니다.
신저작권법에 의하여 한국 내에서 보호받는 저작물이므로 무단 전재와 무단 복제를 금합니다.

추천사

성경에 기록된 느헤미야의 이야기는 위기와 무감동과 절망의 시기를 극복하도록 해주는 리더십의 결정적인 사례이다. 우리는 느헤미야의 열정이 필요하다. 우리는 철저하게 계획해야 하며, 확고부동하게 힘써 일해야 하며, 우리나라와 사회와 가정 속의 무너진 성벽을 중건할 때에 반대 세력과 어려운 일을 대면하게 될 것이라는 점을 예상해야 한다. 실제로 우리는 우리가 수고하는 모든 영역에서 새로운 영감을 받은 리더십이 필요하다. 즉 세우는 리더십이 필요하다는 말이다.

나의 수많은 연설과 일은 무너진 성벽을 중건하고 사회의 구조를 변화시킨 부흥을 주도했던, 느헤미야의 경험에 의해 영감을 받았다. 나는 우리에게 내일을 위한 비전이 필요하다는 것을 믿고 있다. 그 비전은 생명처럼 귀한 것인데, 이는 우리가 열정과 절박함의 시기에 태어났기 때문이다. 비전은 우리가 하나님과 백성을 신뢰할 때에 수많은 위기와 낙망의 때를 극복하게 할 것이다.

글렌 존슨이 저술한 『리더십의 성벽을 쌓아라』에 밝혀진 성경 기사는 오늘을 사는 우리에게 호소하고 있다. 나는 우리 국민 가운데에서 더 많은 느헤미야가 일어나는 것을 보길 소망한다.

피델 V. 라모스
필리핀 공화국 전 대통령

구약에서 가장 영감을 주는 책들 중에 하나가 「느헤미야」이다. 글렌 존슨이 저술한 『리더십의 성벽을 쌓아라』는 느헤미야라는 한 성경인물의 이야기를 통해 리더십 원리들의 적시적 논의와 적용을 제시해주고 있다.

훼파된 예루살렘의 성벽이 중건되었던 것처럼, 우리나라도 정치적 권위주의와 경제적 어려움들의 잿더미 속에서 일어나야만 한다. 현재 우리는 하나님의 은혜로 인하여 주저앉은 자리에서 일어나 이 나라를 다시 건설하고 있다. 우리는 이 나라가 평화롭고 진보적이고 자유로운 나라로 만들어질 때까지 계속해서 세워나갈 것이다.

넵탈리 A. 곤잘레스
상원위원

TCL 베아트리체 인터내셔널 금융지주회사의 CEO가 되기 전, 나는 회장직을 받아들이는 것을 결정하기 위해 구약의 느헤미야를 읽은 적이 있었다. 그리고 지금은 글렌 존슨이 저술한 이 책이 내가 원하던 바를 설명해주고 있다. 나는 리더로서의 의무와 능력을 지니고 있는 사람들에게 『리더십의 성벽을 쌓아라』를 진정으로 추천하는 바이다.

로이다 니콜라스-루이스
TCL 베아트리체 인터내셔널 금융지주회사 CEO

나의 음악 세계에서는 무엇이든 가능하다. 음악은 나의 마음을 빼앗았다. 나는 성경을 연구하고 배우는 중에 성경으로부터 나의 음악을 더욱 아름답게 해주는 인생원리들을 발견했다. 성경에 기록된 하나의 이야기는 열정에 불타는 한 사나이가 어떻게 훼파된 예루살렘 성벽의 재건을 52일 만에 끝낼 수 있었는지에 대해서 말하고 있다. 그는 눈물 젖은 밤과 힘겨운 노동과 여러 위험한 사건들을 다 겪고 난 후에 성벽 중수를 마칠 수 있었다. 이 사나이의 이야기는 호소력이 있다. 그의 이야기는 나의 음악을 존재하게 해준다. 이 이야기는 당신의 이야기도 될 수 있다.

나는 성경에 기록된 느헤미야의 이야기를 읽고 자신의 음악 세계를 재건하기를 원하는 모든 음악인들에게 이 책을 추천한다. 느헤미야의 리더십에 대한 글렌 존슨의 책이 『리더십의 성벽을 쌓아라』라고 불리는 것도 흥미를 준다. 이 책은 리더십의 환상을 벗겨주고, 진정한 리더들에게 피와 살을 공급한다. 또한 자신을 진지하게 돌아볼 의향이 있는 모든 사람들이 자신을 다시 세우는 데 도움이 될 것이다.

게리 발랜시아노
음악가, 2001년 TOYM 현대음악상 수상자

도덕적 위기가 고조되고 있는 이 때, 느헤미야에 대한 글렌 존슨의 책은 리더십을 발휘하고 있는 크리스천들에게 견고한 성경적 지침을 제공해준다. 존슨의 『리더십의 성벽을 쌓아라』는 크리스천의 부주의와 자기만족으로 인해 무너진 세월을 다시 세울 수 있는 길을 제시한다. 이 책은 리더들을 일으키고 용기를 주기에 충분한 책이다.

메리 카이모
아나운서, TV 뉴스 앵커

목차

추천사　5
옮긴이의 말　11
서문　12
들어가는 말　14

제1부 성벽을 재건하라　19

Chapter 1 비전을 가져라　21

Chapter 2 계획을 세우라　55

Chapter 3 계획을 실행하라　78

Chapter 4 적극적으로 일할 자세를 취하라　111

Chapter 5 반대세력을 예상하라 –Part Ⅰ　143

Chapter 6 반대세력을 예상하라 –Part Ⅱ　181

Chapter 7 정면으로 맞서라　211

Chapter 8 정직한 리더가 되라　241

Chapter 9 개인적 반대세력을 극복하라　263

제2부 백성을 회복시키라　291

Chapter 10 리더와 영적 갱신 –Part Ⅰ　293

Chapter 11 리더와 영적 갱신 –Part Ⅱ　314

Chapter 12 리더와 영적 갱신 –Part Ⅲ　332

Chapter 13 성벽을 주님께 드리다　358

Chapter 14 리더는 끝까지 경주한다　375

일러두기
역자는 이 책의 의도를 더욱 적절히 표현하기 위해 개역개정, 표준새번역, 현대인의 성경, 공동번역을 사용하였음을 밝힙니다. 개역개정 성경을 다른 성경역들과 구분하기 위해서 상황에 따라 표준새번역은 'KNSV'로, 현대인의 성경은 '현대인의 성경'으로, 공동번역은 '공동번역'으로 표기했습니다.

옮긴이의 말

글렌 존슨은 『리더십의 성벽을 쌓아라』를 통해 크리스천 리더들에게 성경적 리더십 원리들을 공급하고 있다. 성경인물 느헤미야의 삶을 통해 얻어진 식견들은 위기 속의 크리스천과 교회와 사회와 국가에 리더십 혁명과 영적 갱신을 가져다줄 것이다.

이 책은 다수 국가의 교회 지도자들뿐만 아니라 정치 지도자들에게도 읽혀지고 있다. 느헤미야는 유대의 종교 지도자가 아니었다. 그는 정치 지도자로서 유대 사회에 영적 대각성 운동을 일으킨 인물이다.

내가 글렌 존슨을 개인적으로 알게 된 것은 이 책의 영서를 접한 후였다. 한국 상황에 적합한 글이기에 한국에 소개해야겠다는 마음을 갖고 번역하게 된 것이 이렇게 출판으로 이어졌다. 저자와의 개인적 만남을 통해 저자가 실제적이고 경건한 리더의 모습을 갖춘 인물임을 확신할 수 있었다. 그는 70대 중반의 고령임에도 불구하고 강연이나 설교를 할 때의 활동력은 나이가 무색할 정도였다.

한국에서 글렌 존슨의 책이 소개된 것으로 인해 하나님께 감사와 영광을 돌린다. 기도하는 마음으로 이 책을 펴내신 예영커뮤니케이션의 모든 지체들에게 심심한 감사를 전하고 싶다.

2007년 7월
임 은 묵

서문

리더십의 주제는 문명의 나이만큼이나 오래되었다. 실제로 역사속의 문명의 흥망성쇠는 영감 있고 효과적인 리더십에 의해 영향을 받았다. 성경 속의 리더들 중에 가장 사랑 받는 사람들 중에 하나는 느헤미야이다. 이 책에는 매니지먼트와 리더십의 연구에 필요한 모든 자료들이 들어있다.

느헤미야는 우리가 겪고 있는 상황에 대해 말하고 있다. 우리는 느헤미야를 통해 악의 존재와 상서롭지 못한 음모를 인식하게 된다. 세상은 관례적인 불법으로 가득하다. 무엇이 우리의 영웅을 유지시켜 주는가? 우리의 영웅은 다른 모든 사람들이 잠자고 있는 밤에 무엇을 하며 지새울까? 『리더십의 성벽을 쌓아라』는 흥미로운 책이다. 이 책은 우리의 생각과 행동의 방식을 바꾸게 하는 리더십의 차원을 보여준다.

우리에게는 비전과 계획이 필요하다. 상황을 변화시키는 리더는 좋은 정치적 수단의 밀물과 썰물을 알 필요가 있다. 리더는 변화시키는 사역자이기에 진실성과 용기 있는 마음과 높은 헌신도와 인내가 필요하다. 그는 꼼꼼함과 열심히 일할 역량과 결과를 위한 열정을 소유해야 한다.

우리 모두는 느헤미야의 마음아픔과 몸부림을 알 수 있다. 「느헤미야」는 무너진 성벽을 52일 만에 재건한 사건만이 기록된 책이 아니다. 하나님께 대한 순종과 수세기 동안 당했던 수치로부터의 회복도 다뤄지고 있다. 만약 당신이 조직체들과 사람들에게 지속적인 영향을 끼치고자 하는 신실한 열정을 지니고 있다면, 이 책은 당신을 위한 책이다.

메날도 히메네즈
전 GMA 7 방송국장
케이블 엔터테인먼트 주식회사 이사장
마부하이 필리핀 위성방송 주식회사 이사

들어가는 말

리더들은 모두 어디로 갔는가

지금 당신이 들고 있는 이 책은 한 가지 약속을 하고 있다. 한 유명한 기업 경영자는 "인류 역사는 리더십에 의해 실행된 일들에 대한 기록의 묶음이다."라고 말했다. 다시 말하면, 우리에게 진정한 리더들이 있을 때에 좋은 일들이 일어난다는 것이다. 우리는 모두가 한결같이 성공적인 삶을 살기를 원한다. 이 책의 논제는 "성공은 진정한 리더십에 의한 결과"라는 것이다. 이 책은 당신이 하나님께서 원하시는 리더가 되도록 돕기 위해 쓰여졌다.

또한 지금 당신이 들고 있는 이 책은 경고 메시지를 포함하고 있다. 진정한 리더십 뒤에 성공이 따르듯, 리더십이 진정으로 실행되지 못하면 결과는 실패로 돌아오게 된다. 이것은 기업과 정부와 교회에 있어서 진리이다. 당신이 과거에 전해 들었던 추문에 대해 생각해보라. 어떤 리더는 리더답지 않은 행동으로 인하여 수치를 당했다. 그를 추종하던 사람들은 추문의 열기가 사라진 후에도 고난을 당하고 있다.

이 시대는 진정한 리더들의 수적 위기 앞에 놓여 있다. 진정한 리더들이 충분하지 않다. 구약의 가장 지혜로웠던 사람은 "묵시가 없으면 백성이 방자히 행하거니와 율법을 지키는 자는 복이 있느니라"(잠 29:18)

고 주의했다. 또한 오늘날의 리더십은 질적 위기로 인해 신음하고 있다. 어떤 경우에는 도덕적 문제에 걸려 있거나, 정신적 문제와 동기적 문제에 휩싸여 있기도 하다. 당신이 위대한 인물이 되어야만 하나님에게 쓰임 받는 것은 아니다. 다만 당신이 하나님에게 쓰임 받기 위해서 전적으로 쓸모 있는 사람이 되어야 할 필요가 있다!

이 세상의 어느 국가도 이러한 리더십의 실패를 겪어보지 않은 국가는 없다. 나는 한 가지 명백한 물음을 통해서 우리의 논제를 다듬기를 원한다. 리더란 무엇인가? 나는 리더인가? 당신은 리더인가?

찰스 스윈돌(Charles Swindoll)은 리더십을 일컬어 단순히 "영향"(影響)이라고 한다. 내가 다른 사람에게 끼치는 영향만큼만 그 사람을 지도할 수 있다. 당신의 역할은 리더이다. 그렇다면 당신은 어떠한 영향력을 지니고 있는가? 당신은 효과적인 리더인가? 당신 자신이 효과적인 리더라는 점을 어떻게 확언할 수 있는가?

이 책은 자신의 편안한 삶을 거부했던 한 사나이에 관한 내용을 담고 있다. 그는 엄청난 난문제에 직면했다. 그의 나라는 포로로 잡힌 상태였으며, 그 나라의 수도인 예루살렘은 폐허가 되었다. 느헤미야는 과거 140년 동안 폐허로 있던 성벽을 52일 동안에 중건했다. 그는 깃펜으로부터 흘러나오는 잉크처럼 생생한 행동 지침들을 자서전에 기록했다.

앨런 레드파드(Alan Redpath)는 당신이 성벽을 중건할 때마다 "당신은 전쟁이 없이는 승리가 없고, 반대 세력이 없이는 기회가 없고, 불침번이 없이는 이길 수 없다는 것을 발견하게 될 것이다."라고 경고한다.

역사적 백그라운드

간략하게 구약의 느헤미야에 관해 생각해보자. 하나님께서는 이스라엘을 독립국가로 세우셨고, 한 후손을 통해서 구원하시리라는 언약과 국토와 구원자를 주셨다(창 12장). 이 언약은 아브라함에게 주어졌다. 그의 손자들 가운데 하나인 요셉은 하나님의 주권으로 인해 가나안에서 이집트로 인도함을 받게 됐다. 요셉의 가족도 이집트로 이주했다. 바로와 요셉의 호의적인 관계 덕분에 유다 사람들은 행복한 나날을 보낼 수 있었다. 그들은 이집트에서 대략 200만 명이나 되는 나라로 성장했다.

그러나 이스라엘의 인구증가와 형통은 미래의 바로들에게 위협이었다. "감독들을 그들 위에 세우고 그들에게 무거운 짐을 지워 괴롭게 하여 그들에게 바로를 위하여 국고성 비돔과 라암셋을 건축하게 하니라"(출 1:11). 질투와 증오심에 불타는 이방인들에게 잔인한 채찍을 맞는 히브리인들의 이야기는 여기에서 끝나지 않는다. 모세는 이스라엘 백성이 하나님께 구원자를 보내달라고 부르짖은 기도에 대한 응답이었다. 그는 백성을 40년 동안 인도했다. 그 다음에는 여호수아가 이스라엘 백성을 가나안으로 돌아오게 했다. 그들이 약속의 땅에 거하는 동안에 세 명의 강력한 왕들이 일어났다 – 사울, 다윗, 솔로몬.

안타깝게도, 솔로몬의 수많은 아내들이 솔로몬으로 하여금 우상숭배를 하도록 만들어 이스라엘은 북왕국과 남왕국으로 나뉘게 됐다. 북쪽에 거하던 열 지파는 이스라엘이라 불렸고, 남쪽에 거하던 두 지파는 유다로 불렸다. 왕국의 분열은 하나님의 백성에게 가해진 주님의 심판이었다. 주전 722년 북왕국이 앗수르에 포로로 잡혀갈 때에 더 많은 심판이 따랐다. 북이스라엘의 존재는 그것으로 끝났다. 남유다가 마지막 포로로 잡혀간 것은 주전 587년 바벨론 느부갓네살의 손에 의해서였다. 이 사건은 70년의 바벨론 유수의 시작이었다. 역대하 36장에는 그 이후의 사건에 대해 기록되어 있다. 바벨론 사람들은 젊은 유다 사람들을 학살했고, 처녀들을 강간했고, 성전의 제사 도구들을 바벨론으로 가져갔다.

칼에서 벗어난 자들은 쇠사슬에 묶여서 머나먼 바벨론으로 끌려갔다. 하지만 하나님께서는 그들을 외면하시지 않았다. 그분은 여전히 유다를 위한 목적과 계획을 지니고 계셨다. 그분께서는 바사 왕국에 고레스 왕을 세우셔서 세상을 통치할 새 리더가 되게 하셨다. 비록 고레스가 이방인이기는 했지만, 그의 마음은 하나님의 손아귀에 있었다.

세 무리들이 포로로 잡혀 있던 곳으로부터 귀환했다. 이 무리들은 종종 제2의 출애굽에 비유되곤 했다. 에스라 1-6장은 주전 538년 즈음에 스룹바벨의 지휘를 받아 거의 5만 명이 귀환한 사건에 대한 기록이다. 약 80년 후인 주전 458년에 에스라가 선두에 서서 약 4,000명 정도나 되는 두 번째 그룹이 돌아왔다(스 7-10장). 느헤미야의 그룹은 대략 주전 444년에 예루살렘으로 귀환했다.

에스라와 느헤미야는 하나님의 사람들이었다. 그들은 모든 면에서 하나님께서 사용하신 리더들이었다. 오늘날 우리는 이와 같은 사람들이 필요하다. 리더들은 모두 어디로 갔는가?

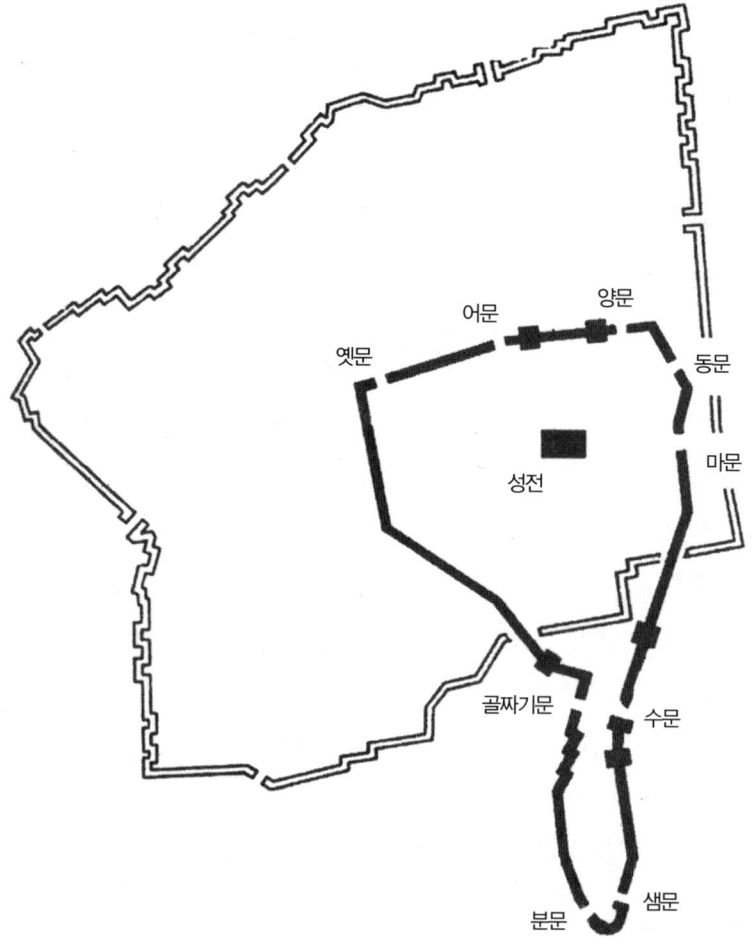

제1부
성벽을 재건하라

비전이란 먼 곳에서 어렴풋이 바라보는 것이 아니라
눈으로 직접 보는 것이다

Chapter 1
비전을 가져라

디즈니월드가 완공된 지 얼마 후에 어떤 사람이 말하기를, "월트 디즈니 씨가 디즈니월드의 완공을 지켜보지 못하게 된 것이 매우 유감스럽지 않습니까?"라고 했다. 이에 대해서 디즈니 스튜디오의 마이크 밴스 이사가 대답하기를 "그분은 디즈니월드를 보셨습니다. 그렇기에 이것이 여기에 세워지게 된 것입니다!"라고 했다.

비전이란 무엇일까? 이것은 새로운 것들을 시각화하는 능력이다.

비전에 대한 이해

리더는 비전에 속한 두 가지가 필요하다. 그는 하나님께서 하실 수 있는 것과 하나님께서 하시길 원하시는 것을 볼 수 있어야 한다.

우리는 구약에서 그러한 유의 비전을 소유했던 한 사나이를 발견하게 된다. 그는 느헤미야이다. 그는 돌무더기를 바라보는 중에 성벽의 중건이 완성되는 것을 볼 수 있었던 사람이었다. 비전은 우리로 하여금 예수님께서 모든 상황을 가능케 하신다는 것을 믿음으로 볼 수 있도록 해준다. 신약에 기록된 시몬 베드로의 삶을 숙고해보자. 예수님께서는 시몬을 바라보시면서 "너는 지금 약하고, 흔들리고 있고, 예측할 수 없고, 불안정하구나."라고 말씀하셨다. 이것은 현실이었다. "그러나 나는 네 삶 속에 나의 능력을 부어주어 너를 믿음직한 반석으로 변화시킬 것이다." 이것은 미래의 가능성이다.

미래의 가능성이라는 용어를 사용하는 것이 이상하게 느껴질 수도 있다. 예수님께서 시몬에게 그가 반석이 될 것이라고 말씀하신 것은 가능성이 아니라 확실성이었다. 예수님은 자신이 행하시기로 작정하신 것은 항상 그대로 실행하신다. 그러나 인간은 지혜와 의와 능력이 불완전하기에 가능성이라는 용어를 사용하는 편이 낫겠다(약 4:15). 이렇게 한다고 해서 비전이 주는 흥분을 가라앉게 하지는 않는다. 오히려 진정한 겸손과 더불어 균형을 유지하게 해준다. 비전은 리더십의 독특한 특징이다. 우리는 멍하니 바라보기만 해서는 안 된다. 우리는 하나님의 변화시키시는 능력을 볼 수 있는 사람들이 되어야 한다.

행함이 없는 비전은 당신을 몽상가로 만든다. 비전이 없이 일하는 것은 고역이다. 하지만 행함이 있는 비전은 리더십이다. 나는 결코 "주님, 저를 리더로 만들어 주세요."라고 기도하지 않는다. 대신 거의 매일

같이 하나님께 나의 비전이 성장하게 해주실 것을 간구한다. 비전은 효과적인 리더십을 위한 첫 단계이다.

자, 성경에서 언급하고 있는 한 사람을 만나보자. 느헤미야는 리더였다. 그는 비전의 사람이었다. 우리는 그의 인생을 통해서 여러 가지 값진 교훈들을 얻을 수 있다. 느헤미야의 이야기는 그가 나쁜 소식을 전해 듣고 반응하는 것으로 시작된다.

> 하가랴의 아들 느헤미야의 말이라 아닥사스다 왕 제이십년 기슬르월에 내가 수산 궁에 있는데 내 형제들 가운데 하나인 하나니가 두어 사람과 함께 유다에서 내게 이르렀기로 내가 그 사로잡힘을 면하고 남아 있는 유다와 예루살렘 사람들의 형편을 물은즉 그들이 내게 이르되 사로잡힘을 면하고 남아 있는 자들이 그 지방 거기에서 큰 환난을 당하고 능욕을 받으며 예루살렘 성은 허물어지고 성문들은 불탔다 하는지라 내가 이 말을 듣고 앉아서 울고 수일 동안 슬퍼하며 하늘의 하나님 앞에 금식하며 기도하여(느 1:1-4).

어느 누구도 나쁜 소식을 좋아하는 사람은 없다. 느헤미야가 하나님 앞에 그의 슬픔을 아뢰는 장면이 그의 성격을 매우 잘 설명해주고 있다. 그는 위안 또는 "여호와의 위로"라는 의미의 이름처럼 살았다. 그는 위로 받기 위해 어디로 가야 하는지 알고 있었다. 그는 외부로부터 오는 용기가 필요했다. 왜냐하면 "위로를 얻은 자"는 자신이 사랑했지만 한 번도 본 적이 없었던 예루살렘으로부터 멀리 떨어진 바벨론에서 포로로 성장했기 때문이었다.

　성경은 느헤미야의 부친에 대해서 이름 외의 것을 언급하지 않는다. 하가랴는 "야훼를 기다림"에 대한 단축형이다. 그의 이름은 그가 강력한 믿음의 사람이었다는 것을 생각나게 한다. 느헤미야의 경건한 인생 행보는 그의 가정에서부터 시작되었음이 분명하다. 그는 이방 신전의 뜰에서 자라지 않았다. "야훼를 기다림"(하가랴)은 그 아들에게 주님을 앙망하도록 교육했음이 확실하다.

　오늘날의 허다한 가정들에서는 자녀들이 원하는 것은 무엇이든지 소유할 수 있게 되었다. 그러나 느헤미야는 어렸을 때부터 기다리는 것을 배웠다. 그리고 그는 성인이 되었을 때에 위기의 때를 잘 극복했다. 그는 하나님을 기다렸다.

　안타깝게도, 느헤미야의 경건한 삶은 다른 사람들에게서 찾아볼 수 없었다. 유대교와 유대인들은 비참한 상태에 놓여 있었다. 불행히도 선지자들과 제사장들과 왕들은 믿음을 배신했다. 백성은 참 하나님이신 야훼를 등지고 다른 신들을 섬겼다. 이로 인하여 하나님의 백성은 140년 동안:

　▶ 메대–바사 왕국의 포로로 사로잡혀서 뿔뿔이 흩어졌지만 예루살렘을 그리워했거나,

　▶ 메대–바사 왕국의 포로로 사로잡혀서 그곳에 정착하여 환경에 만족해했거나,

　▶ 메대–바사 왕국의 포로로 사로잡혔고 조롱 받는 소수 민족으로서 팔레스타인에서 고통 받았다.

기슬르월은 태양력의 12월이다. 아닥사스다 왕의 제20년은 주전 444년에서 445년 사이였다. 당시 느헤미야는 바사 왕국의 겨울 수도였던 수산 궁에 머물고 있었다. 수산 성은 페르시아만에서 북쪽으로 150마일 떨어진 곳에 위치해 있으며, 오늘날 이란의 남서 지역이다. 수산 성은 성경에서 중요한 성이었다.

느헤미야는 왕의 술 관원이었다. 현대인들은 술 따르는 사람을 종이나 노예로 생각한다. 느헤미야는 종이나 노예가 아니었다. 느헤미야는 굉장히 중요한 직분을 소유한 사람이었다. 고대사를 가르치는 조지 로우린슨 교수는 바사 왕궁의 호화로움과 웅장함을 설명하고 있다. 바사 왕은 수백 명의 수종들에 둘러싸여 있었고, 궁 안에서는 매일같이 1만 5,000명이 음식을 먹었다. 그럼에도 불구하고, 우리가 느헤미야 2장을 읽어보면 알 수 있듯이, 바사 왕국의 독재자는 일반적으로 손님들과 함께 식사를 하지 않고 혼자 혹은 왕후와 더불어 했다. 식사 중에는 일반적으로 포도주가 제공됐다. 포도주는 왕의 컵에 따라졌다. 이 일을 위하여 술 관원이 생겨난 것이다.

그들은 잔을 채우기에 앞서 잔을 정성스럽게 닦았다. 그리고 주인에게 바치기 전에 약간의 포도주를 그들의 왼손에 떠서 놓은 후 입으로 들이켰다. 이는 포도주에 독이 들어 있지 않다는 것을 보여주기 위함이었다. 술 따르는 일을 하지 않는 동안에는 왕궁의 문을 지키면서 사람들을 왕궁 안으로 들여보낼 것인가 들여보내지 않을 것인가를 결정하는 것이 그들의 주요 임무였다. 심지어 왕족들과 권세자들마저도 그들의 요구에 순복해야 했다. 그들은 이와 같이 사람들을 통제하는 직무를 수행하는 높은 직임의 사람들이었다.

느헤미야는 권세를 지닌 사람이었다. 그는 그가 섬기는 왕이 임명한 비서요, 절친한 친구요, 보디가드였다.

하나니는 예루살렘의 소식을 전해주었다. "예루살렘 성은 훼파되고 성문들은 소화되었다." 성벽이 과거 140년 동안 훼파된 상태로 있었다는 것을 상고해 볼 때에 하나니가 언급했던 성벽 훼파는 얼마 전에 에스라가 예루살렘에서 중건하기 시작했던 것이 붕괴됐다는 의미이다. 일찍이 유다 사람들이 성을 재건하려고 시도했지만, 예루살렘의 르훔과 심새의 고소가 있자 아닥사스다가 성벽 재건의 중단을 명했다(스 4:7-23). 느헤미야에 앞서 바사에서 예루살렘으로의 원정이 두 번 있었다. 스룹바벨은 느헤미야가 예루살렘으로 가기 대략 80년 전에 한 무리를 이끌고 유다로 돌아왔다. 에스라도 역시 느헤미야보다 약 12년 앞서 예루살렘에 도착했다. 느헤미야의 마음은 여느 유다 사람들의 마음처럼 시온 산에 머물러 있었다. "예루살렘의 형편은 어떠하던가요? 유다 사람들은 어떻게 지내고 있나요?"라고 하는 것이 그의 첫째 관심거리였다. 하나니의 대답은 느헤미야로 하여금 눈물을 흘리며 무릎을 꿇게 했나. 여기에서 먼저 리더는 비전을 가져야 하는가라는 질문이 던져져야 할 것이다.

I. 필요한 것을 보는 비전(1:1-3)

돌부스러기를 보다

리더들은 돌부스러기를 보아야 한다. 예루살렘의 훼파에 대한 하나니의 보고는 즉시 느헤미야의 관심을 끌었다. 하나님과 그의 백성을 사랑하는 마음 때문에 그는 심히 고뇌해야 했다. 필요한 것을 보는 진정한 비전을 소유하게 되면 인식과 고뇌를 분리할 수 없다.

느헤미야는 문제를 해결하기에 앞서 그 문제가 뭔지를 파악했다. 그는 문제의 핵심을 이해했고, 예루살렘의 문제를 자신의 문제로 여겼다. 리더는 자신을 따르는 사람들이 필요로 하는 것이 리더 자신에게서 나온다는 것을 매우 잘 알아야 한다. 그리고 리더를 따르는 사람들은 리더가 고통을 느끼고 있다는 점을 잘 알고 있어야 한다. 앨런 레드파드는 다음과 같은 의견을 말하고 있다.

> 느헤미야에게서 교훈을 얻으라. - 당신은 자기 영혼 속에 있는 압박을 먼저 느끼지 않고서는 그 짐을 결코 가볍게 할 수 없다. 당신은 하나님께서 당신의 두 눈을 여셔서 당신으로 하여금 문제의 본질을 볼 수 있도록 하시기 전에는 다른 사람들에게 복을 전달할 수 있는 하나님의 도구로 쓰임 받지 못한다. 이것 외에 크리스천이 준비해야 할 것은 없다. 느헤미야는 성을 중건하도록 부르심을 받았지만, 그가 먼저 해야 할 일은 훼파된 성을 위해 눈물을 흘리며

우는 것이었다.

당신 영혼을 둘러싸고 있는 성벽

재미있게도, 이사야는 49장 16절에서 "성벽"이라는 단어를 사용했다.

> 내가 너를 내 손바닥에 새겼고 너의 성벽이 항상 내 앞에 있나니 (사 49:16).

하나님께서는 우리의 인생이 마치 성벽과 같다는 것과 그 성벽을 지속적으로 지켜보고 계신다는 것을 말씀하신다. 예루살렘의 성벽은 이스라엘의 죄악에 대한 하나님의 심판으로 인해 무너졌다. 때로 성벽은 매우 사소한 부주의로 말미암아 허물어져 버리기도 한다. 우리의 기도는 하나님께 요구하는 것에 지나지 않는다. 우리가 성경 공부에 투자했던 시간은 이제 다른 것을 위해 투자된다. 이곳저곳에 돌들이 흩어져 있다. 우리의 삶은 곧 메마르고 먼지투성이가 될 것이다.

당신의 성벽을 보라. 당신은 자신의 성벽을 재건해야 할 필요가 있는가? 오늘 시작하라. 오래된 돌부스러기를 깨끗이 치우는 일은 죄에 대한 "회개", 즉 죄에 대해 슬퍼함이라고 불린다는 것을 기억하라. 오래된 돌부스러기를 청소하는 것은 중수의 시작이다.

당신 가정을 둘러싸고 있는 성벽

　사랑은 마치 정원과 같다. 사랑이 성장하기 위해서는 돌봄이 필요하다. 사랑하는 두 사람은 가정 안에서도 보일까말까 한 줄다리기를 할 수 있다. 당신의 결혼생활을 둘러싸고 있는 성벽은 어떠한가? 당신은 배우자가 필요로 하는 것을 인식하고 있는가? 그가 걱정하고 있는 것들은 무엇인가? 그녀에게 있어서 가장 큰 기쁨은 무엇일까? 그녀는 지금 영적으로, 감정적으로 어떻게 지내고 있는가? 그녀는 당신이 표현하는 사랑을 받고 있는가? 그러니까 내가 말하고자 하는 바는 당신이 그녀를 칭찬하고, 어루만져주고, 위로하고, 그녀의 모든 것을 받아주느냐는 것이다. 그녀는 당신의 로맨틱한 사랑의 열기에 의해 여전히 녹고 있는가? 만약 그 사랑의 불이 이미 꺼졌다면 하나님 앞에서 시인하라.
　우리의 결혼생활은 하나님에게 얼마나 중요한 것일까? 남편은 아내를 향한 사랑을 '사랑의 야드 자(yardstick)'라고 일컬어지는 자기 몸을 가지고 측정해야 한다. 대다수의 남편들은 자기의 약점을 숨기려 하는 동시에 자기 육체의 힘을 과대시하려고 한다. 안타깝게도 어떤 남편들은 그들의 배우자들 앞에서 너무 무력하다.
　당신 아내를 사랑하기를 당신의 몸을 사랑하듯 한다는 것이 무얼 의미하는가? 이에 대한 가장 설득력 있는 설명은 안면 종양으로 고통 받던 한 여자를 수술했던 로버트 시저(Robert Seizer) 박사에게서 들을 수 있다. 그의 환자는 입을 영구히 비뚤어지게 할 신경 절개를 해야 할 필요가 있었다.

그녀의 젊은 남편은 병실에 있다. 그는 침대 반대편에 서 있다. 등불 아래 있는 그들은 아무런 문제가 없는 것처럼 보인다. 그들은 나를 의식하지 않고 있다. 마치 단 둘이 있는 것처럼 말이다. 나는 내 자신에게 이들은 과연 어떤 사람들일까라고 물어본다. 서로 바라보며 매우 사랑스럽게 어루만지고 있는 이 남자와 뒤틀린 입(수술 받은 여자)은 어떤 사람들일까? 그 젊은 여자는 말한다. "제 입이 항상 이렇게 비뚤어진 상태로 있을까요?" 그녀가 물었다. "예, 그렇습니다." 내가 대답했다. "신경을 절단했기 때문에 당신의 입은 비뚤어진 상태로 있을 겁니다." 그녀는 고개를 끄덕이더니 아무 말도 하지 않는다. 그러나 그 젊은 사내는 미소를 지어 보인다. "마음에 드는군요!" 그가 말했다. "정말 귀여운데요." 그는 나를 의식하지 않고 그녀의 비뚤어진 입에 키스하기 위해 몸을 굽힌다. 나는 아주 가까운 곳에서 그가 그녀의 입술을 받아들이기 위해 자기 입술을 비뚤어지게 하는 것을 볼 수 있다. 그는 자신들이 여전히 키스를 할 수 있다는 것을 보여주고 있는 것이다.

당신의 리더십이 아내에게 영향을 끼치는 만큼 가족에게도 영향을 끼친다. 한 고등학생은 "우리 아버지는 제가 하는 말을 5년 동안이나 들어본 적이 없어요."라며 비통해 했다. 얼마나 많은 아내들이 "오, 남편이 아이들에게 관심을 가져주면 얼마나 좋을까요."라고 하며 한탄하고 있는가. 당신의 가족을 둘러싸고 있는 성벽은 수리되어야 하지 않는가?

당신의 세상을 둘러싸고 있는 성벽

나아가 우리는 우리의 세상을 둘러싸고 있는 성벽이 훼파된 것을 보게 된다. 우리는 이러한 상황을 어떻게 대응해야 할까? "내가 이 말을 듣고 앉아서 울고 수일 동안 슬퍼하며 하늘의 하나님 앞에 금식하며 기도하여"(1:4). 두 개의 이유가 느헤미야의 마음을 무너지게 했다.

첫째는 유다로 귀환했던 생존자들이 큰 "고통"을 당하고 있었기 때문이다. 그들은 불행한 삶으로 인해 신음하고 있었다. 성벽 없이 살아가는 것은 보호 없이 살아가는 것이었다. 그들은 마치 원수들에게 둘러싸여서 도움을 얻을 수 없는 희생자들과 같았다.

둘째로, 하나니가 "능욕"이라는 용어를 사용했기 때문이다. 이 용어에 대한 히브리어 의미는 "날카로운", "자르는", "관통하는", "뚫는"이다. 그들은 진실한 믿음을 대적하던 원수들에 의해 능욕과 비방을 받았다. 그러므로 하나님의 이름이 더럽혀진 것이다. 그 리더는 성도들이 고난을 당하고, 주님이 영광을 받지 못했기에 통곡했다. 이스라엘의 형편이 세상으로 하여금 하나님을 조롱하도록 한 것이다. 이후에 바울은 불순종하는 이스라엘 후손들에게 경고 메시지를 선포했다. "기록된 바와 같이 하나님의 이름이 너희 때문에 이방인 중에서 모독을 받는도다"(롬 2:24). 죄는 그냥 발생하는 것이 아니다. 죄의 사악한 촉수는 한 사람 또는 한 국가만을 무너뜨리는 것이 아니라, 하나님의 영화로운 이름을 모독할 수도 있는 것이다.

내가 이 말을 듣고 앉아서 울고 수일 동안 슬퍼하며 하늘의 하나님 앞에 금식하며 기도하여(느 1:4).

여기에 한 가지 좋은 생각이 있다. 필요에 대한 무지는 우리를 엉뚱한 방향으로 이끈다. 필요에 대한 편견은 우리를 실망으로 이끈다. 그러나 비전은 변화를 일으킨다. 리더는 필요한 것을 보는 비전을 소유해야 한다.

II. 주님에 대한 비전(1:5-11)

아래의 기록된 느헤미야의 기도는 하나님의 비전을 드러내준다.

이르되 하늘의 하나님 여호와 크고 두려우신 하나님이여 주를 사랑하고 주의 계명을 지키는 자에게 언약을 지키시며 긍휼을 베푸시는 주여 간구하나이다 이제 종이 주의 종들인 이스라엘 자손을 위하여 주야로 기도하오며 우리 이스라엘 자손이 주께 범죄한 죄들을 자복하오니 주는 귀를 기울이시며 눈을 여시사 종의 기도를 들으시옵소서 나와 내 아버지의 집이 범죄하여 주를 향하여 크게 악을 행하여 주께서 주의 종 모세에게 명령하신 계명과 율례와 규례를 지키지 아니하였나이다
옛적에 주께서 주의 종 모세에게 명령하여 이르시되 만일 너희가 범죄하면 내가 너희를 여러 나라 가운데에 흩을 것이요 만일 내게

로 돌아와 내 계명을 지켜 행하면 너희 쫓긴 자가 하늘 끝에 있을지라도 내가 거기서부터 그들을 모아 내 이름을 두려고 택한 곳에 돌아오게 하리라 하신 말씀을 이제 청하건대 기억하옵소서
이들은 주께서 일찍이 큰 권능과 강한 손으로 구속하신 주의 종들이요 주의 백성이니이다 주여 구하오니 귀를 기울이사 종의 기도와 주의 이름을 경외하기를 기뻐하는 종들의 기도를 들으시고 오늘 종이 형통하여 이 사람들 앞에서 은혜를 입게 하옵소서 하였나니 그 때에 내가 왕의 술 관원이 되었느니라(느 1:5-11).

나쁜 소식이 느헤미야로 하여금 기도의 무릎을 꿇게 했다. 찰스 스윈돌은 이것을 일컬어 "무릎 꿇음으로 만들어지는 리더"라고 한다. 우리가 구약의 느헤미야 전체에서 느헤미야의 이름을 발견할 때에 그가 기도하고 있었다는 것을 알 수 있다. 기도는 느헤미야의 천국 직통전화이다. 그는 아브라함 링컨이 고백했던 말에 동의할 것이다. "나는 어디로 가야 할지 알지 못할 때마다 수없이 무릎을 꿇었습니다. 나의 지혜와 나를 둘러싸고 있는 것들은 그 날을 위해 충분하지 않기 때문입니다."

기도는 상황을 바꾼다

비전의 사람은 기도하기를 좋아하는 척하는 사람과 구별된다. 그는 단순하게 기도하기를 좋아하는 사람보다 훨씬 위대한 사람이다. 그는

자기의 기도가 상황을 변화시키는 결정적인 도구가 된다는 것을 믿는다. 그는 기도가 수많은 것들을 동반한다는 것을 알고 있다. 기도는 지혜와 능력보다 위대하다. 기도는 홀로 상황을 변화시킬 수 있다. 간략히 말해서 느헤미야는 하나님의 얼굴을 바라고 있었던 것이다. 왜냐하면 그는 하나님께서만이 응답하실 분임을 보았기 때문이다.

리더들이 실패하는 이유는 그들이 필요로 하는 것들이 지극히 크기 때문이 아니라, 자기의 공급원이 매우 작다고 믿기 때문이다. 우리 하나님은 얼마나 위대하신 분인가?

느헤미야 1장 5-11절 사이에는 아홉 가지의 기도가 기록되어 있다. 기도는 최우선 사항이다. 나는 느헤미야가 어떻게 기도했는가에 대해 관심이 있다기보다는 그의 기도가 이루어놓은 것에 관심이 있다.

1장에서 느헤미야는 성벽을 재건하는 비전을 받았다. 2장에서는 왕에게 호소할 수 있는 즉각적인 지혜를 받았다(2:4). 4장에서, 그는 용기를 얻었고, 일꾼들을 보호할 전략을 얻었다(4:4,9). 그리고 6장 9절에서는 개인적 원수들로부터의 보호와 승리를 얻었다. 우리에게는 심히 절박한 상황이 없고, 우리가 해결하지 못할 만큼 큰 어려움도 없다. 느헤미야의 비전은 미래를 바꾸어 놓았다. 그는 은혜의 보좌에서 그 비전을 찾은 것이다.

기도 – 하나님의 뜻에 나의 뜻을 맞추는 것

느헤미야의 기도 생활은 비전의 기원을 계시해주었다. 그의 첫 번째 기도는 전형적인 기도였다. 그 기도는 마치 주님께서 가르쳐주신 기도처럼 완전한 기도였다. 그는 하나님의 위대하심을 찬양했고, 인간의 연약함을 인정했고, 전능자의 손에서 해결책을 찾아냈다. 그의 기도는 하나님의 성품을 통달했다. 그의 기도의 목적은 하나님의 성품을 통달하는 것이었다. 느헤미야처럼 기도하는 리더들은 자신들의 수준으로 하나님을 끌어내리지 않는다. 하나님께서 그들을 그분의 고상한 임재의 분위기 속으로 끌어올리신다.

전 세계적으로 이름이 알려진 선교사요, 기도의 사람인 E. 스탠리 존스(E. Stanley Jones)는 다음과 같이 설명하고 있다.

> 만일 내가 보트에서 상앗대를 물가로 내민다면, 내가 물가를 나에게 잡아당기는 것인가, 아니면 나 자신을 물가로 끌려가게 하는 것인가? 기도는 하나님을 나에게 끌어당기는 것이 아니다. 기도는 하나님의 뜻에 내 뜻을 맞추는 것이다.

우리들 중 대다수는 기도할 때에 눈을 감는다. 그러나 느헤미야는 눈을 뜨고 기도했다.

1. 느헤미야는 접근이 가능하신 하나님을 보았다(1:5a)

> 하늘의 하나님 여호와 크고 두려우신 하나님이여… 간구하나이다
> (느 1:5).

하늘에 계신 전능하신 하나님께서 당신과 나(피조 세계)를 그분의 임재 가운데 들어오도록 허락하셨음을 곰곰이 생각해보라. 느헤미야는 이에 대해 어떻게 표현했을까?

> 주야로 기도하오며… 주는 귀를 기울이시며 눈을 여시사 종의 기도를 들으시옵소서(느 1:6).

우리는 언제든지 하나님께 접근할 수 있다. 왜냐하면 하나님께서는 항상 집에 계시기 때문이다. 죄가 그 추악한 고개를 들기 전, 아담은 그의 창조자와 동행하며 이야기를 나눴다. 그러나 당신은 아담이 타락한 후에 하나님께서 하신 첫 말씀이 무엇인지 기억하는가? "네가 어디 있느냐?"(창 3:9). 그분의 부르심은 인간을 쫓아내기 위함이 아니라 깨어진 관계를 회복하기 위함이었다. 느헤미야는 전능자에게 접근할 수 있다는 점을 확신했다.

하나님께서는 우리가 그분에게 갈 수 있도록 허락하셨을 뿐만 아니라, 실제적으로 우리를 초청하신다. 우리가 오늘 당면한 문제들과 공포 또는 핍박이 무엇이든지 간에 느헤미야의 하나님 – 물론 우리 하나님 –

께서는 은혜의 보좌가 우리에게 가까이 있는 것처럼 가까이 계신다.

물론 주님과의 친밀함은 결코 어그러지는 법이 없다. 우리가 그분을 더욱 친밀하게 알 때, 그분을 더욱 경외하게 된다.

2. 느헤미야는 두려우신 하나님을 보았다(1:5b)

> …크고 두려우신 하나님이여…(느 1:5).

이사야 6장 전체는 경외심을 일으키는 비전에 대해서 말씀하고 있다. 이미 언급한 바와 같이 비전은 미래를 변화시킨다. 실제로 비전이 한 젊은 선지자를 변화시켰다. 그는 높고 거룩하신 하나님을 보았고, 그분의 영광이 성전에 가득한 것을 보았다.

보잘것없고 죽을 수밖에 없는 사람이 거룩하고 찬양 받기에 합당하신 하나님을 보았을 때에 무슨 일이 일어나겠는가? 이사야는 "화로다!"라고 소리쳤다. 하나님의 거룩하신 빛의 비췸을 받고 있는 자신을 보는 것은 두려운 일이지만, 이것은 삶을 변화시키는 리더십의 경험이다. 이사야는 다음과 같이 울부짖었다.

> 그 때에 내가 말하되 화로다 나여 망하게 되었도다 나는 입술이 부정한 사람이요 나는 입술이 부정한 백성 중에 거주하면서 만군의 여호와이신 왕을 뵈었음이로다…(사 6:5).

하나님의 두려우심은 마치 여러 지류들로 이루어진 큰 강과 같다. 그중 하나는 거룩하심이다. 또 하나는 능력이다. 이제 하나님의 능력이 느헤미야의 비전에 충만해진다.

3. 느헤미야는 강하신 하나님을 보았다(1:5c)

…주를 사랑하고 주의 계명을 지키는 자에게…(느 1:5).

여기에서 우리는 우리 자신에게 두 가지 중요한 질문을 할 필요가 있다. 첫째, 계명이란 무엇인가? 둘째, 주의 계명을 지킴으로 하나님의 능력이 어떻게 드러나는가?

하나님의 계명을 지키는 사람들

이스라엘 백성은 여호와 또는 야훼와 더불어 독특한 관계를 즐겼다. 느헤미야는 "여호와 하나님"을 부르면서 기도를 시작했다. 우리가 사용하는 영어 성경들에서 야훼라는 이름은 LORD로 표기되었는데, 이는 전부 대문자로 쓰였다. 야훼는 일반적으로 하나님의 다른 이름들과 구별된다. 이 이름은 이스라엘과 맺은 하나님의 언약을 나타내준다. 언약 또는 구약법은 이스라엘 나라의 헌법이었다. 십계명은 서문 혹은 서론이다(출 20장). 출애굽기 19장에서 여호와 하나님(야훼)께서는 모세에게, 이스라엘을 향한 아버지의 마음을 매우 부드럽게 표현하셨다.

모세는 야훼께서 이스라엘 백성이 그분의 율법을 지키기를 원하신다는 것을 말하고 있다. 이스라엘이 주님의 율법을 지키면 그분께서는 이스라엘의 원수들로부터 그들을 지키시고, 그들의 육체적 필요와 영적 필요를 채워주셨다. 불순종 – 죄 – 은 형벌을 받게 되었다. 그러나 형벌이 있은 후에는 회개와 회복이 예비되었다. 주님의 언약은 사랑의 법이었다.

하나님께서는 능력이 충만하시다

두 번째 질문, "주의 계명을 지킴으로 하나님의 능력이 어떻게 드러나는가?"에 대한 대답은 간단하다. 그분께서는 자신이 하실 것이라고 말씀하신 것을 이루실 능력과 힘을 소유하고 계신다.

돕고자 하는 마음을 갖는 것과 도울 수 있는 능력을 소유하고 있는 것은 별개의 문제이다. 나는 언젠가 이웃 사람의 자동차가 시동이 걸리지 않아서 도와준 적이 있다. 차를 밀어주는데, 그는 "더 빠르게 미세요. 더 빠르게 미세요."라고 소리를 쳤다. 하지만 나는 그 차가 시동이 걸리게 할 만큼의 힘이 없었다. 비전은 미래를 변화시킨다. 왜냐하면 하나님께서는 미래를 바꾸실 수 있는 능력을 소유하시기 때문이다. 느헤미야는 하나님께서 모든 것을 하실 수 있는 분임을 알았다. 그는 심지어 흩어진 이스라엘 백성이 "하늘 끝에 있을지라도"(9절) 모으실 수 있음을 알았다. 하나님께서는 언약을 지키신다. 그분은 자신이 하신 약속을 지키시는 분이다. 그건 단지 그분께서 신실하시기 때문만이 아니다. 그분은 지키실 만한 능력이 있기 때문에 지키시는 것이다.

느헤미야의 믿음은 하나님께서 과거에 행하셨던 역사들, 즉 "큰 권능과 강한 손으로"(10절) 이스라엘 백성을 바로에게서 구원하신 것을 앞으로 더욱 강화되었다. 하나님 외에 누가 홍해의 물을 막으실 수 있었겠는가? 이스라엘은 해저로 걸어갔음에도 불구하고 그들의 발은 젖지 않았다. 이집트인들은 이스라엘 백성처럼 따라했다가 결국에는 수장되었다. 성경에 기록된 능력에 대한 두 가지 초점은 구약의 홍해구원과 신약의 예수 그리스도의 부활이다. 예수님은 "죽은 자들 가운데서 부활하사 능력으로 하나님의 아들로 선포"(롬 1:4)되셨다. 하나님께서는 능력이 많으시다.

이제 본질적인 물음을 하나 던지려고 한다. 느헤미야는 포로로 잡혀 있는 노예의 신분으로 어떻게 하나님이 여전히 능력을 소유하신 분이심을 확신했을까? 이 물음에 답하기 위해 우리는 1장 8절을 보아야 한다.

> 옛적에 주께서 주의 종 모세에게 명령하여 이르시되 만일 너희가 범죄하면 내가 너희를 여러 나라 가운데에 흩을 것이요(느 1:8).

9절은 비관적인 정보를 더하고 있다.

> 만일 내게로 돌아와 내 계명을 지켜 행하면 너희 쫓긴 자가 하늘 끝에 있을지라도 내가 거기서부터 그들을 모아 내 이름을 두려고 택한 곳에 돌아오게 하리라(느 1:9).

느헤미야는 하나님께서 능력이 있으심을 알고 있었는데, 이는 그가 하나님의 말씀을 알고 있었기 때문이다. 그는 기도 중에 하나님의 약속들을 간구했다. 그는 하나님의 계획을 이해하고 있었다. 그는 성경을 알고 믿는 것이 믿음을 생산해낸다고 하는 신약의 원리를 구약에서 증명한 사람이다(롬 10:17).

> 만군의 하나님 여호와시여 나는 주의 이름으로 일컬음을 받는 자라 내가 주의 말씀을 얻어 먹었사오니 주의 말씀은 내게 기쁨과 내 마음의 즐거움이오나(렘 15:16).

하나님의 말씀이 당신 속에 있는 주님의 비전과 길을 넓혀주는가? 느헤미야의 비전은 하나님의 능력으로 충만했다. 왜냐하면 그의 생각이 하나님의 말씀으로 가득했기 때문이다. 어떤 사람이 말하기를 크리스천 리더의 역할은 보이지 아니하시는 하나님을 보이도록 만드는 것이라고 했다.

슬픔으로 인하여 엎드려 울었던 느헤미야는 하나님의 능력의 비전으로 인하여 용기를 얻었다. 그는 능력의 비전이 필요했다. 후에 그는 중단된 성벽 중수와 의기소침해 있던 일꾼들과 원수의 거친 위협을 당면했을 때에 시간을 아낄 수 있었다. "지극히 크시고 두려우신 주를 기억하고 너희 형제와 자녀와 아내와 집을 위하여 싸우라"(4:14). 그들은 원수를 대적하여 싸웠다. 느헤미야는 일꾼들을 보호하시는 하나님의 능력을 확고히 신뢰했기에 그들 또한 하나님을 신뢰하게 할 수 있었다. 비전은 보이지 아니하시는 하나님을 보이게 한다.

4. 느헤미야는 인애하신 하나님을 보았다(1:5b)

> 주의 계명을 지키는 자에게 언약을 지키시며 긍휼을 베푸시는 주여…(느 1:5).

신명기 7장 9절은 하나님의 사랑에 대한 느헤미야의 선언에 기초가 된다. 역사적 배경은 중요한 것이다. 이스라엘 백성은 불경한 철학과 적대적 세력이 매순간 시험에 들게 할, 가나안 입성을 앞두고 있었다. 그들을 가나안으로 인도하신 이는 긍휼이 많으신 하나님이시라는 점을 아는 것은 필수적인 일이다. 우리를 대적하는 사람들이 있는 경우에 하나님의 사랑을 의심하기가 쉽다. "만일 하나님이 사랑의 하나님이라면 어찌하여 우리가 이토록 고난을 당한다는 말인가요? 어찌하여 내 월급은 이리도 적은 건가요? 나에게 왜 이런 일들이 벌어지는 것인가요?"

모세가 측량한 하나님의 인애는 경이롭다. "천 대까지 그의 언약을 이행하시며 인애를 베푸시되"(신 7:9). 그가 사랑을 표현하기 위해 사용한 단어는 언약을 존중하는 사랑이라는 의미를 품고 있다. 이 사랑은 "충실한 사랑"이라고 불린다. 이 단어는 하나님의 백성들에 대한 하나님의 신실하심을 영원히 선포하고 있다.

느헤미야는 이러한 사랑에 의해 힘을 얻게 되었다. 그는 그리스도께서 예루살렘을 향하여 보셨던 것처럼 자기 얼굴을 예루살렘으로 향하게 했다. 느헤미야는 하나님께서 그를 실망시키시지 않을 것이라는 점을 알고 있었다.

그의 기도는 하나님의 거룩하심과 능력과 사랑에 대한 진정한 표현이다. 나는 하나님의 거룩하심에 무게를 두고 있다. 우리는 결코 하나님의 사랑을 지나치게 강조할 수 없다. 요한은 "하나님은 사랑이심이라"(요일 4:8)고 선명하게 선포했다. 그분의 사랑으로부터 자비와 오래 참으심과 선하심이 나오는 것이다.

하지만 교리를 덜 강조하는 것은 가능한 일이다. 요한은 또한 "하나님은 빛이시라"(요일 1:5)고 말했다. 빛으로부터 정의와 정직과 순결과 정결이 흘러나온다. 하나님의 속성들은 마치 완전하게 균형 잡힌 수레바퀴와 같다. 그분은 결코 한 가지 특색이 심히 강한 동시에 다른 것은 불충분한 분이 아니다. 그러나 하나님의 완전하심에 대한 우리의 견해는 왜곡될 수 있다. 수많은 크리스천들이 '문화'라고 하는 색안경을 끼고 하나님을 바라본다. 핑계와 자기만족이 하나님의 본질적인 거룩하심을 손상시킨다. 토저(A. W. Toser)가 말한 바와 같이 우리는 전능자에 대한 올바른 개념을 회복해야 한다.

기도는 하나님의 본질을 볼 수 있도록 우리의 눈을 열어준다. 사물을 본질대로 이해하기 위해서는 정직한 자기 평가가 필요하다. 느헤미야는 기도로 인하여 실재와 접촉한 사람이었다.

Ⅲ. 자신에 대한 비전(1:6-7,11)

모든 리더는 능력과 책임이 있다. 우리를 당황하게 하는 것은 리더가 모든 책임을 져야 한다는 것이다. 사람들은 상황이 좋지 못할 때에 자기 죄를 대신 질 사람(아사셀 염소)을 찾기 마련이다. 자, 내가 나의 책임을 전가할 사람이 있는지 보자.

한 필리핀인 리더는 아사셀 염소에 대해서 다음과 같이 정의했다.

> 만약 지진과 태풍 또는 홍수가 없다면… 만약 우리가 스페인의 식민통치를 받지 않았거나 또는 미국에 의해 착취당하지 않았다면… 만약 나의 부모가 나를 대학교에 보내주었다면… 만약 우리 아버지가 부자였다면…

느헤미야는 이 상황에 대해 무엇에게나 또는 누구에게 책임을 전가하려 하지 않았다.

> 이스라엘 자손이 주께 범죄한 죄들을 자복하오니… 주를 향하여 크게 악을 행하여… (느 1:6-7).

누구를 탓할 것인가

하나님의 '절대확실성(infallibility)'에 대한 느헤미야의 생각들을 숙고해보면, 우리는 그가 한 가지 이유 때문에 언약이 파기되었다고 생각했음을 알 수 있다. 회개하지 않은 죄가 그 이유였다. 바벨론 사람들에 의한 예루살렘의 멸망은 불순종에 대한 하나님의 심판이었다. 느헤미야의 고백은 명백했다(느 1:7). "계명(이 단어는 구약에 180회 사용되었다. 이것은 십계명과 같은 하나님의 실제 명령이다. 출애굽기 24장 12절을 보라)과 율례(이 단어는 천명[天命], 또는 하나님께서 이스라엘이 지키기를 원하셔서 정하신 것이다. 유월절을 지키는 것은 한 예이다. 출애굽기 12장 24절을 보라)와 규례(이것은 율법 또는 법적 판결이었다)를 지키지 아니하였나이다."

느헤미야는 자기의 불행이나 사악한 이웃들에게 책임을 전가하지 않았다. 그는 이스라엘의 문제는 이스라엘의 죄 때문이라고 했다. "우리가 크게 악을 행하여(we have acted corruptly)"

"우리"라는 짧은 단어를 주목해보라. 이것은 성공적인 리더십의 비결이다. 오직 진실한 사람만이 잘못을 시인할 것이다. "우리"라는 단어는 "우리가 함께 크게 악을 행했습니다."라는 의미를 포함한다.

우리는 완전성을 보여줄 수 없다. 하지만 정직성은 보여주어야 한다. 나는 언젠가 마닐라의 한 대형 교회에 방문했을 때에 일어난 일을 통해 내 가정을 돌아보게 되었다. 나는 설교를 한 후에 서로를 위해 기도하기 위한 작은 그룹들을 만들었다. 내 오른쪽에 있던 자매는 "오, 주님, 우리의 우상숭배를 용서해주세요. 주님만이 참 하나님이십니다. 하지만 우리는 우상들을 섬겼습니다. 심지어 우리의 마음속에 있는 우상들도 섬겼습니다."라고 기도했다. 그녀는 거짓 종교에 대해서 어느 것에게도 책임을 전가하지 않았다. 그녀는 "다른 사람을 희생시키지 않았다."

그녀가 기도하는 중에 하나님께서는 나에게 내 나라 미국 속에 만연한 낙태와 동성연애와 포르노에 대해서 말씀하셨다. 나는 미국의 이와 같은 현실에 대한 책임이 부분적으로 나에게 있음을 분명히 보았다. 나는 이것들을 반대하는 말을 충분히 하지 않았으며, 국회에 편지를 충분히 보내지 않았으며, 내가 기도해야 할 만큼의 분량을 기도하지 않았다. 나는 부끄러움을 느꼈다.

종이 한 장을 가져와서 당신이 당면하고 있는 세 가지 혹은 네 가지 문제들을 적어보라. 아마도 당신 가정에 무슨 문제가 있을 것이다. 하나님께 당신이 가정에서 해야 할 부분이 무엇인지 보여 달라고 간구하라. 물론 당신은 주님께 고백할 것이다. 그것보다 더한 것을 하라. 다른 사람들 앞에서 당신이야말로 책임을 져야 할 사람임을 인정하라. 당신은 그들이 해결책들을 찾기 위해 당신의 손을 잡는 것을 볼 때에 놀라게 될 것이다. 그리고 그들은 당신이 문제를 야기한 사람들 중에 하나라는 것을 시인하는 것을 들을 때에 놀라게 될 것이다.

느헤미야와 같은 리더들은 그들 자신이 과거의 역사에 대해 책임이 있다고 인정한다. 그러나 그들은 현재에 일어나야 할 것들을 보는 비전이 있다. 더 나아가 그들은 하나님께서 미래를 변화시킬 수 있는 분이신 것을 보고 있다.

IV. 결과에 대한 비전 (1:8-9)

느헤미야가 기도를 시작하자 그의 마음에 놀라운 일이 벌어지게 된다. 비전이 탄생한 것이다. "잠시만 기다려보라! 하나님은 놀라우신 분이시다. 하나님은 강하신 분이시다. 하나님은 언약을 지키시는 분이시다. 하나님은 성벽을 다시 세우실 수 있는 분이시다." 예! 예! 예! 그리고 우리가 만약 그분의 비전을 소유하고 있다면 동일하신 하나님께서 오늘날 우리를 형통케 하실 수 있다.

느헤미야는 하나님의 언약에 대한 시인을 멈추지 않았다. 그는 하나님께서 약속을 지키실 것을 요구했다. 그의 요구는 두 부분으로 나뉜다.

1. "만일 너희가 범죄하면 내가 너희를 여러 나라 가운데 흩을 것이요" 이 말씀은 이미 그대로 일어났다. 이스라엘은 과거 140년 동안 다른 나라들 가운데로 흩어져서 살았다. 하나님께서는 불순종한(범죄한) 백성을 열국 중에 흩으시겠다고 하신 약속을 지키셨다.

2. "만일 내게로 돌아와[회개] 내 계명을 지켜 행하면[순종] 너희 쫓긴 자가 하늘 끝에 있을지라도 내가 거기서부터 모아 내 이름을 두려고 택한 곳에 돌아오게 하리라"

세 성경 구절들이 이 부분에 특별한 의미를 부여해주고 있다.

▶ 하나님은 죄를 사하신다(요일 1:9).
▶ 하나님은 회복시키신다(마 11:28).
▶ 하나님은 새 능력을 공급하신다(4:13).

매우 단순해 보인다. 느헤미야는 하나님의 이름을 깊이 경외하는 가운데 주님의 말씀으로 약속하신 것들을 간구했다. 그는 울며 기다리며 바라며 찾았다. 분명히 그는 하나님의 비전을 받았다. 지름길은 없었다. 12월(기슬르 월)에서 4월(니산 월)까지의 4개월은 긴 시간이다.

당신은 예전에 바나웨 계단식 논(필리핀 북부 산간에 있는 계단식 논: 역자 주)을 본 적이 있는가? 이것은 고대 세계의 8대 불가사의로 알려진 것으로서 여러 가지 이유들 때문에 신비롭다.

1. 계단식 논을 만드는 데에는 오랜 시간이 걸렸다.
2. 계단식 논은 수백 년 동안 보존됐다. 1990년에 발생한 대지진이 바기오로 가는 모든 길을 파괴했다. 하지만 그 강진이 계단식 논을 무너뜨리지는 못했다. 이것은 원시 테크놀로지의 진상물(進上物)로 남아 있다.
3. 계단식 논은 어느 누군가의 산을 논으로 만들겠다는 비전에 대한 가시적이고 영구적인 증거이다.

그들이 그것을 만들기 위해 극복해야했던 "불가능들"에 대해서 숙고해보라. 논은 평지에서 존재한다. 계단식 논은 수 킬로미터의 바위투성이 산을 깎아서 만들어졌다.

급수는 어떻게 해결했을까? 믿어지지 않을 만큼 훌륭한 기술이 각각의 논에 물을 공급하고 있다. 어디로부터 모든 일꾼들이 왔을까? 어떤 사람이 많은 일꾼들에게 맨손으로 산을 바꾸어놓는 것은 가치 있는 일이라고 설득했다. 직공들은 어떻게 도전을 받았을까? 어떤 사람이 위대한 비전을 보았고, 그 비전을 다른 사람들과 나누었다. "동지들이여, 우리는 이 산들을 바꾸어놓을 수 있습니다." 그 어떤 사람은 리더이다.

***

내 것으로 만들기

목표

역경을 극복한 사람들의 삶을 유의해서 볼 때에 나는 그들이 인생의 목표를 뚜렷이 정했다는 것과 장애물에 신경을 빼앗기지 않았다는 것, 그리고 목표를 이루기 위해 모든 수고를 아끼지 않았다는 것을 거듭 발견하게 된다. 그들은 마음에 목표를 정하는 순간부터 특별한 목표를 위해 그들의 온 힘을 기울이려고 작정했으며, 가장 오르기 어려운 태산들을 넘기 시작했다.

콜넬 종합병원의 정신과 의사 아키 키에브(Aki Kiev) 박사에 의해 발언된 위의 말들은 느헤미야에 대해서 매우 잘 설명하고 있다. 그의 비전과 목적은 예루살렘을 두르고 있던 무너진 성벽을 재건하는 것이었다. 그 위대한 역사를 이루기 위해서, 그의 비전은 감당하기 쉬울 만큼 아주 작은 사이즈로 세분화되어야 했다. 그는 성벽재건 허가와 건축자재와 인력이 필요했다. 우리는 이러한 구성 부분을 일컬어 목표라고 할 수 있다.

비전은 매우 중요하기 때문에 우리는 이것이 흐릿해지거나 불분명하게 되는 것을 미연에 방지하기 위해서 모든 수고를 아끼지 말아야 한다. 리더의 비전은 특정한 목표들과 목적들로 표현되어야 한다.

1. 목표는 믿음에 대한 표현이다

에드워드 R. 데이튼(Edward R. Dayton)과 테드 W. 엥스트롬(Ted W. Engstrom)이 함께 저술한 『삶을 위한 전략』에는 다음과 같은 글이 있다.

> 목표란 우리가 미래에 될 일들에 대해서 어떻게 소망하고 있는가에 대한 표현이다. 이것은 믿음에 대한 표현이다.
> 내일에 대한 모든 표현들은 믿음에 대한 표현이다. 이것은 매우 중요한 개념이다. 히브리서 기자가 기록한 것과 같이 "믿음은 바라는 것들의 실상"(히 11:1)이다.

목표는 땅에 머물러 있는 우리의 눈을 들어서 높은 하늘을 바라보게 한다. 목표는 되었을 수 있는 일들과 되어야 하는 일들과 될 수 있는 일들에 대한 표현이다.

목표는 장차 될 일들에 대한 표현이 아니라는 점을 기억하라. 그것은 하나님의 두 손에 달려 있다.

크리스천으로서의 인생을 살고자 하는 목표는 하나님께 대한 우리의 자세이다. 그러나 우리는 한 발 더 나아갈 수 있다. 목표는 우리가 해야 할 필요가 있는 것과 우리가 되어야 할 필요가 있는 것에 대한 표현이다.

느헤미야가 왕에게 건축에 쓰일 자재들을 공급해달라는 요구를 했을 때 그는 위대한 믿음을 실행에 옮긴 것이다. 왕은 느헤미야의 요구를 거절할 수도 있었다. 심지어 그는 느헤미야가 감히 왕에게 부탁한 것을 이유로 그를 처형했을 수도 있었다.

2. 목표는 미래의 사건이다

목표는 믿음에 대한 표현이기에 이것은 사실상 미래를 변화시킬 수 있는 힘을 지니고 있다. 느헤미야는 성벽이 재건(미래)될 것을 알았기에 "당장" 건축자재가 필요했던 것이다.

3. 목표는 당신의 목적과 비전을 이루기 위해 딛을 디딤돌이다

목표는 새로운 건축을 할 수 있도록 만드는 개인적 디딤돌이다. 즉 당신이 최종 도착지에 다다르게 할 수 있도록 해주는 디딤돌이라는 말이다.

4. 목표는 투자되는 시간과 실행으로 헤아려 질 수 있다

목표로 향하는 당신의 진행은 쉽게 평가되어야 한다.

5. 목표는 목적 또는 비전과는 구별될 수 있다

목적은 사람의 삶의 개괄적이고 일반적인 길잡이다. 예컨대, 느헤미야의 목적은 예루살렘에 성벽을 건설하는 일이었다. 우리는 느헤미야처럼 하나님께서 일반적으로 우리에게 원하시는 것이 무엇인지를 이해하는 것으로 시작해야 한다. 그러나 이것은 평가될 수 있는 단계들을 통과해야 한다. 평가될 수 있는 단계들은 목표들을 일컫는다.

"삶의 모든 것"에 목표를 정하라

우리는 우리 개인의 삶과 직장과 이력을 위해서도 목표를 세워야할 필요가 있다. 개인적 목표를 세우는 데 한 가지 좋은 방법은 기도와 반성과 목표 설정을 위해 시간을 갖는 것이다. 삶이란 상관관계의 복합적인 연속이기에, 당신이 목표를 세울 때에 1) 당신 개인의 삶과 2) 당신 가정의 삶과 3) 당신의 사역을 포함하라. 이 세 가지 제목들 밑에 실행이 가능하고 평가가 가능한 목표를 하나 또는 두 개씩 적어보라. 예컨대, 개인적 삶이라는 제목 밑에 당신의 영적 성장을 도모할 한 가지 목표를 적을 수도 있다.

당신은 당신 가정을 위한 목표들을 세워야 한다. 아내와 자녀들, 또는 당신이 미혼인 경우에는 부모와 친구들에게 대한 특정한 의무를 포함하는 목표들을 세워야 한다. 목표들은 당신의 비전을 더욱 명확하게 하며, 기쁨과 신념을 가지고 비전을 성취하게 한다. 간단히 말해서 목표들은 비전에 생명을 가져다준다는 것이다.

목표 설정에 대한 논의를 끝마치기 전에 다음의 것들을 다시 한 번 기억하자.

▶ 목표는 당신의 목적과 비전을 이루어지게 하는 디딤돌이다.
▶ 목표는 미래의 사건이다.
▶ 오늘의 훌륭한 목표는 내일의 성공적인 사역을 결정해준다.
▶ 목표는 융통성이 있으며, 바뀔 수도 있다.
▶ 목표는 믿음에 대한 표현이다. 이것은 하나님께서 당신에게 하게 하실 것에 대한 당신의 믿음에 대한 표현이다.

▶ 그리고 목표는 항상 시간(언제 할 것인지)과 실천(정확히 무엇을 할 것인지)에 의해 평가된다.

두 발로 일어서서 위험을 감수하라

Chapter 2
계획을 세우라

느헤미야 1장은 이스라엘의 필요를 위해 눈물을 흘린 긍휼의 사람으로서의 느헤미야를 보여주었다(1:4). 또한 우리는 하나님을 확신하는 느헤미야를 보았다. 그는 흩어진 유다 사람들이 회개하면 하나님께서 그들을 모으셔서 복을 주실 것이라는 점을 확신했다(1:9). 1장의 마지막 구절은 느헤미야의 성품에 대해 더 자세히 알게 해준다.

주여 구하오니 귀를 기울이사 종의 기도와 주의 이름을 경외하기를 기뻐하는 종들의 기도를 들으시고 오늘 종이 형통하여 이 사람들 앞에서 은혜를 입게 하옵소서 하였나니 그 때에 내가 왕의 술 관원이 되었느니라(느 1:11).

여기에 한 리더의 열정이 기록되었다. 그는 오랜 시간을 하나님의 임재 속에서 보냈으며, 이제 주님의 관심은 그의 관심이 되었다. "주여"는 감정의 외침이다. "구하오니"는 그의 열심에 대한 표현이다. 긍휼과 확신과 열정은 하나님을 위한 영웅인 느헤미야의 성품을 잘 나타내준다.

이 구절은 두 번째 장에 대한 서론인 동시에 그 이상의 설명을 필요로 한다. 1장 5절에서 시작된 느헤미야의 기도가 이 구절에서 끝났다고 생각하지 말라. 느헤미야는 자기의 회고록에 자기가 경험했던 수많은 사건들과 길고 긴 기도를 단 몇 문장으로 간추려서 기록했다. 11절은 기도의 결론이 아니라 서론이라는 것을 점검해보라. "종의 기도와 주의 이름을 경외하기를 기뻐하는 종들의 기도를 들으시고" 그는 이때에 자신의 중보에 동역할 사람들을 모집했다.

특히 다음의 문장에 주의를 기울이라. "오늘날 종으로 형통하여(and make Thy servant successful today)" 이날은 수개월 동안 준비한 것의 절정의 날이었다. 드디어 그날이 온 것이다! 그는 오늘 왕에게 접근할 것이다.

또한 느헤미야가 왕이 자기의 계획들을 해결해줄 열쇠라는 점을 이때에 분명히 이해하게 됐다는 것을 주목하라. "이 사람 앞에서 은혜를 입게 하옵소서 하였나니 그 때에 내가 왕의 술 관원이 되었느니라"

이 영웅에 대한 인물묘사는 2장에서 계속된다. 느헤미야는 다음 구절에서 어떻게 그려지고 있을까? 느헤미야 2장 1절에서 8절을 읽는 동안 활동에 대해 말하고 있는 단어들을 세어보라. 여기에 행동하는 남자,

느헤미야가 있다.

아닥사스다 왕 제이십년 니산월에 왕 앞에 포도주가 있기로 내가 그 포도주를 왕에게 드렸는데 이전에는 내가 왕 앞에서 수심이 없었더니 왕이 내게 이르시되 네가 병이 없거늘 어찌하여 얼굴에 수심이 있느냐 이는 필연 네 마음에 근심이 있음이로다 하더라 그 때에 내가 크게 두려워하여
왕께 대답하되 왕은 만세수를 하옵소서 내 조상들의 묘실이 있는 성읍이 이제까지 황폐하고 성문이 불탔사오니 내가 어찌 얼굴에 수심이 없사오리이까 하니 왕이 내게 이르시되 그러면 네가 무엇을 원하느냐 하시기로 내가 곧 하늘의 하나님께 묵도하고 왕에게 아뢰되 왕이 만일 좋게 여기시고 종이 왕의 목전에서 은혜를 얻었사오면 나를 유다 땅 나의 조상들의 묘실이 있는 성읍에 보내어 그 성을 건축하게 하옵소서 하였는데 그 때에 왕후도 왕 곁에 앉아 있었더라 왕이 내게 이르시되 네가 몇 날에 다녀올 길이며 어느 때에 돌아오겠느냐 하고 왕이 나를 보내기를 좋게 여기시기로 내가 기한을 정하고
내가 또 왕에게 아뢰되 왕이 만일 좋게 여기시거든 강 서쪽 총독들에게 내리시는 조서를 내게 주사 그들이 나를 용납하여 유다에 들어가기까지 통과하게 하시고 또 왕의 삼림 감독 아삽에게 조서를 내리사 그가 성전에 속한 영문의 문과 성곽과 내가 들어갈 집을 위하여 들보로 쓸 재목을 내게 주게 하옵소서 하매 내 하나님의 선한 손이 나를 도우시므로 왕이 허락하고(느 2:1-8).

오늘날 우리는 영웅이 없는 시대에 살고 있다는 말을 듣게 된다. 한 논평자는 영웅들이 없이는, 붕괴는 고사하고 불황이라도 피할 수 있는 사회는 없다고 말했다. 느헤미야는 영웅이었다. 당신이 알고 있는 사람들 중에서 자기의 생명을 귀한 것으로 생각하지 않을 만한 사람이 몇 명이나 있는가("내가 크게 두려워하여"). 자기의 안전을 생각하지 않는 사람들은 몇 명이나 있는가("나를 유다 땅 나의 조상들의 묘실이 있는 성읍에 보내어"). 불가능한 것을 시도하는 사람은 몇 명이나 있는가("성전에 속한 영문의 문과 성곽과 내가 들어갈 집을 위하여 들보로 쓸 재목을 내게 주게 하옵소서"). 다른 누군가에게 영광을 돌리는 사람은 몇 명이나 있는가("내 하나님의 선한 손이 나를 도우심으로 왕이 허락하고").

나는 느헤미야가 영웅의 지위를 얻고자 하는 목표를 정했다고 생각하지 않는다. 그러나 우리가 보아야할 중요한 관점은 그가 어떻게 영웅들 중에 하나가 됐느냐 하는 것이다. 과거 140년 동안 예루살렘의 성벽은 훼파되어 무더기로 남아 있었다. 사실 느헤미야는 하나님의 예루살렘을 향한 의도를 보았던 마지막 이스라엘 사람들 중에 세 번째 세대 사람이었다. 이러한 상황을 접할 때에 인간의 감정은 어떠하겠는가? 그것은 두 가지 - 의기소침과 절망이다. 영국의 위대한 역사가 아놀드 토인비(Arnold Toynbee)는 이러한 상황에 내해서 다음과 같이 말했다.

> 무감정은 오로지 열심으로 극복할 수 있고, 열심은 오로지 두 가지에 의해 일어날 수 있다. 첫째는 이상(비전)이고, 둘째는 그 이상을 실행으로 옮기도록 해주는 명확하고 분명한 계획이다.

느헤미야의 마음은 하나님께서 그에게 주신 비전을 성취하고자 하는 열심으로 타오르고 있었다. 그가 행하고자 했던 계획을 연구하기 전에 그를 표현해주는 "행동"이라는 단어를 생각해보자. 근래에 많이 사용되는 이 신조어는 우리가 되고자 하는 바를 설명해준다. 행동하는 남자들과 여자들. 행동하는 사람은 은사를 특별히 많이 받은 사람일 필요는 없다. 그는 남을 지지하거나 행동하기 위해 전진하는 사람이다. 그는 민첩하고 깨어있고 참여하는 사람이다. 느헤미야는 행동하는 사람이었다. 그는 변화를 위해서는 행동이 필요하다는 것을 알았다. 느헤미야만이 예루살렘의 고통을 알고 있던 사람이 아니다. 그는 에스라가 예루살렘의 문제를 해결하기 위해 뭔가를 시도한 이후로 등장한 첫 인물이었다.

느헤미야의 반대 유형은 반응적인 성격의 소유자들이었다. 영적인 면에서는 행동하는 사람이 리더이다. 반응적인 사람은 추종자이다. 행동하는 사람은 결과를 구체화한다. 행동하는 사람이 손을 댄 사건마다 그의 삶의 비전과 영적인 힘이 상황을 바꾸어놓을 것이다. 반응적인 사람은 사건과 환경에 의해 만들어진다. 그가 하는 일들 중에 성취된 것은 별로 없다. 왜냐하면 그에게는 변화시키고자 하는 비전이 작거나 아예 없기 때문이다. 그는 다른 사람이 먼저 행동하기를 기다린다. 그는 단지 행동하는 사람의 뒤를 따를 뿐이다. 그는 행동하지 않는다. 다만 반응할 뿐이다.

비전은 실행 가능한 계획으로 말미암아 설명되어야 한다. 행동하는 사람의 계획이 펼쳐지는 것을 지금부터 주의 깊게 보라.

I. 그의 계획은 빈틈이 없었다 (2:1)

느헤미야의 계획은 신중히 검토되었다. 그의 계획이 구체화되기까지는 꽤 오랜 시간이 걸렸다. 느헤미야가 슬픈 소식을 들었을 때는 기슬르월(12월)이었다는 것을 기억하라. 느헤미야는 무려 4개월 동안이나 기도하며 계획을 세웠다. 마치 부드러운 포도주를 한 모금 마신 후에 왕 앞에 드리는 것과 같이 그의 계획은 달콤한 맛이 곁들여졌다.

존 화이트는 G. H. 랑(G. H. Lang)의 글을 인용하여 기도의 목적에 대한 흥미진진한 요약을 기록했다. 그는 중보기도는 하나님과 함께 시작된다는 점을 언급했다. "그분은 우리에게 전투 전략을 결정하라고 부르시지 않고, 우리의 계획들을 성취하기 위해서 그분의 도움을 간구하라고 말씀하시지도 않는다." 우리는 느헤미야처럼 하나님의 계획을 우리에게 계시해달라는 간구를 해야 한다. 성경은 이것을 일컬어 "하나님을 기다림"이라고 한다. 하나님을 기다리는 것은 시간을 필요로 한다. 하지만 이것은 결과를 얻기 위한 가장 신속한 방법이다. 사실 이 방법 외에 하나님이 원하시는 결과를 얻게 할 다른 방법은 존재하지 않는다.

랑은 이 방법이 우리의 기도를 지극히 단순하게 만들어 준다고 말했다. 전투의 승패는 때때로 한 지점에 달려있다. 이와 같이, 단순한 요구가 복잡한 문제를 풀어주는 열쇠가 될 수 있으며, 하나님께서 전투를 어떻게 대하시는지에 따라서 우리가 전투에 임하도록 만들어준다.

나폴레옹은 자기가 좋아하는 장교들과 함께 전망이 좋은 높은 지점에 올라가서 전투가 진행되는 장면을 보는 습관이 있었다. 그가 전투를 지켜보는 동안 그의 분석적인 정신은 그에게 승리의 열쇠를 보여주었다. 나폴레옹은 네이 육군 원수를 향해 고개를 돌린 후 "장군은 강 바로 위에 있는 농장 안에 있는 집이 보일 겁니다. 저 농가를 공격하여 장악하시오. 희생자가 아무리 많다 해도 괜찮소. 모든 희생을 감수하고라도 저 농장을 장악하시오!"

랑은 우리가 마치 나폴레옹의 지시를 기다리는 장교들처럼 하나님의 지시를 기다려야 한다고 선언했다.

느헤미야는 이 원리를 이해하고 있었다. 기다림은 지혜를 주는 열쇠가 되는 것이다. 하나님은 그분의 계획 속에서 왕이 문제를 해결할 열쇠라는 것을 느헤미야에게 계시하셨다. 1장은 왕의 은혜를 입을 수 있도록 해달라는 간구로써 클라이맥스에 이른다. "이 사람 앞에서 은혜를 입게 하옵소서."

나는 느헤미야가 잠언 21장 1절도 알고 있었다고 확신한다.

> 왕의 마음이 여호와의 손에 있음이 마치 봇물(channels of water)과 같아서 그가 임의로 인도하시느니라(잠 21:1).

수로 관개에 대해서 익히 알고 있는 사람들은 이 말씀이 무얼 의미하는지 쉽게 감 잡을 것이다. 물의 흐름을 막거나 방향을 전환하는 농부는 귀중한 물을 자신이 선택하는 수로로 흘러가게 할 수 있다. 그는 수로를 막을 수도 있고, 다시 터놓을 수도 있고, 잠시 방향을 바꿀 수도 있다. 물의 흐름이 그의 손에 달려있는 것이다.

하나님께서는 물의 흐름을 통제하는 농부처럼 왕의 마음을 컨트롤 하신다. 왕은 하나님의 손에 달려있다. 하나님께서는 자기의 결정들을 왕에게 지시하실 수 있다. 그 왕이 크리스천이든지 이교도든지 상관없다. 하나님께서는 주권자이시다. 그리고 그분은 우리를 다스리고 있는 모든 권세자들과 정치 지도자들과 공무원들과 교단의 지도자들까지도 다스리시는 분이다.

하나님이 원하시는 길로 행하는 당신을 가로막는 사람이 있는가? 그 장애물을 하나님의 손에 올려놓으라. 중국 내륙 선교의 개척자였던 허드슨 테일러(Hudson Taylor)는 언젠가 "당신은 하나님 한 분에게만 말씀드림으로써 사람들의 마음을 움직일 수 있습니다."라고 말했다.

하나님께서 응답하실 때까지 멈추지 말라

우리는 느헤미야의 계획의 성공을 이상적인 것으로서 다뤄서는 안 된다. 처음에 그의 계획은 분명 스케치일 뿐이었다. 그러나 그가 계속적으로 하나님을 기다리는 동안 그 스케치는 서서히 윤곽을 드러내기 시작했다. 하나님의 뜻을 발견하기 위해 하는 기도는 긴 시간을 요구한다. 그리고 하나님의 응답을 실행 가능한 계획으로 바꾸는 것도 시간이 필요하다. 우리가 기도할 때에 하나님께서 응답을 지체하신다고 해서 그것이 필연적으로 하나님의 거절은 아니다. 바울은 데살로니가 사람들에게 "쉬지 말고 기도하라"(살전 5:17)고 말했다. 이 말씀은 우리가 걸어 다니는 모든 시간에 기도해야 한다는 의미가 아니다. 또한 온종일 기도 자세를 취해야 한다는 의미도 아니다. 그렇다면 이 말씀의 진정한 의미는 무엇일까? 하나님께서 당신의 마음에 어떤 기도제목을 주시면, 그것의 결론을 얻을 때까지 기도하라. 하나님께서 응답하실 때까지 멈추지 말라.

기다림이라는 것은 이따금 우리를 피곤하게 만든다. 1부터 5까지의 저울 눈금으로 당신의 인내심을 측량할 때에 당신은 어느 숫자에 속하는가? 이웃 동네로 가기 위해 버스를 기다리는 것이 얼마나 쉬운 일인지, 하지만 한 시간 동안 하나님의 지혜를 구하는 것이 얼마나 어려운 일인지 깊이 생각해본 적이 있는가?

리더들은 열정적이고 끈질기게 기도하고 계획한다. 당신은 훌륭한 전략가가 될 필요는 없다. 미국의 전 대통령이었던 칼빈 쿨리지(Calvin Coolidge)는 다음과 같이 말했다.

> 밀어붙이세요. 당신의 집요함을 능가할 것은 하나도 없습니다. 재능을 의지하지 마세요. 재능은 있지만 성공하지 못한 사람들이 많습니다. 천재가 큰일을 하는 것이 아닙니다. 아무런 노력이나 대가없이 얻어진 천재는 없습니다. 교육도 아닙니다. 이 세상은 교육 받은 낙오자들로 가득합니다. 인내와 결단만이 압도적인 힘을

지니고 있습니다.

나는 링 위에서 더 이상 싸울 수 없어서 링 위에 수건을 던지려는 유혹을 받을 때마다 영국의 전 총리였던 윈스턴 처칠의 위와 흡사한 이야기를 생각하곤 한다. 윈스턴 처칠은 제2차 세계대전 당시에 세계에서 가장 강력한 두세 리더들 중에 한 사람이었다.

1941년, 그는 자신이 청소년기에 다녔던 할로 남학교에서 강연 초청을 받았다. "그분께서 오십니다! 무슨 말씀을 하실까요?" 하며 기대하고 있던 사람들에게 그는 "절대로 항복하지 마세요. 절대로 항복하지 마세요. 절대로, 절대로, 절대로, 절대로, 명예와 분별의 확신이 있는 경우를 빼고는 절대로 항복하지 마세요."라고 말했다.

위험을 감수하라

모든 리더는 기다림과 활동 사이의 균형을 배워야 한다. 느헤미야는 하나님께 문을 열어달라고 간구했다. 그는 문이 열리자마자 그 안으로 잽싸게 들어갔다.

Ⅱ. 그의 계획은 절박했다(2:1-3)

리더들이 느낀 절박함은 그들을 행동으로 이끈다. 행동에는 종종 위험이 따르기도 한다. 느헤미야가 품은 계획을 행동으로 옮긴 사건은 계획된 위험에 대한 전형적인 사례이다. 1절을 읽어보면 명확히 알 수 있듯이, 이전에 느헤미야는 왕 앞에서 결코 수심이 없었다. 그러나 오늘은 그가 자기의 슬픔을 보여주었다. 나는 이것이 그의 전략의 일부분으로써 왕의 주목을 끌기 위한 방법이었다고 생각한다.

왕은 술 관원의 얼굴에 수심이 가득한 것을 알아챘다. 아니면 느헤미야의 고통이 마음의 창인 눈에 반영되었기 때문일까? 느헤미야가 듣고자 했던 질문이 던져졌다.

네가 병이 없거늘 어찌하여 얼굴에 수심이 있느냐(느 2:2).

Ⅲ. 그의 계획은 담대했다(2:4-5)

당신이 원하는 것이 무엇인가

네가 무엇을 원하느냐? 우리의 귀에는 이 말이 형식적으로 들리지만, 느헤미야의 귀에는 아름다운 음악이었다. 느헤미야의 기도에 대한 직접적인 응답들보다 우리를 더욱 전율하게 하는 것들이 있다. 우리는 이 기적을 이해하기 위해서 세 가지를 기억할 필요가 있다.

  1. 이것은 수개월 동안 드려진 기도에 대한 응답이었다.

  2. 이 동일한 왕이 과거에 성벽 재건을 중지할 것을 명령했다. 우리는 왕의 법령이 반전되는 장면을 목격하고 있다. 왕의 법령을 반전시키는 기도는 담대함이 요구된다.

  3. 140년 동안 당했던 국가적 수치가 이제 곧 끝나게 될 것이다.

하늘에 계신 우리 왕께서 이와 동일한 질문을 하시는 모습을 상상해 보라. 네가 무엇을 원하느냐? 우리는 꿀 먹은 벙어리처럼 입을 다물고 있어야 하겠는가? 우리는 전략과 계획이 있는가? 많은 리더들은 자기가 가고 있는 곳에 대한 선명한 아이디어가 없다. 그들의 추종자들도 역시 어두움 가운데 거하고 있다. 왜냐하면 리더가 그들에게 선명한 길을 제시하지 않기 때문이다.

안타깝게도, 많은 리더들이 열성이 없거나 소홀히 추종자들을 이끌고 있다. 어떤 리더들의 머리는 구름 위에 떠 있다. 그들은 몽상에 잠겨 있다. 후안 타미드(Juan Tamad) 형제는 반석류나무 아래에 누워서 꿈을 꾸고 있었다. 그는 잠을 자고 있는 동안 그의 입으로 반석류열매가 떨어지기를 원했다.

어떤 사람들은 자기 머리를 땅에 묻는다. 그들은 현실을 부인한다. 문제가 없는 체하는 것은 좋은 태도가 아니다. 느헤미야는 예루살렘의 문제를 터놓고 이야기했다. 그는 기도했고, 계획했고, 정보를 입수했고, 마지막으로 최고의 지위에 있는 왕에게 나아갔다. 문제를 정면으로 대면하는 것은 큰 이익을 낳는다. 그는 성벽을 52일 만에 세웠다!

"내가 곧 하늘의 하나님께 묵도하고 왕에게 아뢰되…" 느헤미야는 하나님을 의지했다. 세상의 가장 높은 권세를 소유한 사람을 눈으로 보고 있는 바로 그 순간에 그를 컨트롤하고 계시는 분과 이야기를 나누는 것은 가능한 일이다. 이렇게 하는 것은 강력한 생각이다. 하나님을 순전히 의지하는 것을 망각하는 순간에는 결코 매우 훌륭한 계획을 세울 수 없다. 우리는 여기에서 이 술 관원의 겸손과 정직을 다시 한 번 보게 된다. 네 달 동안 기도하며 계획한 후에도 그는 여전히 지혜를 구하고 있다. "주님, 제가 온전히 말할 수 있도록 도와주세요. 이 기회를 날려 보내지 않도록 해주세요."

간단히 정리해보자. 리더는 어떻게 지속적인 변화를 가져올 수 있을까?

1. 하나님께서 원하시는 바를 찾으라.
2. 위험을 대면하는 것을 두려워하지 말라.
3. 하나님의 권세를 가지고 가라.
4. 당신이 필요한 것이 정확히 무엇인지 가능한 대로 많이 알라.

Ⅳ. 그의 계획은 세부적이었다(2:6-8)

느헤미야는 세 가지가 필요했다 – 왕의 허락, 건축 자재, 보호.

느헤미야는 자신이 왕궁을 비우게 될 기간에 대해서 질문을 받았을 때에 왕에게 정확한 기간을 제시했다. 그의 과제는 이제 끝난 것이다. 5장 14절에 의하면, 느헤미야는 아닥사스다왕이 제위에 오른 지 20년째 되는 해에 총독으로 임명되어서 그 후 12년 동안 섬겼다. 나중에 그는 잠시 동안 수산 성으로 돌아갔다가 다시 예루살렘으로 돌아왔다(13:6). 그가 12년이라는 시간을 왕에게 대한 특정한 대답으로 했다고 보기에는 어렵다. 중요한 것은 그가 대답을 했다는 것이다. 그리고 그의 대답은 왕의 마음을 흡족하게 할 만한 것이었다.

세부, 세부, 세부

당신은 무엇을 요구하겠는가? 일생을 바꿀 수 있는 기회가 왔다. 느헤미야가 갈망하며 대답하는 소리를 들어보라.

> 왕이 만일 좋게 여기시거든 강 서편 총독들에게 내리시는 조서를 내게 주사 그들이 나를 용납하여 유다에 들어가기까지 통과하게 하시고(느 2:7).

이 조서는 사증(visa)이 찍힌 여권과 같았다.

느헤미야가 만일 왕의 사인이 적힌 여권이 없이 예루살렘으로 향해 갔다면 무슨 일이 일어났을지 상상할 수 있겠는가? 그는 우호적인 수산 성의 경계를 지나서 유브라데 강을 건너야 했다. 그리고 그는 유브라데 건너편 서쪽 지방들을 지나가야 했다. 이 여행은 얼추 1,500킬로미터에 달하는 어려운 여행이었고, 3개월이라는 시간이 걸렸다. 조서가 없이는 첫 번째 안전요원에게 붙잡혀서 며칠 만에 다시 수산 궁으로 돌아와야 했을 것이다. 그러나 느헤미야는 선한 조직의 자리를 믿음이 대신하지 못한다는 것을 알았다. 하나님께서는 우리가 얼마나 신중히 계획하기를 바라고 계실까?

이제 느헤미야가 예루살렘으로 갈 수 있는 모든 것을 손에 쥐었다고 가정해보자. 그 때는 월요일 아침 8시 정각이며, 일하러 갈 시간이다. 그게 뭘 의미하는 것일까? 작업장에는 건축 자재가 없었다. 그는 '예루살렘 건축 자재 주식회사'의 최고 경영자였던 아삽을 찾아가서 목재 100만 보드 피트(board feet, 목재의 용적 단위)를 공급해 줄 것을 요구한다.

"내가 왜 당신한테 이것을 줘야 하는 거요?" 아삽은 콧방귀를 끼면서 말한다.

"난 예루살렘을 재건할 것이요." 느헤미야가 대답한다.

"나와 아무 상관이 없는 일이요, 친구. 도대체 당신 누구요?"

느헤미야가 왕에게 요구하는 것을 다시 들어보라.

삼림 감독 아삽에게 조서를 내리사… (느 2:8).

계획은 대가를 지불해야 한다. 만일 우리가 화살을 쏘지 않으면 아무 것도 명중시킬 수 없다. 그러나 이것은 건축자에게 있어서 과녁이었다. "아삽 경, 이 조서를 받은 사람의 이름은 느헤미야입니다. 주문 내용 옆에 있는 옥새를 확인하십시오. 아닥사스다 왕."

우리 리더들은 종종 실패할 때가 있다. 강력한 반대 세력 때문에 실패하는 것이 아니라 갈팡질팡한 생각 때문이다. 훌륭한 계획은 일어날 가능성이 있는 문제들을 미리 생각하는 것을 포함한다. 이것은 해결점들을 찾기 위한 질문들을 하는 것과 관계가 있다. 경영 전문가들은 "좋은 질문들을 하기"라는 말을 사용한다. 무엇이 좋은 질문들일까? 내가 성공하는 데 필요한 정보를 공급해주는 것들을 일컫는다. 당신은 예루살렘의 성벽이 이제 곧 세워질 것이라는 느헤미야의 생각을 읽을 수 없는가? "나는 몇 톤의 자재들이 필요하게 될 거야. 왕의 삼림 감독의 이름을 찾아야겠군. 누구한테 그 사람의 이름을 물어봐야 할까?"

느헤미야는 조심스럽게 게임 전략을 구상했다. 우리도 역시 "이 계획이 우리에게 어떤 영향을 끼치게 될까? 어떻게 하면 내 비전을 명백하고 구체적인 용어들로 설명할 수 있을까? 이 계획에 대한 대가는 무엇인가? 더 나은 방법은 없을까?"라고 물어보아야 한다.

그의 메모장에는 세 가지 프로젝트가 적혀 있다. 영문, 예루살렘을 둘러싸고 있는 성벽, 그리고 그의 집. 영문은 성전을 지켜주는 방비이다. 아마도 이것은 헤롯 대왕에 의해 건설된 안토니아 영문의 시주자일 것이다(행 21:37; 22:24). 느헤미야가 하나니에게 예루살렘 성벽 훼파의 정도가 어떠한지에 대해 듣고 있는 모습은 그리 상상하기 어렵지 않다.

성벽을 중수하는 것이 주요 사역이었다. 그러나 느헤미야가 자신이 필요로 할 것까지 예상한 것에 주목해보라. 특히 "나의 거할 집을 위하여 들보 재목을 주게 하옵소서."라고 구한 것에 주의하라. 자기가 거할 집도 없이 거대한 건축 프로젝트를 착수하는 것은 낙심할 만한 일이다.

느헤미야는 자기가 필요한 것이 무엇인지 정확히 알고 있었다. "전에 속한 영문의 문과 성곽과 나의 거할 집을 위하여 들보 재목을 주게 하옵소서." 그는 적절한 시간(6절)과 적절한 허락(7절)과 적절한 자재들(8절)을 구했다. 그의 계획은 빈틈이 없었으며, 긴급했으며, 담대했으며, 세부적이었다.

만약 계획하는 것이 이토록 중요하다면 어찌하여 많은 리더들이 계획을 하지 않는 것일까? 좋은 질문이다. 시간관리사 테드 엥스트롬(Ted Engstrom)과 에드 데이턴(Ed Dayton)은 세 가지 이유들을 제시하고 있다.

1. 계획을 세우는 것은 어려운 일이다

몇몇 하나님의 종들은 그들의 사역을 하는 데 게으르며 환멸을 느끼고 있다. 토인비에 의하면, 그것은 오직 열심과 명확하고 분명한 계획을 통해서 극복할 수 있다.

2. 계획을 세우는 것은 위험을 감수해야 한다

만일 내가 공개적으로 계획한 후에 그것을 실행하지 못한다면 어떻게 할까? 만약 내 계획이 실패한다면 어떻게 할까? 믿음에는 진정으로 위험이 따르게 된다. 그러나 실패해보지 않은 리더들은 진보하지 못하는 사람들이다. 리더들은 그들의 계획을 끊임없이 재검토하고 고쳐나가야 한다. 그들은 성공을 위한 좌절로부터 쉽게 회복한다.

효과적인 리더십을 발휘했던 어느 중역 은퇴자가 있었다. 그의 뒤를 잇게 된 젊은이가 긴장된 목소리로 그에게 물었다.

"선생님, 당신의 성공은 무엇의 결과라고 생각하십니까?"

그는 즉각적으로 대답했다.

"좋은 결정들이지."

"선생님, 그러면 좋은 결정들을 내리는 방법을 어떻게 아셨습니까?"

"여보게, 그건 간단하네. 경험에 의해서 알게 됐다네."

"선생님, 이런 경험은 어디에서 얻을 수 있는 건가요?"

그는 솔직하게 대답했다.

"나쁜 결정들로부터 온다네."

리더들은 실패로부터 배우게 된다.

"실패는 끝이다."라는 말을 하는 존재는 사탄이지 하나님이 아니다. 리더들은 시도하고 또 시도하도록 힘을 주는 하나님의 은혜를 경험하게 된다.

3. 계획을 세우는 것은 종종 사람이 성령님의 역할을 침범하는 것으로 오해된다

"나는 계획을 세우지 않습니다. 나는 단지 주님을 신뢰하고 성령님이 인도하시도록 합니다."라고 말하는 사람을 경건한 자라고 믿는 사람들이 많다. 이 터무니없는 말은 예수님의 입술에서 나온 강력한 말씀으로 말미암아 영원히 잠재워질 것이다.

> 너희 중의 누가 망대를 세우고자 할진대 자기의 가진 것이 준공하기까지에 족할는지 먼저 앉아 그 비용을 계산하지 아니하겠느냐 그렇게 아니하여 그 기초만 쌓고 능히 이루지 못하면 보는 자가 다 비웃어 이르되 이 사람이 공사를 시작하고 능히 이루지 못하였다 하리라
> 또 어떤 임금이 다른 임금과 싸우러 갈 때에 먼저 앉아 일만 명으로써 저 이만 명을 거느리고 오는 자를 대적할 수 있을까 헤아리지 아니하겠느냐 만일 못할 터이면 그가 아직 멀리 있을 때에 사신을 보내어 화친을 청할지니라(눅 14:28-32).

느헤미야는 하나님이 주신 소명을 이루기 위해서 계획이 필요했음을 알았다. 그리고 그것을 가지고 있었다. 우리는 결코 형편없는 계획을 믿음이라고 부르면서 그것을 찬양하는 자들이 되어서는 안 된다.

리더는 하나님을 신뢰하는 사람이다. 그러하기에 하나님께 찬양을

돌려드린다. 그러나 리더는 두 발로 굳게 서서 위험을 감수해야 한다. 그 위험은 심사숙고하여 세운 계획에 의해 눈에 띄게 줄어든다.

***

내 것으로 만들기

계획들

우리는 가끔 '임무 완수'라는 말을 듣게 된다. 이 말은 임무를 완수한 사람을 영웅으로 만들어준다.

비전 완수는 실제적이고 적당한 용어들로 표현되는 목표, 즉 하나님으로부터 온 목표들과 더불어 시작된다. 그럼에도 불구하고, 우리는 가끔 우리 자신이 너무 많은 목표들을 지니고 있는 것을 발견하게 된다. 우리는 그것들의 우선순위를 정해서 완수해야 할 것들을 시간별로 정리할 필요가 있다. 가장 중요한 목표들부터 착수하라.

내가 "3-D 우선순위 매기기"라고 일컫는 시스템을 소개하고자 한다. 나는 목표를 기입한 다음에 다음의 것들을 심사숙고한다.

▶ 내가 개인적으로 해야 하는 것. 내가 관심을 가지고 시간을 들여야 할 것은 무엇인가?

- ▶ 내가 다른 사람에게 위임할 것. 당신이 현재 하고 있는 일들 중에서 상당 부분이 다른 사람에 의해 될 수 있거나 되어져야 하는 일들이다. 다른 사람에게 위임하는 것에 대해서는 나중에 더 언급할 것이다.
- ▶ 내가 내려놓아야 하는 것. 나는 얼추 15년 동안의 목회 사역과 15년 이상의 선교사로서의 사역 속에서 하지 말아야 할 것을 아는 것은 해야 할 것을 아는 것만큼이나 중요하다는 것을 발견했다. 우리가 더욱 선호하는 것들, 특정한 일들을 이룸으로 말미암아 얻는 칭찬, 심지어는 사탄의 속임수가 우리로 하여금 사소한 것을 크게 여기도록 만든다. 어떤 리더든지 그들에게 진정으로 중요한 일들은 단 세 가지 혹은 네 가지뿐이다. 가장 중요한 것들이 무엇인지 결정하고, 위임할 것은 위임하고, 모든 사소한 것들은 내려놓으라.

모든 사람들에게 모든 것을 해결해 줄 수 있는 리더는 없다. 좋은 리더는 자신의 강점들을 아는 만큼 약점들도 알고 있다. 어떤 약점들은 극복할 수 있다. 어떤 것들은 단순히 우리의 과거 경험들과 성격들과 영적 은사들의 소산이기도 하다. 또한 단지 내가 도저히 할 수 없는 사역의 영역들도 있다. 리더는 자기의 한계를 알아야 하며, 자기의 강점에 초점을 맞추는 법을 배워야 한다.

비전은 실행 가능한 목표들에 의해서 해석되어야 한다. 자, 이제는 다음의 것들을 추가시켜보자. 목표들을 이루기 위한 계획을 세우라. 계획을 세우지 않고서 목표들과 우선 사항들을 실행하면 실패할 가능성이 높다. 그러나 신중하게 계획을 세우면 목표들을 이룰 수 있고, 분명히 우리의 비전을 성취할 수 있다.

계획이란 무엇인가

계획이란 믿음의 표현이다. 이것은 내가 오늘 하는 행동의 단계들을 통해 미래에 영향을 끼치는 방책이다.

계획 세우기는:
- ▶ 하나님의 전략을 이해하기 위한 노력이다(느 2:1-16).
- ▶ 문제를 해결해준다. 간혹 실패하더라도 그 대가는 작다.
- ▶ 문제의 해결책들을 구하는 것이다.
- ▶ 우리의 목표를 이루는 방법이다.
- ▶ 우리가 어느 길로 왔는지를 보여준다.
- ▶ 우리가 어디에 있는지를 보여준다.
- ▶ 우리가 어디로 가고 있는지를 보여준다.
- ▶ 계속적인 과정이다.
- ▶ 세월을 아끼게 해준다.

계획 세우기를 실패하는 것은 실패하기로 계획하는 것이다.

느헤미야는 신중한 계획 세우기를 통해 안전 요원들과 적개심을 품은 낯선 사람들과 사기가 꺾인 시민들을 만나게 될 것에 대한 통찰력을 소유하게 됐다. 처음에 그는 자기가 필요한 것들의 범위가 어느 정도인지 보지 못했다. 그리고 특별 허가가 떨어지기 전에는 건축 자재들을 얻을 수 없었다. 장애물들은 하나하나 열거되었으며, 적당한 해결책들이 계획되었다.

그는 장차 일어날 문제들을 예측했다. 그는 아마도 자신에게 수천 번이나 다음의 질문들을 했을 것이다. 유다 사람들이 이러한 도전에 대해서 어떻게 반응할까? 아삽의 반응은 어떠할까? 산발랏은 어떤 반대 의견을 말할까? 리더들은 이와 같은 어려운 질문들을 한다. 왜냐하면 리더십의 결정들은 현실에 근거를 두고 있기 때문이다.

비전은 목표들에 의해서 확인되어야 한다. 이 목표들은 실행 가능한 계획 속으로 들어가야 할 필요가 있다. 그리고 다음 장을 읽는 동안 사역을 위한 계획을 세워야 한다. 이 책을 책상 서랍에 집어넣지 말라. 계획은 끝이 아니다. 이것은 단지 끝으로 가기 위한 방법에 불과하다. 당신이 해야 할 일을 계획하고, 당신의 계획을 실행하라.

쇠뿔도 단김에 빼라

Chapter 3
계획을 실행하라

"쇠뿔도 단김에 빼라", "국은 뜨거울 때 마셔라" 미국인들은 "쇠가 달았을 때 두들겨라"라고 말한다. 이 비유는 대장간에서 나온 말이다. 이 말은 호기를 놓치지 말라는 의미이다. 이와 비슷한 금언은 "해가 나 있는 동안에 건초를 만들어라"이다. 두 표현 모두가 결정적인 리더십 원리인 타이밍(timing)의 중요성과 관련이 있다.

1장은 느헤미야가 하나님이 누구신지 알고, 하나님께서 그에게 원하시는 명확한 비전을 받는 장면을 보여준다. 2장의 견고한 계획들은 그의 비전에 대한 표현이다. 이번 장은 느헤미야가 자기 계획을 실행에 옮기는 것에 대한 이야기다. 그러나 사람들이 그 계획들을 받아들일 준비가 되어 있을 때까지는 실행할 수 없다. 여기에서 얻을 수 있는 리더십의 교훈은 무엇인가? 당신의 계획을 사람들과 나누기 전에 당신 자신과 추종자들을 준비시키라. 쇠가 달궈지기 전에는 두드리지 말라.

적절한 타이밍은 성경의 중대한 가르침이다. 다음은 솔로몬의 지혜의 말이다.

> 범사에 기한이 있고 천하 만사가 다 때가 있나니 날 때가 있고 죽을 때가 있으며 심을 때가 있고 심은 것을 뽑을 때가 있으며(전 3:1-2).

크로노스 – 카이로스

사도 바울은 에베소 성도들에게 세월을 아끼라고 강조했다(엡 5:16). 매우 잘 알려진 이 성경 구절은 약간의 설명이 필요하다. "모든 기회를 최상으로 만들라"가 가장 좋은 해석이다(NIV). 신약에서 "시간"이라고 번역된 크로노스(chronos)와 카이로스(kairos)를 연구해보면 이 구절이 선명해질 것이다.

크로노스는 시계의 시간을 표현해주는 단어이다. 이것은 계속되는 시간으로서 시와 분과 초로 측정된다. 이것은 길든 짧든 기간과 시공을 말해준다. 크로노스는 양을 나타낸다.

카이로스는 에베소서 5장 16절에서 사용되었다. 이것은 "기회"로 이해하는 것이 더 낫다. 이것은 "심어야 할 시간"이나 "뿌려야 할 시간"과 같은 일정한 특성들을 묘사해준다. 카이로스는 특성을 말해준다.

『W. E. Vine's 신약용어 해설사전』은 이에 대해 더욱 자세히 설명하고 있다.

> 넓은 의미로써 크로노스는 기간의 지속을 표현해준다. 카이로스는 일정한 시간들을 강조해준다. 사도행전 1장 7절, "때" – 카이로스(기간의 길이) – 와 "기한" – 카이로스(일정한 사건들에 의해 묘사되는 시기) – 은 아버지께서 자기의 권한에 두셨으니 너희의 알 바 아니요.

고대 헬라의 한 조상(調像)은 두 발에 달린 두 날개와 앞머리에 난 머리털과 머리털이 없는 뒷머리를 지닌 한 남자의 모습을 보여주었다. 아래에는 다음의 글이 새겨져 있다.

> 당신의 이름이 무엇인가요?
> 내 이름은 기회(카이로스)입니다.
> 왜 당신은 날개가 발에 달렸나요?
> 그래야 재빠르게 다른 곳으로 날아갈 수 있잖아요.
> 왜 당신은 긴 앞머리를 지니고 있나요?
> 내가 지나갈 때에 사람들이 나를 잡을 수 있게 하기 위해서죠.
> 왜 당신의 뒷머리는 대머리인가요?
> 그래야 내가 지나간 후에 어느 누구도 나를 잡지 못하잖아요.

세월을 아낀다는 것은 기회가 있을 때에 활용하라는 의미이다.

앞을 내다보고 행동하는 느헤미야는 앞으로 달려가서 기회의 머리털을 잡았다. 그의 일생에서 가장 위대한 일을 시작할 때는 바로 지금이다. 그러나 그는 이때에도 어둠 속으로 급하게 뛰어들지는 않았다.

"쇠가 달았을 때 두들겨라"는 리더십의 지혜이다.

이제 느헤미야가 아래의 구절들 속에서 어떻게 쇠를 달궜는지 주의 깊게 보라.

여행

군대 장관과 마병을 보내어 나와 함께 하게 하시기로 내가 강 서쪽에 있는 총독들에게 이르러 왕의 조서를 전하였더니 호론 사람 산발랏과 종 되었던 암몬 사람 도비야가 이스라엘 자손을 흥왕하게 하려는 사람이 왔다 함을 듣고 심히 근심하더라(느 2:9-10).

9절은 우리가 그의 성공적인 여정을 볼 수 있는 귀중한 창이 된다. 왕의 조서는 느헤미야의 여행의 문을 열어주었다. 그가 왕의 말들을 탔던 것과 왕의 군대 장관들의 호의를 받았던 것은 그에게 별로 큰 의미가 없는 것이었지만, 이를 통해 그의 일이 성공할 기회는 높아졌다. 성령님께서 한 사람의 성공적인 사역에 대한 역사적 기록을 남기신 것이다. 이 부분을 놓치지 말자. 계획을 세우는 것은 큰 이익을 낳는다.

느헤미야가 예루살렘에 도착하는 데 걸린 시간은 얼마인가? 그는 이에 대해 언급하지 않고 있다. 그러나 14년 전에 있었던 에스라의 여행은 다섯 달이 걸렸다(스 7:19). 에스라가 이끌고 온 그룹에 어린이들과 노인들이 포함된 것과 열하루가 지체된 것을 감안하면 느헤미야의 여행은 두 달에서 세 달 정도 걸렸을 것이다. 만약 그의 여행 기간이 너무 길다고 생각된다면, 그들이 800마일을 여행했다는 사실을 기억하기 바란다. 800마일은 1,300킬로미터이다.

그리고 그가 진행했던 길은 어떠했을까? "강 서편에 있는 총독들" 중에는 산발랏과 도비야도 포함되어 있다(2:10). 데렉 키드너(Derek Kidner)는 다음과 같이 기록했다. "이 장에 기록된 사건들이 있은 후 38년이 지난 BC 407년의 한 문서는 산발랏을 '사마리아의 총독'으로 언급했다."

이 문서는 느헤미야가 유다 땅의 북쪽에 있는 사마리아를 지나서 예루살렘에 도착했다는 것을 암시한다. 놀랍지 않은가? 느헤미야가 당면한 어려움은 그가 아직 여행하는 중에 일어난 것이다. 여기에서 그들의 태도에 대해서 생각해보자. 그들은 이스라엘에 참견할 누군가가 온다는 소식을 듣고 기분이 썩 좋지 않았다. 느헤미야는 다른 지방들의 몇몇 총독들이 유다 지방을 위한 대담한 계획에 반대할 것이라고 예상했을 것이다. 그러나 느헤미야는 스케줄대로 일을 진행해 나갔다. "내가 예루살렘에 이르러"(11절).

도착

긴 여행의 끝에 드디어 느헤미야는 자기의 고향인 예루살렘에 두 발을 힘차게 내딛었다.

당신은 오랜 세월 집을 떠나 여행해본 경험이 있는가? 아마도 당신은 학교에 가기 위해 집을 떠나 있었거나 단지 이사를 했을지도 모르겠다. 당신이 집을 떠나 있을 때에 겪은 이별의 고통과 집으로 돌아왔을 때에 느꼈던 감정을 기억해보라. 국제공항을 통해 귀국하는 사람들의 빛나는 얼굴을 보면 그들이 그 나라의 자손들임을 자랑스럽게 생각하고 있다는 것을 알 수 있다. 긴 여정 끝에 드디어 고향에 도착한 느헤미야의 감정이 어떠했을지 상상해보라. 시편 48편은 예루살렘을 향한 유다 사람들의 강렬한 사랑을 표현하고 있다(2-3, 11).

> 터가 높고 아름다워 온 세계가 즐거워함이여
> 큰 왕의 성 곧 북방에 있는 시온 산이 그러하도다
> 하나님이 그 여러 궁중에서
> 자기를 요새로 알리셨도다
> …
> 주의 심판으로 말미암아 시온 산은 기뻐하고
> 유다의 딸들은 즐거워할 지어다

특히 12절과 13절은 더욱더 감동적이다.

너희는 시온을 돌면서 그곳을 둘러보고
그 망대들을 세어보라
그의 성벽을 자세히 보고
그의 궁전을 살펴서 후대에 전하라

느헤미야의 기쁨은 망대와 성벽과 궁전들이 훼파된 것을 보고 나서 슬픔으로 변했다. 무너진 성벽을 "즉시 중수하려는 유혹"은 매력적으로 보였을 것이다! 그러나 그는 중수를 시작하기 전에 자기의 두 눈으로 훼파된 예루살렘의 모습을 보면서 먼저 자기의 마음을 준비시켰다. 그리고 그는 사람들에게 성벽 중건의 역사에 참여할 것을 촉구했다. 그는 쇠를 두드리기 전에 먼저 달구고 있었던 것이다.

길을 예비하라

내가 예루살렘에 이르러 머무른 지 사흘 만에 내 하나님께서 예루살렘을 위해 무엇을 할 것인지 내 마음에 주신 것을 내가 아무에게도 말하지 아니하고 밤에 일어나 몇몇 사람과 함께 나갈새 내가 탄 짐승 외에는 다른 짐승이 없더라
그 밤에 골짜기 문으로 나가서 용정으로 분문에 이르는 동안에 보니 예루살렘 성벽이 다 무너졌고 성문은 불탔더라 앞으로 나아가 샘문과 왕의 못에 이르러서는 탄 짐승이 지나갈 곳이 없는지라 그

밤에 시내를 따라 올라가서 성벽을 살펴본 후에 돌아서 골짜기 문으로 들어와 돌아왔으나 방백들은 내가 어디 갔었으며 무엇을 하였는지 알지 못하였고 나도 그 일을 유다 사람들에게나 제사장들에게나 귀족들에게나 방백들에게나 그 외에 일하는 자들에게 알리지 아니하다가 후에 그들에게 이르기를 우리가 당한 곤경은 너희도 보고 있는 바라 예루살렘이 황폐하고 성문이 불탔으니 자, 예루살렘 성을 건축하여 다시 수치를 당하지 말자 하고 또 그들에게 하나님의 선한 손이 나를 도우신 일과 왕이 내게 이른 말씀을 전하였더니 그들의 말이 일어나 건축하자 하고 모두 힘을 내어 이 선한 일을 하려 하매(느 2:11-18).

1. 마지막 마음 준비

"내가 예루살렘에 이르러 머무른 지 사흘 만에"(11절). 이 본문은 점강법(漸降法, bathos and anticlimax)인 것처럼 보인다. 새국제역(NIV) 성경은 더욱 명확하게 번역되었다. "내가 예루살렘에 가서 삼 일을 보낸 후 밤에 일을 착수했다." 느헤미야는 그 삼 일 동안 무슨 일을 했을까? 어떤 주석가들은 그가 사흘 동안 자신을 정결케 했을 것이고 말한다. 이 해석은 가능성이 있다. 다른 사람들은 그가 마지막 계획을 세우고 있었을 것이라고 해석한다. 이것도 역시 그럴듯하다. 한 가지 확실한 것은 느헤미야가 곧바로 석공들을 보내거나 일을 화급하게 하지 않았다는 것이다. 사람들은 아직 준비가 되지 않았다. 그리고 느헤미야는 개인적으로 예루살렘의 황무한 정도를 조사할 필요가 있었다. 어쩌면 그는 하나님으로부터 마지막 감동과 더 나아가 개인적인 위로가 필요했을 가능성도 있다. 그는 자신을 어떻게 준비시켰는가?

몸을 위해 안식을 취했다

그가 긴 여행을 했다는 것을 기억하라. 수산 성에서 예루살렘까지의 비행기를 타고 온 것이 아니다. 버스도 없었다. 그는 말을 타고 여행했다. 당신은 이전에 혈기 넘치는 말을 타본 경험이 있는가? 말들은 갑자기 움직이고, 점프하며, 몸을 흔든다. 그것들은 말 타는 사람의 궁둥이를 피곤하게 만든다. 그는 필시 둔부의 피로를 풀 수 있는 적당한 거리를 걸어 다녔을 것이다.

리더는 피곤에 지친다. 때로 당신이 할 수 있는 가장 거룩한 사역은 잠자는 것이다. 하나님께서는 일곱 날 중에서 한 날을 쉬셨다. 좋은 의견 하나: 절대로 빈 탱크로는 긴 여행을 떠나지 말라.

마음을 새롭게 했다

이것은 깊은 생각 혹은 심사숙고를 말하는 것이다. 우리는 느헤미야가 마음속으로 하나님의 위대한 능력과 사랑의 비전을 곰곰이 생각하는 모습을 상상할 수 있다. 성경은 이것을 일컬어 묵상이라고 한다. 시편 1

편에 의하면, 묵상은 경건한 사람의 일과이다. 여호수아가 가나안에 입성하기 전, 하나님께서는 그가 주님의 말씀을 복종하면 형통하게 될 것이라고 약속하셨다. 여호수아는 하나님의 명령들을 분명히 이해하기 위해서 "그 말씀을 주야로 묵상"해야 했다(수 1:8). 묵상은 하나님께서 주신 비전을 분명하게 이해할 수 있도록 해준다. 느헤미야가 1장에서 자기의 영적 탱크를 꽉 채웠으며, 꽉 채워진 탱크로 인하여 나머지 장(章)들을 달렸을 것이라고 생각하는 것은 오해다. 그는 날마다 하나님을 만났다.

묵상은 기억을 유지시켜 준다. 구약의 절기들은 이스라엘 자손들로 하여금 과거의 구원들을 회상하게 하는 것이 기본 목적이었다. 또한 신명기 6장 20절과 21절도 기억에 대한 말씀이다.

> 후일에 네 아들이 네게 묻기를 우리 하나님 여호와의 명령하신 증거와 규례와 법도가 무슨 뜻이냐 하거든 너는 네 아들에게 이르기를 우리가 옛적에 애굽에서 바로의 종이 되었더니 여호와께서 권능의 손으로 우리를 애굽에서 인도하여 내셨나니(신 6:20-21).

과거의 구원들을 기억하는 것은 현재에 위로를 준다. 우리가 '하나님이 예전에 이 일을 하셨다면, 이 일을 다시 하실 수 있으시다'라고 인식할 때에 그 일을 하는 우리는 더욱 헌신할 수 있다.

참으로 많은 감동을 주는 노래가 하나 있다. 그 노래의 가사는 다음과 같다.

받은 복을 세어보아라
하나씩 불러보아라
그리하면 주님께서 하신 일이
너를 놀라게 할 것이다

우리는 하나님이 주신 은사를 생각하고 받은 복들을 새겨볼 필요가 있다.

전략을 재검토했다

느헤미야는 휴식을 취하기 전에 지난 수개월 동안 일어났던 사건들을 회고했다. "행여나 잊은 것은 없을까? 아삽의 협력을 의지할 수 있는 것일까? 어떻게 하면 백성으로 하여금 수치스러운 형편을 깨닫게 할 수 있을까? 그들이 위험을 무릅쓰고 이 일에 협력하게 하기 위해서 어떤 일이 먼저 일어나야 하는 것일까?" 나는 느헤미야가 자기의 계획들을 잘 조절했을 것이라고 확신한다. 그의 마음에는 찬양이 솟구쳤다. 그의 비전은 더욱 강렬히 타올랐다. "나는 이것이 하나님께서 원하시는 것이라고 믿는다." 그러나 한 가지 염두에 두어야 할 것은 아직도 두드릴 때가 아니라는 것이다. 그는 계속적으로 자신을 준비시키고 있다. 쇠는 달궈지고 있는 중이다.

이제 그는 훼파의 정도가 어떠한지에 대한 조사를 위해 준비를 시작한다. 그는 이 일을 다른 사람들에게 위임하지 않는다. 리더는 문제의 심각성을 자기의 두 눈으로 직접 보아야 한다.

2. 필요한 것들에 대한 직접적인 사정(2:12-16)

존 화이트는 "능률은 하나님을 기다림으로 시작된다. 하지만 하나님을 기다리는 것으로써 끝나지는 않는다."라고 말했다. 하나니가 예루살렘으로부터 왔을 때에 느헤미야는 유다 사람들과 예루살렘 성벽의 형편에 대해 물었다(1:2). 그러나 그는 어느 누구에게서도 필요한 자세한 정보를 입수할 수 없었다. 심지어 가장 사랑하는 형제에게서도 그것을 얻을 수 없었다. 그는 실제적인 정보를 수집해야만 했다. 이러한 정보들은 부하 혹은 다른 사람을 보내서 상황을 판단하게 함으로 얻어질 수 없다. 느헤미야는 자기 눈으로 직접 확인하기로 작정했다.

자, 느헤미야가 이 일을 위해 우리를 초청한다고 가정해보자. 우리가 해야 할 첫 번째 일은 무엇인가? "밤에 일어나" 우리는 자명종의 바늘을 맞추어야 한다. 몇 시에 맞춰야 하는가? 자정이 좋을 것이다. 달이 머리 위에 뜰 것이고, 우리는 달빛이 필요하기 때문이다. 느헤미야가 밤에 해야 할 큰일을 앞두고 일찍 잠자는 훈련을 한 것도 염두에 두라. "일어나"라는 말은 그가 잠자리에 들어있었다는 것을 의미한다. 그는 세상이 다 잠자고 있는 동안에 조사하기를 마다하지 않았다는 사실을 잊지 말자.

존 화이트는 "성령님이 문제들을 미리 아실 수 있고 또한 아시고 계실지라도 우리는 그것을 알 방도가 없다. 우리가 문제들을 예측하지 못한다고 해서 우리에게 책임이 있는 것은 아니다."라고 말했다. 문제들을 예측하지 못하는 것은 그들이 믿음으로가 아닌 육신의 눈으로 행하기 때문이 아니다. 사실 문제들을 완전히 파악하는 데는 함정들을 미리 알아차리지 못하고 마구잡이로 더듬는 것보단, 더욱 큰 믿음이 필요하다.

부주의에 대한 높은 대가

느헤미야의 행동적인 스타일을 알고 있는 우리에게 그가 급히 행동하지 않는 것이 이상하게 보일 수도 있다. 그는 반대 의견들이 일어날 것이라는 점을 신중하게 예측했다. 아웃사이더가 인사이더들의 문제를 부주의하게 지적하면, 그것은 그의 교만과 무감각을 드러내는 것이 된다. 부도 위기에 놓인 한 회사에 새로이 고용된 이사가 모든 부서의 관리자들을 소집했다. "당신들은 지금 비참한 일을 하고 있는 거요."라는 말은 그들이 들어야 할 메시지가 아니다. 새로이 고용된 이사는 얼마 후에 퇴직 당했다. 만약 건축자가 된 술 관원이 이와 똑 같은 전법을 시도했다면, 그는 "느헤미야, 당신은 지금 제정신이 아니군요. 당신은 호화로운 궁전에서 호의호식했었소. 당신이 예루살렘의 형편에 대해 아는 것이 뭐요?"라는 말을 듣게 될 것이다. 그래서 그는 자신의 계획을 철저히 재고했으며, 자신이 입수한 정보를 재치 있게 사용했다.

느헤미야의 야간 승마는 성경을 공부하는 모든 사람들에게 익히 알려진 사건이다. 관련한 여러 가지 리더십의 교훈들이 우리를 기다리고 있다.

첫째, 그는 밤중에 나감으로 원수에게 자기의 계획들을 노출시키지 않았다. 그들은 자신들이 알지 못했던 정보를 입수할 기회를 얻을 수 없었다. 오직 느헤미야만이 말을 타고 다녔다. 이 장면은 TV 뉴스에서 발견되는 '보여주기 식' 장면이 아니었다. 이것은 입수하기 어려운 정보를 얻기 위한 은밀한 조사였다. 사실이다!

그는 자기의 비밀 계획들의 출처에 대한 정보를 우리에게 알려주고 있다. 그 정보들은 하나님으로부터 온 것들이다. 그러나 아직 "하나님이 내 마음을 감화하사 예루살렘을 위하여 행하게 하신 일"에 대해서 말할 시간이 되지 않았다. 쇠는 달궈지고 있다. 국은 서서히 끓고 있다. 그러나 아직 제 맛이 날 만큼 데워지지 않았다. 느헤미야는 더 많은 정보를 얻기 위해서 계속해서 말을 타고 다녔다. 앞에서 우리가 비전에 대해 정의하기를 하나님께서 하실 수 있는 것과 하시기를 원하시는 것을 온전히 이해하는 것이라고 했다. 지금 느헤미야는 정보를 더 많이 수집하여 그의 비전을 더욱 키워나가고 있는 중이다.

둘째, 그는 자기의 전략을 결정하기 전에 확인 작업을 했다. "내가 아무 사람에게도 말하지 아니하고"(2:12). 그는 아직 완전히 형성되지 않은 아이디어들을 가지고 일을 착수하지 않는다. 리더들이 실행 불가능한 계획이나 심사숙고하지 않은 아이디어들을 추종자들에게 제시하는 경우가 허다하다. 그러면 사람들은 뭔가 좋은 일이 일어날 것이라는 기대를 품게 된다. 그러나 우리에게 아이디어를 실행할 수 있는 능력이 없으면 오히려 이것은 혼돈과 좌절을 낳게 한다. 느헤미야는 자기가 필요한 것이 정확히 무엇인지를 알 때까지 기다렸다. 13절과 15절에는 "보다, 살펴보다"라는 단어가 사용됐다. '살펴보다'는 '정밀하게 조사하다'라는 의미와 '상처의 정도를 보기 위해서 탐침으로 살피다'라는 의미를 지니고 있다. 마치 의사가 환자의 질병을 진단하는 것과 같이 느헤미야는 예루살렘 성벽을 살펴보았다.

    나는 1985년에 예루살렘 성벽 주위를 걸어보았다. 그때 나는 느헤미야가 말을 타고 성벽 주위를 다녔던, 한밤의 잠든 예루살렘 성이 어떠했을지 상상해보았다. 느헤미야가 살았던 시절의 예루살렘은 북에서 남으로 평행을 이루고 있는 두 개의 언덕 위에 위치했었다. 지도를 보면 느헤미야의 발자국들을 따라갈 수 있을 것이다. 그는 서편 성벽에 있던 골짜기 문(Valley Gate)을 통해 예루살렘 성 밖으로 나갔다. 그는 시계 바늘과 반대 방향으로 돌아서 잘 알려진 용정(Dragon's Well)으로 향했다. 느헤미야는 계속해서 성벽의 남편에 있던 분문(Dung Gate)으로 진행했다. 예루살렘의 쓰레기는 이곳으로 옮겨졌다. 분문은 쓰레기 더미를 힌놈의 골짜기로 옮기는 데 사용된 문이다. 많은 학자들은 힌놈의 골짜기를 므낫세의 사악한 통치 기간 동안에 일어났던 몰렉 신에게 대한 유아 번제(infant sacrifices by fire)가 있었던 곳으로 추측한다(왕하 23:10).

    느헤미야는 이곳으로부터 "샘문(Fountain Gate)과 왕의 못(King's Pool)"이 있던 동편 성벽을 따라서 북쪽으로 진행했다. 이곳이 요한복음 9장의 예수님께서 소경을 고치셨던 실로암 못이라는 점에는 의심의 여지가 없다. 열왕기하 20장 20절은 그리스도가 오시기 전, 히스기야가 못이나 샘으로부터 물의 방향을 예루살렘 성 안으로 전환시킨 기록이다. 이 장소는 실로암 못의 장소와 동일한 곳으로 여겨진다.

느헤미야는 돌부스러기와 가파른 구릉 때문에 더 이상 말을 탈 수가 없었기에 말에서 내려 걷기 시작했다. "탄 짐승이 지나갈 곳이 없는지라." 몇몇 번역들은 느헤미야가 이 지점에서 온 길을 되돌아갔다고 이야기한다. 내가 사용하고 있는 새미국표준성경(NASB)는 그가 돌아갔다는 말을 하지 않는다. 이것은 그가 성벽을 따라서 계속 순회했다는 것을 의미한다. 이것은 나의 가정이다. 걷거나 말을 타고서 성벽을 완전히 돈 후에 그는 자기가 성을 빠져 나왔던 그 문을 지나서 다시 성으로 들어갔다. "골짜기 문으로 들어와서 돌아 왔으나" 이제 그는 자기가 묵던 곳으로 돌아왔다. 그는 성벽 훼손에 대한 조사를 완수하고 집으로 돌아간 것이다.

셋째, 그는 자기의 비전을 함께 나눈 핵심 인물들이 있었다. 그들은 아마도 느헤미야와 함께 일을 시작한 사람들일 것이다. 나는 1장 11절에 기록된 "종들의 기도"(복수)와 2장 12절의 "두어 사람과 함께"라고 기록된 것을 통해 이것을 추측했다. 그들은 누구일까? 아마도 "하나니와 함께 유다에서 온 두어 사람"일 것이다(1:2). 후에 그는 하나니에게 권세를 위임했다(7:2).

16절에는 다섯 부류의 거민들이 나열되었다. 유다인은 평범한 사람들이고, 귀족들은 상류층 생존자들이었다. 제사장들은 성전 제사에 관여하던 사람들이었다. 방백들은 2장 9절에서 바사의 총독들을 나타내기 위해 사용된 용어와 같은 것으로써 아마도 바사에 의해 임명된 리더들일 것이다. "그 외에 일하는 자들"이 위에 언급된 네 부류의 그룹들 중에서 실제적으로 재건 역사를 한 사람들이다.

당신의 비전을 확인하라

근래에 들어서 "서포트 그룹"(support group)이라는 말이 많이 쓰이고 있다. 비전의 리더는 지원이 필요하다. 방대하고 일반적인 비전은 리더에게 먼저 주어져야 한다. 하지만 같은 목적을 가진 사람들과 가급적 빨리 비전을 나누면 전체에게 받아들여지는 것이 훨씬 수월해진다. 어떤 사람은 "좋은 목표들은 내 것이고, 나쁜 목표들은 네 것이다."라고 말했다. 리더는 "이것은 좋은 목표들입니다. 왜냐하면 그 목표들은 우리의 것이기 때문입니다."라고 말하는 사람들, 즉 뜻을 같이 하는 서포터즈(supporters)가 필요하다.

당신을 신뢰하는 자들과 더불어 당신의 비전을 확인하라. 그 책임은 당신에게 있다. 그러나 다른 사람들은 당신이 비전을 입증하는 것을 도울 수 있으며, 당신을 격려할 수 있다. 느헤미야가 했던 것처럼 하라. 핵심 멤버들을 찾으라.

한 가지 남은 문제가 있는데, 그것은 사람들이 일하기를 원해야 한다는 것이다. 최상의 계획이라 할지라도, 그것이 그럴만한 동기가 없는 건축자들에게 전해지면 그 계획은 쉽게 무너지게 될 것이다. 동기 부여의 쇠를 뜨겁게 달구는 것은 우리의 리더십 낙인을 다른 사람들에게 찍기 위함이다. 이것은 타협의 여지가 없다.

3. 동기 부여의 기술에 대한 이해 (2:17-20)

　미국의 전 대통령 해리 트루먼은 리더들을 일컬어 다른 사람들로 하여금 하고 싶지 않은 것을 하게 할 수 있는 사람들이며, 그들에게 그 일을 좋아할 수 있도록 만드는 사람들이라고 했다! 리더들에 대한 트루먼의 정의에는 좋은 점도 있고, 나쁜 점도 있다. 좋은 점은 리더들이 사람들의 행동을 바꾼다는 것을 알게 하는 것이다. 리더들은 다른 사람들로 하여금 전에 겪어본 적이 없었던 일을 하게 한다.
　그럼에도 불구하고, 위험한 점은 이것이 조종에 의해 일어난다는 것을 암시하고 있다는 것이다. 만약 추종자들이 자기가 "원치 않는 것을 하게 되면", 그것은 그들이 속임을 당했기 때문이다. 느헤미야는 리더에 대한 트루먼의 정의를 충족시켰다. 그는 유다 사람들로 하여금 "일어나 건축하자"라고 하는 기쁨의 환호성을 지르게 했다. 느헤미야는 어떻게 해서 그들이 환호성을 지르도록 했을까? 그것은 조종이 아닌 동기 부여로 말미암은 것이었다. 다음의 항목들은 그가 어떻게 해서 사람들을 일하게 했는가에 대한 모범적인 예이다. 그는 세 가지를 했다. 그는 문제의 윤곽을 뚜렷이 보고, 문제에 맞는 해결책을 제공했으며, 개인적인 간증을 전하고 있다.

　그는 문제의 윤곽을 뚜렷이 보았다

　그가 한 모든 말에 의미가 있다. "우리의 당한 곤경은 너희도 보고 있는 바라 예루살렘이 황폐하고 성문이 불탔으니"(2:17). 무언가를 수리하기 위한 첫 단계는 그것이 훼손됐다는 것을 인정하는 것이다. 그들이 "좋지 않은 상황"에 대해서 상기시키는 것은 불필요한 일처럼 보인다. 하지만 느헤미야의 음성을 들었던 사람들 중에 예루살렘을 성벽과 연관 지어서 보았던 사람은 하나도 없었다는 점을 기억하라. 생각해보라! 가장 어린 아이로부터 가장 연로한 사람까지 하나님께서 예루살렘 성에 대해 의도하신 것이 무엇인지 체험한 사람은 없었다.

정치이론가 막스 듀프리(Max Dupree)는 "리더의 첫째 되는 의무는 현실을 뚜렷이 파악하는 것이다."라고 말했다. 리더들은 현실을 있는 그대로 말한다. 어려운 일들을 숨기거나 경시하는 것은 아무런 도움이 되지 못한다. 문제들은 인식되어야 하고, 문제와 관계된 사람들과 공유되어야 한다. 이렇게 하지 않는 것은 어리석고 성실하지 못한 태도이다.

"우리의 상황들을 보시오." 느헤미야는 설득했다. "더 이상 방관하지 말아야 합니다." 그는 밤중에 말을 타고 성벽을 조사했던 내용에 대해 모두 말했을 것이다. 그는 변화를 위한 대담한 붓질로, 훼손이라는 문제에 실제적인 그림을 그린 것이다.

영국의 총리였던 윈스턴 처칠(Winston Churchill)은 대담한 붓질을 통해 실제 그림을 그리는 것의 가치를 알았다. 제2차 세계대전의 쓰라린 현실은 아시아와 유럽을 충격의 도가니에 밀어넣었다. 그는 영국인들을 불러 모았다. 아무런 약속을 하지 않고서 다만 "피, 고역, 눈물, 땀"이라는 말을 했다. 느헤미야는 처칠처럼 혹독한 현실에 대해 언급함으로써 일을 시작했다. "우리의 당한 곤경은 너희도 보고 있는 바라." 성문들과 성벽이 없는 그들은 외부의 공격을 당하기 쉬웠다.

느헤미야의 현실은 어떠했나

느헤미야가 직면한 현실은 어떠했던가? 그 대답은 매우 중요하다. 왜냐하면 모든 리더는 즉시 혹은 나중에 느헤미야처럼 추종자들이 생기게 될 것이기 때문이다. 어떤 사람들은 자신들이 성벽을 재건할 수 있다고 믿지 않았다. 그들은 전에 성벽 중수를 시도했었지만 실패한 경험이 있었다(스 4:21). 불신이 그들에게 의기소침과 실망감을 안겨 주었다. 또 다른 사람들은 무너진 성벽을 바라보는 것으로 만족해했다. 현실은 그들에게 있는 그대로의 상황을 받아들일 자세를 취하도록 만들었다. 세 번째 그룹은 성벽의 운명은 무너진 상태로 그냥 있는 것이라고 생각했다. 그들은 깨달은 바가 없었다. 그들은 하나님의 기준을 알지 못했던 것이다.

태도를 바꾸려거든 믿음을 바꿔야 한다

가능성을 생각하는 사람은 자기를 따르는 자들의 잘못된 생각을 바로 잡아야 한다는 것을 안다. 그는 실제적으로 추종자들의 생각을 바꾸어야 한다.

변화를 위한 가장 좋은 매개는 하나님의 말씀이다. 하나님의 말씀은 하나님이 누구신지, 믿는 자가 누구인지, 그리고 그의 삶을 향한 하나님의 뜻이 무엇인지를 드러내준다. 느헤미야는 이스라엘 백성에게 하나님은 위대하고 두려운 분이라고 가르쳤다. 그는 그들이 "하나님의 종들"

이라는 사실을 알고 있었다. 하나님의 종들은 신령한 사랑과 자비를 받고 있는 자들이다. 그는 하나님께서 이스라엘 백성에게 무엇을 기대하고 계시는지 보여주었다. 느헤미야는 이스라엘 백성들이 무너진 성벽을 재건하는 것을 기대하기 전에 먼저 하나님과 자신들에 대한 생각을 바꾸어야만 했다.

행하기 전에 알아야 한다

예수님은 복음서들에서 '행하기 전에 알기' 원리를 보여주셨다.

> 이에 열둘을 세우셨으니 이는 자기와 함께 있게 하시고 또 보내사 전도도 하며(막 3:14).

순서는 매우 중요하다. 의무 이전에 교훈, 행함 이전에 앎, 보내심을 받기 이전에 "그분과 함께 있는 것."

태도는 믿음의 부산물이다. 니일 앤더슨(Neil Anderson) 박사는 "자기 믿음과 일치하지 않는 것을 확고하게 행할 수 있는 사람은 하나도 없다."라고 가르치고 있다.

리더십 비타민들

추종자들의 생각을 바꾸려 하는 리더는 먼저 자기의 생각부터 새롭게 해야 한다. 그렇다면 생각을 새롭게 할 매개물은 무엇일까?

▶ 하나님의 말씀이 기본이다. 설교 듣는 것 외의 성경연구를 하라. 당신 자신을 위해서 하나님의 속성들과 복음서에서 주님이 사용하셨던 것들에 대해 연구하라.
▶ 기도는 의무가 아닌 기쁨이 되어야 한다. 주님에 대한 경배와 찬양은 우리가 이곳에 있도록 도와준다.
▶ 철이 철을 날카롭게 하는 것 같이 우리의 영적 열정들을 높여주는 친구들은 우리로 하여금 하나님을 알 수 있도록 도와준다.

버날드 매닝(Bernald Manning)은 다음과 같이 기록했다.

> 하나님을 아는 지식에 근거하지 않는 하나님을 위한 열심은 중년의 나이에 염세주의자가 될 때에 소멸된다. 그러나 예수님의 찢기신 몸과 흘리신 피에 의해 조성된 열심은 지치고 힘든 나이에도 여전히 우리에게 새 힘을 준다.

리더는 자기의 모본과 가르침을 통해 하나님의 계획의 그림을 그린다. 그리고 나서 그는 자신과 추종자들을 그 그림 안에 넣는다. 그의 가르침은 불신과 평범과 무지를 지적한다. 이런 유의 지적은 추종자들의 양심이 찔리게 한다. 그러나 이것은 치료 이전에 오는 자비로운 고통이다.

나는 어떤 사람이 "그것은 심한 충돌을 야기합니다. 나를 따르는 사람들이 그것을 받아들일까요?"라고 하는 말을 들을 수 있다. 만약 당신이 느헤미야의 모본을 따른다면 당신의 추종자들은 그것을 받아들일 것이다. 17절을 보라. "우리의 당한 곤경은 너희도 보고 있는 바라… 자 예루살렘 성을 건축하여…(You see the bad situation we are in… Come, let us rebuild…)."

이 두 단어 "we"와 "us"에는 많은 지혜가 담겨 있다! 이 단어들은 무방비의 유다 사람들에게 사기를 높여주는 말이었다. 느헤미야는 자기 손가락을 문제 위에 올려놓는 것으로는 충분하지 않다는 것을 알았다. 그는 더 나아가서 "내가 여러분과 함께 하고 있잖아요."라고 말한 것이다. 이스라엘 백성은 전에 이와 같은 총독을 본 적이 있었을까?

유다 사람들이 처해 있던 곤경에 대해서 책망하기란 쉬운 일이었다. 그들은 자신들이 처한 곤경이 어느 정도 심각한 것인지 인식해야 할 필요가 있었다. 그들은 하나님께서 그 곤경을 해결하실 방법이 있다는 것을 알 필요가 있었다. 그리고 그 해결책은 한 행동 계획 속에서 발견되는 것이 아니라 한 리더에게서 발견되는 것이다. "내가" 할 수 없는 많은 일들을 "우리가" 함께 이룰 수 있다는 점을 절대로 잊지 말라.

쇠는 달았을 때 두들겨라

리더는 사기꾼이 아닌 동기 부여자가 되어야 한다. 리더는 오랜 세월 동안 땅만 쳐다보고 있던 사람들이 눈을 들도록 해야 한다. 느헤미야가 했던 다음 단계는 결정적이다.

그는 특정한 해결책을 제시했다.

"자, 예루살렘 성을 건축하자." 느헤미야가 실행 계획을 말한 것은 불가결한 일이었다. 그는 정확히 이 점을 행했다. 사람들은 이제 움직일 준비가 되었다. 유다 사람들은 그들의 필요를 인정했다. 그들은 자기들이 당한 곤경을 "보았다." 만약 느헤미야가 자신의 계획을 너무 서둘러 드러냈더라면, 그들은 감정적으로나 지성적으로 준비가 되지 않았을 것이다. 만약 그가 너무 오랜 시간을 기다렸더라면, 그는 힘을 잃었을 것이다.

나폴레옹은 "모든 전투 가운데에는 10분에서 15분의 결정적 시간이 있다. 그 시간을 포착해서 전투를 승리로 이끌든지, 그 시간을 놓쳐버려서 전투를 패하든지 하라."고 말했다.

▶ 예루살렘 성을 중건하자!

쇠는 완전히 달궈졌다. 느헤미야는 두드렸다. 그는 다음으로 목재들을 모았을 가능성이 높다. 그는 아마도 믿음직한 사람들을 먼저 보내서 자재들을 준비하게 했을 것이다. 우리는 이에 대해서 오로지 추측할 뿐이다. 그러나 리더는 만일 사람들이 즉시 쓰임 받지 못하면 그들의 열심이 사라지게 된다는 것을 알고 있다. 그들이 자원하는 데에는 한 가지 이유가 있는데, 그것은 그들이 일하기를 원하기 때문이다. 그리고 그들은 정확히 무엇이 이뤄져야 하는지 알기를 원한다. 명확한 행동 계획이 없이 빈둥빈둥 시간을 허비하고, 일할 수 있는 연장들을 준비하지 못하는 것은 일하는 사람들을 실망시킨다. 그렇게 하면 원수가 대적할 수 있도록 만드는 불필요한 기회를 주게 된다.

동기 부여가 필요한 또 하나의 이유는 느헤미야가 "다시 수치를 받지 말자!"라고 한 호소에서 발견된다. 모든 유다 사람들은 예루살렘이 하나님의 도성이라는 것을 알고 있었다. 바벨론 유수로부터 귀향했던 한 시편 기자는 "내가 너를 기억하지 않는다면, 내가 너 예루살렘을 내가 가장 기뻐하는 그 어떤 일보다도 더 기뻐하지 않는다면, 내 혀가 입천장에 붙을 것이다"(시 137:6, NKSV)라고 소리쳤다.

모든 진실한 유대인은 유복했던 옛적 시절을 그리워했다. 느헤미야의 말을 들었던 사람들은 포로로 잡혀 있던 곳으로부터 귀환한 사람들이었다. 그러나 예루살렘의 영광은 그곳을 떠났던 것이다. 붕괴된 성벽과 소화된 성문들은 그들을 희생자들로 남게 했다. 그들은 자신들이 당한 형편에 대해서 어떻게 느꼈을까? 그들은 마치 책망과 같은 수치와 치욕을 느꼈다.

▶ 안팎으로 동기 부여하기

"나의 동포들이여. 더 이상 이런 상태로 살 필요가 없습니다. 과거의 실패 때문에 받는 책망은 이만하면 됐습니다. 이제 성벽을 중건하고 하나님께서 우리에게 요구하시는 삶을 삽시다." 그들 마음의 수평선에 소망의 빛이 반짝였다. 동기를 부여하는 것은 그들이 깨달은 필요에 호소하는 것이다.

우리는 찰스 스윈돌로부터 두 종류의 동기 부여가 있음을 배우게 된다. 부대적이거나 외부적인 동기 부여는 가장 일반적인 것이기는 하지만, 소수의 위대한 리더들에 의해 사용된다. 본질적인 동기 부여는 사람의 외부에 호소하지 않고 내부에 호소한다.

자기 아이들에게 부대적인 것들을 동기 부여하는 부모는 "이제 숙제를 해야 할 시간이다."라고 말한다. 아이는 "지금은 안돼요. 지금 TV를 보고 있잖아요."라고 대답한다. 아이의 아빠는 "좋다. 네가 공부하겠다는 약속을 한다면 30분 더 볼 수 있도록 허락하겠다."라고 말한다. 또는 "아들아, 네가 시험 점수를 잘 받아오면, 아빠가 5,000원을 주겠다."라고 말한다.

이렇게 한다고 해서 아이들에게 문제가 생기는 것은 아니다. 하지만 이러한 동기 부여는 "나에게 보상하세요."의 정신을 키워주게 된다. 그리고 이런 방법은 오랜 기간 동안 효과를 지속하기 어렵다. 느헤미야는 그들의 내면에 호소했다. "만약 당신들이 열심히 일한다면, 과거의 수치는 사라질 것입니다. 여러분들은 가정을 지키게 될 것입니다. 그리고 하나님을 공경하게 될 것입니다." 내부적 동기 부여는 효과가 있는 것일까? 그렇다. 이스라엘 사람들은 "일어나 건축하자."라고 느헤미야에게 대답했다.

나는 내 인생 가운데에 두 명의 동기 부여자들의 말을 들어보았다. 한 사람은 프랭클린 루즈벨트(Franklin D. Roosevelt)이다. 그는 세계 대공황의 영향으로 말미암아 미국이 휘청거리고 있을 때인 1932년에 미국의 대통령이 되었다. 그는 비록 척수성 소아마비로 인해 다리를 절뚝거리기는 했지만, 결코 장애로 인하여 포기한 적이 없다. "이 나라는 대담하고 끈덕진 실험이 필요합니다. 모든 방법을 다 시도해보세요. 만약 실패한다면, 인정하고 다른 방법을 시도해보세요. 뭔가를 시도해야 합니다." 그는 미국으로 하여금 일하는 장소로 돌아가게 할 계획을 가지고 있었다.

나는 우리집에 있던 오래된 라디오를 통해 그의 연설을 듣곤 했다. 가장 기억에 남을 만한 연설은 1941년 12월 7일에 있었다. 그가 "우리는 두려움 외에 두려워할 것이 없습니다."라고 말하고 있을 때에 진주만은 화염에 휩싸여 있었다. 내 나이 열한 살 때에 나는 집을 뛰쳐나와서 군대에 들어갈 준비가 되어 있었다. 이런 것이 내부적 동기 부여의 힘이다.

윈스턴 처칠은 두 번째 동기 부여자였다. 그는 느헤미야처럼 특정한 해결책을 가지고 있었다. 그때는 히틀러가 영국을 폭격하고 있던 때였다. 처칠은 국가의 마이크를 잡았다.

우리의 목표는 무엇입니까? 저는 그것을 한 단어로 대답할 수 있습니다. 승리. 모든 대가를 치르더라도 승리해야 합니다. 모든 공포를 이기고 승리해야 합니다. 그러나 승리를 얻기까지는 길고 험한 길을 가야 합니다. 왜냐하면 승리가 없이는 생존도 없기 때문입니다.

어떤 젊은이들은 이탈리아의 민족해방자 가리발디가 했던 연설을 들었다. 그들은 가리발디에게 물었다. "만일 우리가 당신을 따른다면 당신은 우리에게 무엇을 줄 것입니까?" "나는 여러분에게 기나긴 행진과 형편없는 음식과 위험과 고난과 심지어는 죽음까지 줄 것입니다! 그리고 이탈리아의 역사 속에서 가장 위대한 것을 위하여 싸울 수 있는 자격을 주겠습니다." 이탈리아의 청년들은 그를 따랐다. 그리고 싸워서 승리를 쟁취했다.

나는 베트남에서 10년 동안 선교사로 있었기에 전쟁을 가까이서 지켜볼 수 있었다. 나는 베트남 군사들에게 그리스도를 증거했다. 그러나 나는 많은 미군 중장 친구들도 두고 있었다. 미군이 남베트남인들에게 참전할 것을 권유할 때에 그들은 점점 더 증가하는 이익들(외부적 동기 부여)을 제공했다. 공산당원들이 베트콩에게 동기 부여할 때에 그들은 전투 후의 영광에 대해 말했다. 누가 전쟁을 이겼을지 추측해보라. 느헤미야는 예루살렘을 건설하기 위해 이러한 동기 부여를 사용했다.

느헤미야에게서 배운 것들을 재고해보자. 그는 준비되지 않은 사람들로 인해 위대한 계획을 망치지 않기 위해서 그들의 행동을 위한 동기 부여했다. 그의 교훈들은 헤아릴 수 없이 귀중하다. 자신들의 실제 형편이 나쁘다는 것을 인식한 예루살렘 사람들은 변화시키기 위한 준비가 되었다.

이제 느헤미야는 동기 부여의 최종 방책을 제공해준다.

그는 자신이 경험한 것을 간증했다
우리는 18절 안에 있는 힘을 그냥 지나칠 수 없다.

또 그들에게 하나님의 선한 손이 나를 도우신 일과 왕이 내게 이른 말씀을 전하였더니 그들의 말이 일어나 건축하자 하고 모두 힘을 내어 이 선한 일을 하려 하매(느 2:18).

오직 크리스천 리더만이 살아계신 하나님에 대한 경험을 간증할 수 있다. 그의 영적 삶은 그의 가장 억누르기 힘든 메시지이다. 잠시 멈춰서 당신이 가장 존경하는 사람을 생각해보라. 당신은 그의 영적 생동감 때문에 그를 존경하는 것이다. 사람들은 계획을 따르지 않는다. 사람들은 자신들의 삶을 변화시킬 수 있다는 대답을 주는 리더들을 따르는 것이다. 느헤미야는 하나님을 위한 마음으로 불타고 있었기에 그를 만지는 사람마다 불붙기 시작했다.

느헤미야 3장은 성경의 유례없던 사건을 담고 있다. 뿔뿔이 흩어지고 조롱당했던 소수민족은 거의 150년 동안 황폐했던 성을 재건하기 위해 한 자리에 모였다. 원수들의 거친 위협에도 불구하고 모든 부류의 일꾼들은 한 사람을 따랐다. 이 사람은 정직한 마음으로 "하나님의 선한 손이 나를 도우셨습니다."라고 말할 수 있었다. 계획이 좋은 결과를 내는 것이 아니다. 계획을 품고 있는 사람이 좋은 결과를 내는 것이다.

그의 간증은 또한 적절한 반응을 가져왔다. 느헤미야 2장 18절의 중간 부분을 읽어보라. "왕이 내게 이른 말씀을 전하였더니"

느헤미야의 말을 듣고 있던 사람들은 느헤미야의 계획을 돕기 위해 예비된 것들로 인해 놀라지 않을 수가 없었다. "당신은 지금 하나님께서 우리 민족을 기억하셨다는 말을 하고 있는 것인가요? 왕이 우리를 위하고, 핍박하지 않는다고요? 그가 자재들을 공급했다고요?"

나는 몇 가지 정보들을 언급한 후에 이 장을 접으려 한다.

▶ 비전이 있는 리더십은 변화를 가져온다. "모두 힘을 내어 이 선한 일을 하려 하매"(2:18). 두 달 안에 예루살렘 성벽은 재건될 것이다.
▶ 하나님의 인도하심을 받는 변화는 항상 반대자들을 자극한다(2:19). 산발랏의 불길한 얼굴은 마귀 역사의 위협을 가져왔다. 반대는 느헤미야 6장과 7장의 주제이다. 여기에서 우리는 단지 "조심하세요. 음모가 꾸며지고 있습니다."라고 소리칠 뿐이다.
▶ 성공은 하나님의 목적이 방해 받지 않는 비전에 뿌리를 내리고 있다. "하늘의 하나님이 우리로 형통케 하시리니"(2:20).

***
내 것으로 만들기

당신의 계획을 나누기

나는 한 신학대학에서 느헤미야 2장을 강의한 적이 있다. 내가 "계획들은 실행되어야 한다"라는 주제를 말하자마자, 그 학교의 부학장의 얼굴이 밝게 빛났다. 나의 메시지가 끝난 후에 그는 내가 예전에 경험해

보았던 것을 간증했다. 서류철에 계획을 모아놓은 후에 즉시 망각하는 것은 쉬운 일이다. "우리는 수많은 기본 계획이 있었습니다." 그가 비밀을 털어놓았다. "그러나 우리는 실행에 약했습니다."

이 문제를 언급하는 것은 가치 있는 일이다. 어떻게 하면 우리의 목표들을 생동감 넘치게 할 수 있을까? 나는 이것이 가장 큰 도전들 가운데 하나라고 믿는다. 내가 사역 초기에 저질렀던 중대한 실수 중 하나는 사람들로 하여금 항상 비전과 목표와 계획을 알게 하는 것을 게을리 했던 것이었다. 지속적으로 생각나게 하고 반복적으로 말하는 것이 필요하지만, 이것은 리더를 피곤하게 만드는 것이 될 수 있다.

성경은 우리가 진리의 말씀을 반복하여 묵상하라고 가르친다. 모세는 이것을 일컬어서 "반복하는 가르침"이라 했다. 베드로는 "그러므로 너희가 이것을 알고 이미 있는 진리에 서 있으나 내가 항상 너희로 생각나게 하려 하노라"(벧후 1:12)고 설명했다. 요한은 "내가 너희에게 쓰는 것은 너희가 진리를 알지 못하기 때문이 아니라 너희가 알기 때문이요 또 모든 거짓은 진리에서 나지 않기 때문이라"(요일 2:21)고 덧붙였다. 바울은 빌립보 성도들의 "안전"을 위해서 같은 말을 쓴다고 말했다(빌 3:1). 왜 반복하라고 하는가? 왜냐하면 우리는 쉽게 망각하기 때문에 누군가가 우리로 하여금 기억할 수 있도록 도와줄 필요가 있기 때문이다. 또한 많은 사람들이 나태한 생각을 갖고 있기 때문에 자극과 격려가 필요하다.

만약 당신이 1년 계획이나 5년 계획을 가지고 있거나, 인생 계획이나 선교 계획을 가지고 있다면 매주 똑똑히 낭독해야 한다! 우리를 따르는 사람들은 목표들과, 그 목표들이 중요하다는 사실을 알아야 할 필요가 있다. 목표와 계획은 마치 진격 명령과 같다. 이것들을 자주 광고하고, 자주 말하라. 그림을 사용해서 그것들을 설명하라. 현수막을 만들어서 걸어놓아라(주의 – 계절마다 현수막을 교체하라). 포스터를 만들고, 주보에 인쇄하라. 당신과 추종자들의 생각 속에 있는 목표들을 숫돌로 날카롭게 갈아라.

당신의 단체를 위한 당신의 비전은 당신에게 주시는 하나님의 선물이다. 당신의 비전을 다른 선물들과 같이 여기고 사용해야 한다. 새로운 비전은 현재의 비전을 실행할 때에 온다. "무릇 있는 자는 받아 넉넉하게 될 것"이라는 성경의 원리이다.

비전을 살아 있게 하는 것은 리더의 제일의 사역이다. 세 가지를 제안하고자 한다.

1. 비전과 방법들을 나누는 것을 당신의 기도 생활의 주요 부분이 되게 하라.

    a) 내 비전은 ＿＿＿＿＿＿＿＿ 이다.
    b) 나는 이 비전을 사람들과 ＿＿＿＿게 나눌 것이다.
    c) 나는 비전 나눔을 위해서 매 ＿＿＿＿ 기도할 것이다.

2. 정규적으로 당신의 목표들을 반복하여 나눌 수 있는 창조적인 사람을 둘 혹은 셋 찾으라.

3. 당신의 사람들에게 끊임없이 창조적으로 비전을 나눌 수 있도록 도와줄 한 사람 혹은 두 사람을 찾으라. 당신이 매주 비전에 대해 언급하지 않을 때, 당신에게 와서 권유하도록 그들을 초청하라.

계획들은 실행에 옮겨져야 한다. 그리고 가장 쉽고 좋은 방법은 잘 훈련된 사람들과 연합하여 사역하는 것이다.

소매를 걷어 올려라

Chapter 4
적극적으로 일할 자세를 취하라

"평화로운 권력 이양은 가장 엄숙한 순간이 되어야 하며, 이 순간은 민주주의의 영광입니다." 이 한마디의 말을 통해서 마담 코라손 아퀴노(Madam Corazon Aquino)는 1992년 6월 30일, 피델 라모스(Fidel V. Ramos)의 필리핀공화국 12대 대통령 취임식을 필리핀 역사에 남을 중대한 날로 만들었다. 리더는 어떻게 사람들이 자신을 따르도록 하는가? 그는 비전을 나눈 후에 어떻게 사람들이 일하도록 하는가?

칼럼니스트 막스 솔리븐(Max Soliven)은 다음과 같은 글을 남겼다.

> 그는 전직 군인(라모스)이었기에, 아마도 한 군인의 예를 드는 것이 라모스에게 가장 적절한 권고가 될 것이다. 엘알라메인의 승리자, 영국의 몽고메리 백작은 언젠가 이런 말을 했다. "젊은 장교가

군대에 들어가자마자 해야 할 첫 번째 일은 전장에 나가서 싸우는 것이다. 전투는 그를 따르는 군인들의 마음을 위한 것이다. 만약 그가 전투에서 승리하면 그들은 그가 어디로 가든지 좇을 것이다. 만약 전투에서 지면 결코 훌륭한 일을 하지 못할 것이다."(《필리핀 스타》, 1992년 6월 30일, p. 10)

3장은 느헤미야가 유다 사람들의 마음을 사로잡았던 사건에 대한 흥미로운 증거이다. 일치단결된 마음으로 성벽 재건은 시작됐다. 느헤미야의 '리더십 별'은 이제 높은 하늘에 떠 있다. 그의 리더십 별은 그가 비전을 얻기 위해 하나님을 기다리는 중에 떠오르기 시작했다. 비전의 빛은 특정한 목표들에 의해서 더욱 반짝이게 된다. 그의 목표를 실행할 수 있는 계획으로 바꾸는 과정을 통해, 예루살렘이 그 빛을 받아들이도록 준비시켰다. 이제 이 빛은 그들의 리더를 따름으로 인해 온 도시를 비추게 되었다.

리더십 스타일에 대한 많은 글들이 쓰여졌다. 비전의 리더는 그가 보는 것을 하나님의 뜻으로 개념화하고 전달한다. 계획하는 리더는 일을 이루기 위해서 실행 단계를 준비한다. 유지하는 리더는 자신을 천천히 달리도록 유지한다.

우리가 이제까지 읽어보지 못했던 리더십 스타일이 하나 더 있다. 그것은 모범적인 리더십이다. 이 리더는 모본을 보여서 사람들을 이끄는 사람이다. 나는 느헤미야가 이 모든 리더십 스타일들로 잘 조화된 리더라고 확신한다. 그러나 그의 행동보다 더 크게 영향을 미치는 것은 없다. 우리는 밤낮으로 일했고, 심지어는 취침시간에도 작업복을 입고 잠을 갔다(4:21, 23). 이런 유의 리더가 참호를 공격할 때에 병사들은 그를 따르게 된다. 이것이 바로 본보기의 놀라운 힘이다.

그 때에 대제사장 엘리아십이 그의 형제 제사장들과 함께 일어나 양문을 건축하여… 그 다음은 여리고 사람들이 건축하였고 또 그 다음은 이므리의 아들 삭굴이 건축하였으며 어문은 하스나아의 자손들이 건축하여… 옛 문은 바세아의 아들 요야다와 브소드야의 아들 므술람이 중수하여… 그 다음은 금장색 할해야의 아들 웃시엘 등이 중수하였고 그 다음은 향품 장사 하나냐 등이 중수하되 그들이 예루살렘 넓은 성벽까지 하였고… 그 다음은 예루살렘 지방 절반을 다스리는 자 할로헤스의 아들 살룸과 그 딸들이 중수하였고 골짜기 문은 하눈과 사노아 주민이 중수하여… 분문은 벧학게렘 지방을 다스리는 레갑의 아들 말기야가 중수하여… 샘문은 미스바 지방을 다스리는 골호세의 아들 살룬이 중수하여… 셀라 못가의 성벽을 중수하여… 그 다음은… 그 다음은… 그 다음은… 그 다음은 베레야의 아들 므술람이 자기의 방과 마주 대한 부분을 중수하였고 그 다음은 금장색 말기야가 함밉갓 문과 마주 대한 부분을 중수하여 느디님 사람과 상인들의 집에서부터 성 모퉁이 성루에 이르렀고 성 모퉁이 성루에서 양문까지는 금장색과 상인들이 중수하였느니라(느 3:1-18, 30-32).

우리는 올림픽에서 쓰이는 말을 사용하여 "경기 시작"이라고 말할 수 있을 것이다. 3장은 건설 과정을 간략하게 요약하고 있다. 다음은 3장에 대한 하워드 복스(Howard Vos)의 관찰이다.

> 3장에는 잊혀진 이름들의 목록과 성벽 재건의 지루한 세목이 기록되어 있으며, 더 자세한 조사는 극적이고 흥미진진한 것이 되었다. 첫째로 느헤미야의 조직 편성의 눈부신 공훈에 주목하라. 모든 예루살렘 사람들이 동원되었으며, 사십에서 사십 둘로 나눠진 성벽의 모든 부분들을 동시에 재건하기 위해 화합했다. 둘째로 그들은 성벽 재건을 완성하기 위해 쉴 줄 모르는 헌신과 열렬한 열정을 보여주었다. 셋째로 수 세기 후에 태어난 율리우스 시저만 속도와 불시공격 전법을 독점한 것이 아니라는 점이 명백하다. 유다의 원수들은 느헤미야와 유다 사람들의 건설 속도를 막을 수 없었다. 원수들이 유다 사람들이 연합하는 것을 막기 전에, 또는 그들의 역사를 방해하기 전에 성벽과 성문들은 수리되었다. 넷째로 또한 느헤미야 3장은 고대 예루살렘 지형에 대한 최고의 자료라는 점에서 흥미롭다. 다섯째로 이 장은 건축 기술자들과 무역자들과 지방들과 여러 사회 계층들을 대표하는 자들에 대해 언급함으로써 온 유다 사람들의 참여에 대해서 보여주고 있다.

우리는 느헤미야 시대의 성벽이 다윗 시대의 성벽이나 예수님 시대의 성벽과 어떻게 다른지 알 수 있는 방법이 없다. 그럼에도 불구하고, 3

장에 그려진 성벽은 오늘날의 것보다 훨씬 작았다는 의견이 보편적이다. 우리는 느헤미야 시대의 성에 열 개의 문이 있었다는 것을 알고 있다. 아마도 세 개의 문은 성전으로 들어가는 입구였을 것이고, 나머지는 성으로 들어가는 문이었을 것이다.

마흔 하나의 무리들이 힘을 합해 마흔 두 부분을 재건했다. 드고아 사람들은 두 부분을 맡아서 건축했다. 3장의 기록은 양문의 건축으로 시작하고 마친다. 중수는 시계와 반대 방향을 따라 진행되었다. 몇몇 학자들은 둘레가 2.5마일이었을 것이라고 어림잡는다. 어떤 학자들은 2마일 미만 또는 대략 3킬로미터로 추정한다.

성벽 중수의 역사 – 특히 힘든 상황 하에서 – 는 독특한 구조적 기술을 요구했다. 느헤미야의 계획은 단순했지만 독특했다. 나는 오늘날에도 여전히 적용될 수 있는 성공적인 사역을 위한 네 가지 원리들을 보게 된다.

I. 동원

동원(動員)이란, 사용할 수 있는 모든 노동력을 집중시키는 것을 의미한다. 만약 선전 포고가 되면, 나라들은 "총동원령"을 포고할 것이다. 때로 여자들을 포함한 건강한 몸을 가진 모든 사람들은 전선으로 나와서 생명을 걸게 된다. 하나님의 군대를 이끌던 느헤미야는 어떠한 세상 정부들보다 더욱 성공적이었다.

느헤미야는 남녀노소를 가리지 않고 가능한 대로 모든 노동력을 참여케 했다. 그들 중에서 몇 사람을 만나보자. 대제사장 엘리아십부터 시작하자. 그의 조부도 역시 80년 전에 있었던 스룹바벨의 재건 당시의 제사장이었다. 만약 종교 지도자가 일을 하지 않는다면 백성도 동기 부여가 되지 않을 것이다. 백성은 제사장이 하는 대로 한다.

우리는 8절에서 금장색들에 대한 기사를 읽게 된다. 이 사람들에 대해서 생각해보라. 그들은 부드러운 손과 긴 손가락을 소유한 사람들이었다. 그들은 고급 금장신구를 만드는 섬세한 일을 했다. 그들이 돌들을 들어 올리는 장면과 그들의 손이 더러워지고 물집이 생기게 되는 것을 상상할 수 있겠는가? 그리고 예루살렘은 무척 더웠다. 쓰레기, 땀, 먼지, 오물. 이것은 금장색들에게 어울리는 환경이 아니다. "만약 제사장들이 할 수 있다면, 우리도 할 수 있습니다." 이것은 본보기의 놀라운 힘이다.

향품 만드는 자들은 어떠하겠는가? 우리는 그들이 무엇을 만드는지 알고 있다. 하지만 당신은 그들이 향품을 어떻게 만드는지 알고 있는가? 어떤 향유들은 으깨진 꽃잎에서 추출된다. 당신은 이 사람들이 하는 말을 들을 수 없는가? "우리는 평생 부드럽고 향긋한 냄새를 풍기는 장미와 함께 일했었습니다. 그런데 우리는 예루살렘 넓은 성벽을 따라 무너진 곳을 중수하고 있는 자신들을 발견했습니다. 이 사람 느헤미야는 믿음직한 사람입니다." 고고학자들은 발삼 익스트랙트(balsam extract, 침엽수 추출물)로 만드는 향유가 엔게디(En Gedi) 지방에서 제조되었다는 증거를 발견했다.

또한 우리는 예루살렘 지방을 다스리는 두 사람을 만나게 된다. 그들은 예루살렘의 두 지역을 감독하던 자들이었다. 그들 중 하나인 살룸은 자기 딸들을 데리고 와서 일을 돕게 했다. 그 소녀들도 역시 성벽을 수리하는 데 힘을 합했다. 32절은 상인들에 대해서 말하고 있다. 얼마나 다양한 사람들이 연합했던가. 남자들과 여자들, 젊은이들과 노인들, 가난한 자들과 부자들, 도시인들과 시골 사람들. 그들은 모두 일하기 위해 모인 사람들이었다. 이것이 동원이다.

케니스 스트라첸(Kenneth Strachen)은 그의 책 『회피할 수 없는 부르심』(The Inescapable Calling)에 "모든 운동은 그 신념을 계속적으로 전파해서 멤버들을 많이 동원하는 것에 직접적인 성공 여부가 달려 있다."라고 기록했다.

전적인 동원과 완전한 협력과 온전한 연합을 꿈꾼다는 것은 가슴 벅찬 일이다.

그러나 한 가지 주의할 것이 있다. 예를 들어서, 어떤 위원들은 100 퍼센트의 동의를 얻지 못하면 결코 결정을 내리지 않는다. 이 경우는 멤버들이 경건한 자질들과 경험에 따라서 신중히 검토되고 선택된다는 점에서 좋은 방법이다. 당신은 이 방법으로 "당신이 선택하는 바를 알게 된다."

한 단체가 생각난다. 그 단체의 리더는 큰 캠페인을 위해 계획들을 세우면서 "우리는 모든 사람이 준비되지 않으면 이 일을 시작하지 않을 것입니다."라고 강조했다. 그는 기차를 비유로 들어서 설명했다. "기차가 역을 떠나기 전에 모든 객차는 하나로 연결되어야 합니다." 안타깝게도 그의 캠페인은 아직도 그 "역"에 머물러 있다. 몇 명의 반대자들이 철도 선로로 뛰어들었고, 그 기차는 영원히 오도 가도 못하게 되었다.

느헤미야에게는 성벽 중수하는 일을 지지하지 않았던 한 그룹 – 드고아 귀족들 – 이 있었다. 이것은 놀랄 일이 아니다. 지원자를 모집하는 일에 100퍼센트 참여가 이루어지는 경우는 드물다. 예수님에게는 겨우 열두 사람 밖에 없었다. 그리고 그들 중 하나는 예수님을 배신한 자이다.

익스포지터스 성경주석에는 드고아인들에 대한 흥미진진한 자료가 있다.

> 드고아는 베들레헴 남쪽으로 5마일 떨어진 곳에 있는 작은 마을이다. 이곳은 아모스 선지자의 집이 있었던 곳으로 유명하다(암 1:1). "귀족들"을 문자적으로 해석하면 "고귀한 사람들" 또는 "위엄 있는 사람들"이라는 뜻이다. 이 특권 계급의 사람들은 손으로 하는 일을 경멸했다. 그들은 "자기 어깨를 사용하여 노동하지 않았다." "어깨"에 대한 히브리어는 특히 목 뒤를 의미한다. 이 표현은 소가 멍에 메는 것을 거부하는 것에 대한 비유적 묘사이다.

다른 사람들은 일했지만 이 "고귀한" 배교자들은 멍에를 메지 않으려 했다. 그들은 교만 때문에 나머지 사람들과 함께 짐을 나누지 않았던 것일까? 아니면 그들이 매우 불안정했기 때문일까? 낮은 곳으로 내려가는 것이 특별함을 손상시킬 정도로 그들은 지위와 더불어 자기 존중으로 포장된 자들이었을까? 아니면 단순히 무관심해서 그랬던 것일까? 우리는 그 답을 알 방법이 없다. 우리가 아는 것은 다만 현명한 리더들은 기꺼이 일하고자 하는 사람들과 함께 일한다는 것이다. 현명한 리더들은 의무 태만자들 때문에 시간을 낭비하지 않는다.

노동의 신성함

일하는 것은 하나님께서 원하시는 바이다. 예수님은 요한복음 5장 17절에서 "내 아버지께서 이제까지 일하시니 나도 일한다."라고 반포하셨다. 그분은 "더 큰 일"과 "다 이루어진 일"에 대해서도 말씀하셨다. 바울은 데살로니가 성도들에게 그가 했던 일을 상기시켰다. "형제들아 우리의 수고와 애쓴 것을 너희가 기억하리니 너희 아무에게도 누를 끼치지 아니하려고 밤과 낮으로 일하면서 너희에게 하나님의 복음을 전파하였노라"(살전 2:9).

한 신학교 교수는 1학년 교실에서 다음의 말로 인사했다.

> 신사들이여, 여러분이 성공하기 위해서는 세 가지가 필요합니다. 은사, 은혜, 적극성. 첫 번째 것에 대해서 우리가 여러분들에게 해 줄 수 있는 것은 하나도 없습니다. 저는 하나님께서 여러분에게 은사들을 주셨음을 믿습니다. 우리는 훈련과 기도로 여러분이 은혜를 입을 수 있도록 도울 수 있습니다. 그러나 만약 여러분이 적극성을 소유하고 있지 않다면, 하나님도 사람도 여러분을 도울 수

없습니다. 그리고 저는 적극성이 없는 학생들에게는 공부를 그만두라고 권고하고 싶습니다.

적극성(Gumption)이라는 단어는 스코틀랜드의 좋은 고어이다. 이 단어의 반대어는 게으름이다. 영성은 땀으로써 표현된다. 바울은 "다른 모든 사람보다 더욱 열심히 일했다." 당신의 사역 윤리는 어떠한가? 사람들을 고무시키는 것은 우리가 어떻게 모본을 보이는가에 달려있다. 사람이 극도로 열심히 일할 수 있는가? 우리는 2장에서 현명한 리더의 휴식 사용에 대해서 배웠다. 성벽을 중건하는 것은 '프로젝트' 였다. 이 프로젝트는 단지 52일 밖에 걸리지 않았다. 느헤미야는 일중독자가 아니다. 성벽 중수는 긴급했고, 그는 긴급함의 정도에 따라서 일을 한 것이다.

피로의 경고등

당신은 극도의 피로(burnout)라는 말을 들어본 적이 있는가? 느헤미야가 하고 있던 활동들은 그가 피곤해 하지 않았음을 증명한다. 그는 더 밝게, 더 밝게 타올랐다. 사람들은 대개 극도의 피로를 느끼게 되는데, 그 이유는 그들이 힘든 일을 해서가 아니라 잘못된 동기 때문에 또는 그들의 수고를 위한 적용이 어렵기 때문이다. 동기가 좋지 못할 때가 있다. 우리 모두는 다음 사항들을 조심할 필요가 있다.

▶ 자기 자랑

이것은 교만으로부터 나오는 얄팍한 호소이다. "나는 아주 열심히 일했어. 나는 너무 희생적이야." 자기 자랑은 자기를 극도의 피로로 이끌 수 있다.

▶ 총애를 받음

만약 당신이 일하고 있을 때에 하나님이 당신을 더욱 사랑하신다고 느껴진다면, 조심하라. 당신은 이미 소유하고 있는 것 – 하나님의 전적인 인정 – 을 얻으려고 노력할 수 있다.

▶ 자기 수고

자기 수고로 인하여 땀 흘리는 것은 우리 안에 있는 하나님의 능력을 신뢰하지 않고 있음을 의미한다. 마치 두 마리의 황소가 함께 무거운 수레를 끄는 것과 같이 우리는 그분에게 매인 사람들이다. 그분의 멍에는 쉽다. 그러나 만약 우리가 육체적 열심으로 돌진하거나 불순종으로 머무적거린다면, 우리의 일이 그분을 거스르게 된다. 쉬운 멍에는 귀찮은 것이 된다. 우리는 그리스도와 함께 보조를 맞추지 않기 때문에 필요 없이 땀을 흘리고 있는 것이다.

이 세 가지 중에 하나라도 나타나면 주의해야 한다. 이로 인해 우리는 극도로 피곤해질 수도 있다. 그러나 만약 우리 마음이 옳고, 우리 눈이 천상의 비전으로 가득 차 있다면, 극심한 피로감을 걱정할 필요도 없는 것이다. 우리 아버지는 더 좋은 벽돌들을 더 많이 만들라고 강요하는 매정한 작업 할당원이 아니시다. 그분께서는 사랑이 많으시다. 우리의 하늘 아버지는 우리의 수고를 기록하시고 보상하신다.

II. 공동 작업

공동 작업은 모든 사람들을 사역할 수 있도록 조직하는 것을 의미한다. 이것은 지원자들이 대대적으로 참석해야 한다. 이것은 그들을 실질적으로 부리는 것이다. 이 장을 읽고 있는 사람은 최고 상태로 조절된 엔진이 주는 인상을 받게 된다. 또는 각 흉벽마다 한 명의 군인이 지키고 있는 거대하고 오래된 요새를 떠올릴 것이다. 모든 사람이 성벽을 중수하기 위하여 어깨와 어깨를 맞대고 서서 조기를 향하여 경례하는 학생들처럼 모였다.

나는 각각의 일꾼에게 특정장소가 할당되었다는 것에 깊은 인상을 받았다. 여리고 사람들은 대제사장 "다음"으로 건축하였고, "그 다음"은 삭굴이 건축하였다. 여리고에서 온 건축자들은 대략 6마일을 걸어서 왔다. 그들은 아침에 도착하자마자 어디로 가야 할지, 무엇을 해야 할지를 궁리하는 데 시간을 소비하지 않았다. 각 사람에게는 일의 범위가 주어졌다.

4절에서는 므레못이 하스나아의 자손들의 건축한 문빗장 다음을 모르타르(시멘트와 모래를 물로 반죽한 것)로 발랐다. 어문은 두루와 갈릴리에서 그날 잡아온 물고기가 이곳으로 옮겨지기 때문에 중요했다. "그 다음", "그 다음", "그 다음"(Next to them)은 공동 작업에 대한 장면을 상상하게 하는 단어이다. 후에 느헤미야는 "그들 후에"(after them)라는 말로 스타일을 바꿨다. 바꾸어 말하면, 이제 더 이상 성벽에 끊긴 데가 없었다는 것이다. 모든 사람에게 특정한 일이 맡겨졌고, 성벽은 조화를 이룬 활동으로 말미암아 분주했다. 내가 이 내용에 대해서 강의하고 있을 때에 어떤 형제가 말하기를 "그것은 협동에 대해서 상기시켜 주는군요."라고 했다. 그의 설명은 정말로 적합했다. "협동은 동료가 뭔가를 이루기 위해 힘과 연합이 필요할 때에 그를 적극적으로 원조하는 동료정신을 묘사해 줍니다. 협동정신은 발전과 목표 달성을 이루게 해주는 불변의 요인입니다. 이것은 형제애의 본질적 가치를 항상 유지시켜주는 것입니다."

분배해서 정복하라

협동하는 것은 일을 위임하는 능력이다. 위임하지 않고서는 리더로서의 풍부한 잠재력을 결코 활용할 수 없을 것이다. 위임은 가정과 사무실과 교회에서 적용된다. 일은 "아주 작은 사이즈"로 나뉘어져서 여러 사람들에게 분배되어야 한다. 예루살렘 성벽은 특정한 장소들에서 독특한 사람들에 의해 세워졌다. 무디(D.L. Moody)는 가끔 "저는 열 사람이 해야 할 일을 혼자 도맡아서 하기보다는 열 사람으로 하여금 그 일을 하게 할 것입니다."라고 말했다.

리더들이 다른 사람들에게 위임하지 않는 데에는 두 가지 이유가 있다. 하나는 그들이 권력을 포기하고 싶어 하지 않기 때문이다. 그들은 "만약 내가 이 일을 다른 사람에게 위임하면, 이것을 통한 축복(또는 영광)을 얻지 못할 거야!"라고 정당화한다. 둘째는 다른 사람이 그 일을 잘 할 수 있을까 하는 의심을 하기 때문이다. (여기에서의 문제는 유능한 조력자들을 훈련하지 않았다는 것이다.)

사전은 대리자(delegate)라는 단어에 대한 두 가지 관점을 상기시켜 준다. 대리는 다른 누군가가 우리를 대신하는 것이라는 것과 대리자는 파송된다는 사실을 숙고해야 한다. "파송 받은" 대리자는 파송한 사람을 위해 일할 권세를 받은 것이다. 리더십에 대한 정의들 중에 하나는 다른 사람들의 특별 능력들과 한계들을 인식하고, 그들을 적절한 사역의 자리에 배치하는 것이다. 샌더스(J.O. Sanders)는 "다른 사람들(대리자들)을 사용하여 성공적으로 일을 성취하는 리더는 최상의 리더십 타입을 활용하고 있는 것이다."라고 말했다.

여기에 문제의 열쇠가 있다. 위임이란 어떤 사람이 이미 뭔가의 책임을 지고 있는 것을 할당하는 것이 아니다. 위임은 당신의 해야 할 일의 일부를 누군가에게 할당하는 것이다. 이 부분에 대해서 적절히 이해하려면 위임에 대한 두 가지 중대한 질문들을 정직하게 물어보아야 한다. "나는 내가 해야 할 일을 다른 사람과 나누기를 원하는가? 나에게는 그 일을 맡을 만한 사람이 있는가?"

어찌하여 그대는 홀로 앉았는고

출애굽기 18장은 모세와 그의 장인 이드로의 삶 속에서 위임에 대한 교훈들을 보여주고 있다.

모세는 새벽부터 저녁까지 재판하고 있었다. 이드로의 질문은 다른 사람들에게 위임하지 않는 리더들의 마음을 통찰하고 있다. "어찌하여 그대는 홀로 앉았는고?" 그의 관심은 재판하는 일에 쏠려 있었다. 모세는 재판 때문에 지쳤고, 백성은 모세의 영감 있는 대답을 기다리는 것에 피곤해 했다. "너와 또 너와 함께 한 이 백성이 필경 기력이 쇠하리니 이 일이 네게 너무 중함이라 네가 혼자 할 수 없으리라"(출 18:18). 이 사건은 지나치게 일하고도 수요 이하의 생산을 하는 것에 대한 전형적인 경우이다.

당신의 능률을 높이라

오직 리더만이 위임을 현실화할 수 있는 사람이다. 위임을 적절히 하는 리더들에게는 두 가지 특색이 있다. 첫째, 그들은 가능한 많은 사람들을 모집하려고 하는 뜨거운 열정을 가지고 있다. 이것은 단순히 "많을수록 좋다"는 사상보다 훨씬 위대한 것이다. 이것은 열정이다.

둘째, 훌륭한 위임자들은 리더십이 무엇인지 알고 있다. 모세에게 있어서의 위임은 사람들을 대신해서 그들의 문제들을 가지고 하나님께 나아가는 것이었다. 이것은 또한 하나님을 대신해서 사람들에게 (주님의 말씀을 가르치고) 해석하는 사람이 되는 것을 포함한다. 모세가 했던 일은 그가 혼자 감당하기에 심히 과중했다. 그는 일의 능률을 높이기 위해서 그를 도울 사람들을 모집해야 했다. 그러나 그것은 모세가 어떻게 하느냐에 달려있었다.

능력을 보라

모세는 어떤 유의 사람들을 찾아야 했을까? 이드로는 세밀했다. "능력 있는 사람들 곧 하나님을 두려워하며…" 이에 필적할 말씀이 바울에 의해 전해졌다. "신실하고 능력 있는 자…" 이와 같이 두 가지 특징들이 주어졌다. 그들은 은사 – 재덕과 경건 – 가 있으며 "하나님을 두려워하는 자들"이어야 한다.

무엇보다도, 리더는 사람들을 선택하는 기술이 있어야 한다. 갖가지의 일들은 갖가지의 은사와 달란트와 기술을 필요로 한다. 우리는 특정한 일을 위해서 그에 맞는 특정한 달란트를 짝지어야 한다.

자질이 갖춰지지 않은 사람들에게 의무를 지우지 말라. 그렇게 하면 그들은 의기소침해지며, 실망감을 갖게 된다. 게다가 당신의 일이 제대로 수행되지도 않을 것이다.

성품을 보라

두 번째 자질은 첫 번째와 동일하게 중요하다. 우리의 대리인들은 "성실"해야 한다. 디모데전후서와 디도서에 기록된 리더십 자질에 대한 대부분의 말씀들은 성품에 연관되어 있다. 대리자들은 경건해야 한다. 이드로는 이러한 자들을 일컬어 "능력 있는 사람들 곧 하나님을 두려워하며 진실하며 불의한 이익을 미워하는 자"라고 했다. 우리는 결코 더러운 손에 거룩한 일을 맡기지 말아야 한다.

대리자들의 중요성은 이드로의 호소에서 보여진다. "그들이 때를 따라 백성을 재판하게 하라." 그는 일인 통치가 만들어 놓은 비효율성을 극복하는 것에 대해 진지하게 생각했다. 모세는 큰 사건들을 재판하면 됐다. 그리고 그의 대리자들은 나머지 사건들을 처리하면 됐다.

대리자들은 짐을 나누어 지는 사람들이다

좋은 장인으로서의 이드로의 관심은 모세 자신을 위한 것이다. "일이 네게 쉬우리라." 성공적인 위임은 출애굽기 18장 22절에서 그려지고 있다. "그들이 자네와 짐을 나누어 지면"(NKSV).

이드로와 모세에 관한 하나의 감동적인 식견이 있다. "네가 만일 이 일을 하고 하나님께서도 네게 허락하시면 네가 이 일을 감당하고" 이드로는 하나님께서 모든 것을 통제하신다는 것을 우리에게 가르치고 있다. 하나님은 우리에게 부여하신 모든 일들에 대해서 책임을 물으신다. 강력한 진리이다.

하나님께서 성벽을 건축하고자 하는 느헤미야의 비전의 뒤에 서 계셨다는 것을 알게 된 느헤미야는 큰 위로를 얻었다. 그렇다고 해서 하나님께서 주신 것들 외에 더 많은 일들을 하는 것은 용납될 수 없었다. 후에 7장에서 그는 특별히 문지기들과 레위 사람들과 하나니와 하나냐를 세웠다. 하나냐는 성을 지키는 자로 위임 받았다. 어찌하여 하나냐가 선택 받은 것일까? "하나냐는 충성스러운 사람이요 하나님을 경외함이 무리 중에서 뛰어난 자라"(느 7:2). 이드로와 사도 바울은 충성된 사람에게 큰일을 맡기는 것에 동의할 것이다.

할 것이냐 안 할 것이냐

지난 32년간의 사역을 통해 나는 하지 말아야 할 것을 아는 것이 해야 할 것을 아는 것만큼이나 중요하다는 것을 알게 되었다. 나는 J. 오스왈드 샌더스(J. Oswald Sanders)의 식견에 사의를 표하고 싶다.

> 우리는 다른 사람들이 우리보다 더 잘 할 수 있는 몇몇 사역들을 스스로 과하게 지고 있는 경우가 있다. 우리는 그것들을 다른 사람들에게 나눠주어야 한다. 그들이 그 일들을 처리하는 데 있어서 우리보다 못하더라도 역시 그들에게 양도해야 할 것이다. 이것은

완벽주의자에게 대한 혹독한 시험이다! 모세는 그가 선택한 칠십 인보다 재판하는 일을 더 잘할 수 있었지만, 그는 계속해서 사역을 나누어 졌다. 그는 더 이상 스스로 과한 사역을 하지 않아도 되었다.

우리는 또한 위임하는 사람의 중요한 강점을 새로이 발견할 수 있다. "이에 모세가 자기 장인의 말을 듣고 그 모든 말대로 하여"(출 18:24). 모세의 강점은 겸손이다.

위임의 유익들은 위임하는 사람의 의무만큼이나 광범위하다. 모세는 '문제의 일부분' 일 가능성이 있는 사람들을 선택했다. 이제 그들은 해결책의 일부분이 되었다. 적절한 위임은 비판자들을 동역자들로 바꾸는 하나의 방법이다. 가장 중요한 것은 목사의 일은 교회 전체의 일이라는 점이다. 가장 중요한 사역에 머물러 있을 것을 권고해주는 '이드로'가 있는 리더는 행복하다. 모든 일을 당신 혼자서 해결하려고 하지 말라. 조건을 갖춘 도우미들을 찾으라. 당신이 감당할 의무들을 기꺼이 나누어 줄 마음을 가지라.

성공적인 위임은,

자질을 갖춘 사람들이(훈련이 필요할 수도 있음),
실행권한을 가지고
결과보고의 체제를 사용하는 사람들에게

특정한 지시가 내려졌을 때에 이루어진다.

위임을 시작하게 하는 단순하고도 실질적인 방법은
▶ 당신이 지금 하고 있는 사역들 중에서 다른 사람들에게 위임하고자 하는 일들을 적어보라.
▶ 당신의 사람들 중에서 그 일을 감당할 수 있는 사람이 누구인지 신중히 결정하라. 그들의 능력과 성숙도와 활용 가능성을 고려하라.
▶ 그들이 하기를 바라는 것들을 명확하게 기록하라.
▶ 그들과 만나서 당신의 (위임에 관한) 의견에 대해 깊이 생각해볼 것을 부탁하라.
▶ 필요한 훈련을 하라. 어떤 일들은 단 한 시간의 훈련이 필요할 수도 있으며, 어떤 것들은 정규 훈련 코스가 필요하기도 하다. 적절히 위임하는 것은 서로에게 좋다. 당신과 당신의 대리자들이 유익을 얻을 것이다. 또한 조직 전체가 유익을 얻게 될 것이다.

더러운 일은 위임하지 말라

위임에 따르는 위험들이 있는가? 그렇다! 『크리스천 리더들을 위한 경영 예술』(The Art Of Management For Christian Leader)의 공동 저작자들인 테드 엥스트롬과 에드워드 데이턴은 다음의 것들을 주의하라고 말한다.

- ▶ 다른 사람들에게 정책 사항들을 위임하지 말라.
- ▶ 만약 당신이 그 일을 할 수 있는 유일한 사람이라면 그 일을 다른 사람들에게 위임하지 말라.
- ▶ 당신이 책임져야 하는 사람들과 그들의 개인적 필요들을 다른 사람들에게 떠맡기지 말라.
- ▶ 남에게 책임을 전가하기 위함이라면 위임하지 말라.

때로 위임하는 사람들이 더러운 일을 위임하는 경우가 있다. 느헤미야는 그런 사람이 아니었다. 4장과 5장을 읽어보라. 당신은 공사 현장에서 여느 일꾼들과 더불어 땀을 흘리고 있는 한 남자를 보게 될 것이다. 굉장한 일이다!

느헤미야가 당면했을 몇 가지 문제들에 대해서 생각해보라. 예를 들어서, 14절은 분문(Dung Gate)에 대해서 말하고 있다. 분문 가장자리에는 배설물 더미가 있었다. 일하기 좋은 장소가 아님이 틀림없다. 새미국표준성경은 이것을 "쓰레기 문"(Refuse Gate)이라고 부르고 있다. 이 문은 거대한 쓰레기 구덩이였던 힌놈의 골짜기 바로 위에 있는 것이었다. 나는 성벽 건축자들 중에 몇몇 사람들이 "아, 싫어요. 분문은 안 됩니다. 저기에서 일하지 않을 겁니다."라고 말하는 소리를 들을 수 있다.

15절은 샘문과 "셀라 못가의 성벽"에 대해서 언급하고 있다. 이곳은 내가 건축하고 싶어 할 장소이다. 나는 중수가 끝난 후에 이곳에서 수영을 할 수 있다. 게다가 이곳은 "왕의 동산" 근처에 있었다. 와! 연못과 그 풍경이라니. 내 마음을 설레게 한다. 분문은 어떨까? 나는 기꺼이 사양하겠다.

약점들을 보강하라

그들은 성벽의 높이를 반에 이르게 올렸다는 것에도 주목하라(4:6). 어떤 교회들의 사역은 균형을 이루지 못하고 있다. 예컨대, 좋은 성경공부가 있는 반면 봉사에는 별로 신경 쓰지 않는 것이 바로 그것이다. 또는 성도들이 봉사에는 힘을 쓰지만 베푸는 것에는 마음을 두지 않는다. 그들은 균형 있는 성벽을 만들기 위해 공동 작업을 기가 막히게 했다. 전체가 동일하게 반까지 쌓았다. 어느 누구도 다른 사람들보다 더 많이 쌓아올리지 않았다. 대부분의 성공적인 교회들은 그들의 강점과 약점을 분석할 줄 안다. 당신의 강점들은 무엇인가? 효과를 높일 필요가 있는 영역들을 두세 가지 생각해보라. 기도로 시작하고, 약점들을 보완할 계획을 세워라.

사회구조를 통하여 일하라

느헤미야는 통상적인 사회구조들을 통하여 일하는 것이 효과가 있음을 믿었다. 그는 사람들을 가족 단위로 묶었다. 그리고 많은 사람들이 자기 집 앞에서 일했다. (참조: 3:21, 23, 23, 26, 28-30. "집 문에서", "자기 집에서 가까운 부분", "각각 자기 집과 마주 대한 부분"이라고 쓰인 절들을 주의 깊게 읽어보라.) 당신의 성도들에게 동기 부여를 하고 싶은가? 당신의 프로젝트가 그들 가정을 어떻게 세우고 축복할 것인지 보여주라.

마지막으로, 그는 사람들이 지니고 있던 관심에 따라서 일을 분배했다. 제사장에게 양문 중수를 맡기는 것보다 더 좋은 위임이 어디 있겠는가? 제사장의 직업은 짐승을 잡아서 제사하는 것이다. 우리는 느헤미야에게서 공동 작업에 대해 많은 것들을 배울 수 있다.

Ⅲ. 감사히 여김

일꾼들은 자신들이 하고 있던 일을 감사히 여겼다. 그들은 "마음 들여"(4:6) 일을 했다. 그들은 "마음"을 다했다. 그들은 전심으로 그들이 해야 할 일을 했다. 그들은 자신들이 왜 그 일을 해야 하는지 알고 있었기 때문에 그 일에 대해서 감사히 여겼다. 그들의 목표는 무엇이었을까? 그것은 과거의 수치를 모면하기 위함이었다(2:17). 무너진 성벽은 그들이 과거에 하나님을 반역한 것에 대한 그분의 노여움을 상기시켜 주었다. 수리된 성벽은 하나님의 용서와 관계 회복과 축복을 의미했다. 그러므로 느헤미야는 성벽을 세우는 것은 미래를 세우는 것이라는 점을 그들로 하여금 보게 했다. 그들의 역사는 느헤미야나 아닥사스다왕을 위한 것이 아니었다. 그들의 노역은 그들의 순종하는 모습을 보시고 복 주실 하나님을 위한 것이었다.

우리 사역을 감사히 여김

1절은 엘리아십이 성문을 건축하고 성별했다고 말씀한다. 이것은 그가 주님을 섬기기 위해서 '따로 구별했다'는 의미이다.

당신은 새 교회건물을 짓는 세 사람에 대한 이야기를 들어본 적이 있는가? 한 구경꾼이 그들에게 "당신들은 지금 무엇을 하고 있는 중입니까?"라고 물었다. 첫 번째 사람은 "저는 모르타르를 반죽하고 있습니다."라고 대답했다. 두 번째 사람은 "저는 이 일을 통해 돈을 벌고 있습니다."라고 대답했다. 세 번째 사람은 "저는 예배당을 건축하고 있습니다."라고 대답했다. 그의 노동 시간은 모르타르나 돈에 관심을 둔 것이 아닌 하나님을 공경하는 시간이었다. 이런 유의 비전은 우리가 하는 일에 대해 우리가 감사하게 생각하도록 만든다.

감사는 가정에서부터 시작된다

느헤미야가 가정에 대해 강조한 것을 주목하고자 한다. 엘리아십은

"자기 집" 앞에서 일했다(3:21). 아사랴는 "자기 집에서 가까운 부분을 중수"하였다(3:23). 제사장들은 열심히 "각각 자기 집과 마주 대한 부분을 중수하였다"(3:28). 당신은 리더로서 당신 가정이 제일 순위라는 점에 동의하는가? 당신은 자녀들을 감사히 여기는가? 웹스터스(Webster's) 사전에 따르면, '감사히 여기다'라는 말에는 좋게 생각하다, 고맙게 생각하다, 품질을 평가하다, 전적으로 또는 예민하게 알다'의 의미가 있다.

앨버트 슈바이처는 음악가, 작가, 의사, 신학자, 선교사로서의 삶을 살았다. 그는 다음의 글을 남겼다. "자녀를 가르치는 방법은 단 세 가지입니다. 본보기, 본보기, 본보기."

생각해보라. 당신은 자녀들의 보호자나 공급자로서만 아니라 길 안내자로서의 자격이 있다. 당신 자녀들이 다섯 살 혹은 여섯 살까지 알게 되는 아버지는 바로 당신이다. 어머니들도 마찬가지이다. 전문가들의 말에 따르면, 자녀들이 여섯 살 혹은 일곱 살쯤 되었을 때에 당신의 본보기 이미지는 매우 깊이 새겨진다고 한다. 이때에 새겨진 이미지는 그들의 나머지 삶 전반에 당신을 반영하게 된다. "부전자전"이라는 말은 진부한 상투어가 아니다.

가정에서의 아버지 역할에 대한 글들이 많이 쓰였다. 그러나 모세의 열변에 필적할 만한 인간의 지혜는 발견하기 쉽지 않다. 그는 이스라엘의 역사에서 중요한 시기였던 때에 이스라엘의 아버지들에게 말씀을 선포했다(신 6:4-9). 아마도 당신은 모세가 예언적 권능을 사용하고 있다는 것을 기억할 것이다. "이스라엘아, 들어라." 그는 크게 외쳤다. "주는 우리의 하나님이시요, 주는 오직 한 분뿐이시다." 이 말씀은 삼위일체를 거스르는 논쟁이 아니다. "주는 우리 하나님"(복수)은 "야훼 우리 삼위일체는 한 야훼이시다."라고 번역될 수 있다. 이것은 모세의 시대와 우리 시대의 허다한 거짓 신들, 즉 우상들과는 완전히 상반된다.

경건한 이스라엘은 이방 가나안으로 들어갈 준비가 되었다. 비기독교 사회 안에 있는 우리의 기독교 가정들의 유사점들을 지적할 필요가 있을까? 모세는 이스라엘 나라의 밝은 미래를 열어줄 열쇠는 감명을 주는 아버지들이라는 점을 알았다. 모세는 "네 자녀에게 부지런히 가르치며 집에 앉았을 때에든지 길을 갈 때에든지 누워 있을 때에든지 일어날 때에든지 이 말씀을 강론할 것이며"라고 요구했다. 다시 말해서, 아비들이여, 하나님을 사랑하라. 하나님을 열심히 사랑하고, 당신의 리더십을 통해 자녀들에게 하나님을 사랑하는 법을 보여주라는 것이다.

이것은 위대한 명령이다. 이 명령을 두 단어로 표현해보자. "가르치라." 그리고 "강론하라." 아마도 가르침이라고 부르는 것이 더욱 적절할 것이다. 어떤 사람들은 가르침을 일컬어 "가정 예배" 혹은 "가정 제단"이라고도 한다. 자녀들은 가정예배 시에 가족에게 주님의 말씀을 가르치는 설교자 아버지를 보게 된다. "아버지는 주일에 설교하면 사례금을 받습니다. 그는 단지 하나님과 주님의 말씀과 우리를 사랑하기 때문에 설교해야 합니다."

두 번째 단어는 "강론하라."이다. 이것은 가족과의 대화를 우선시하는 아버지를 표현해준다. 그는 자녀들이 필요로 하는 것들을 섬세하게 알고 있다. 그들은 함께 대화한다. 나는 진정한 대화에는 말하는 것과 듣는 것이 포함되는 것을 보았다. 두 가지 기술 중에 듣는 것이 더 어려울 수 있다. 잠언에는 적어도 다섯 구절이 듣는 것의 중요성을 말해주고 있다. 그 중 내가 가장 자주 읽는 구절은 잠언 18장 13절이다. "사연을 듣기 전에 대답하는 자는 미련하여 욕을 당하느니라"

아버지들이 그들의 자녀들의 말을 귀 기울여 듣는 것은 어려운 일이다. 우리는 생각 속에 무거운 문제들을 끌고 다닌다. 그리고 작은 소리들은 들으려 하지 않는다. 그렇게 하지 말라. 자녀들은 당신에게 말할 것이고, 당신은 그들이 하는 말을 들어야 한다.

나는 내 아들과 함께 하는 시간들 중에서 대화하는 시간을 좋아한다. 우리는 학교와 운동과 여자아이들과 생소한 사건들에 대해서, 그리고 예외 없이 하나님이 이 모든 것들을 어떻게 주관하시는지에 대해 말하곤 했다. 왜 내 아들이 나에게 마음을 털어놓았을까? 나는 수십 년 동안, 부재중인 아버지로서가 아니라 접근하기 쉬운 아버지로서 아들의 마음을 사로잡았기 때문이다.

모세의 교훈이 나에게 직접적으로 감명을 준 것은 '풀타임(full-time)' 아버지가 돼야 한다는 것이다. 숙련된 마술사는 여러 사물들을 동시에 공중에 머물게 할 수 있다. 당신과 마찬가지로, 나의 사역들은 여러 방향에 흩어져 있다. 그것들 모두가 중요하다. 어떤 것들은 다른 것들보다 더욱 중요하다. 그러나 가정생활의 실패는 어떤 것으로도 대신할 수 없다.

신명기 6장 7절에 기초한 가족시간의 형식을 소개하고자 한다.

네 자녀에게 부지런히 가르치며 집에 앉았을 때에든지 길을 갈 때에든지 누워 있을 때에든지 일어날 때에든지 이 말씀을 강론할 것이며(신 6:7).

▶ 당신이 집에 앉아 있을 때 – 규칙적인 가정 예배를 드려라. 자녀들의 참여를 강조하라.
▶ 당신이 길을 걸을 때 – 삶의 현장에서 하나님의 말씀과 관련된 재미있고 특별한 시간을 가져라. 이러한 일은 오로지 대화하는 법을 배운 가정 안에서 일어난다.
▶ 당신이 누워 있을 때 – 특히 아이들은 취침시간이 되면 얌전해진다. 성경 이야기와 짤막한 기도는 아이들을 밤새도록 안정되게 한다.
▶ 당신이 일어날 때 – 경건한 생각이나 기도로 대하는 아침식사는 그날 해야 할 일들을 설정해준다.

자녀들과 함께 보낸 시간은 결코 허비한 것이 아니다. 가정에서 가장 밝게 비취는 빛이 가장 멀리 비칠 수 있는 빛이다.

감사히 여김

리더들이 감사히 여김에 대해 놓치지 말아야 할 두 번째 관점이 있다. 느헤미야는 자기의 일꾼들에게 감사했다. 다음의 절들을 살펴보라. 하스나아의 자손들은 어문의 문짝만 단 것이 아니다. 느헤미야는 그들이 "자물쇠와 빗장"을 갖춘 것을 자세히 알고 있었다(3:3). 그는 공사 책임자들에게 "협조하지 않았던" 드고아 귀족들에 대한 감정을 드러냈다(3:5). 그는 르바야가 "예루살렘 지방 절반을 다스리는 자"였음을 알고 있었다(3:9). 당신은 이 사실이 믿을 수 있는가? 그는 살룬의 역사가 "다윗성에서 내려오는 층계까지"였음을 알고 있었다(3:15). 느헤미야는 성벽을 중수했던 모든 사람들을 주목했고, 칭찬 받아야 할 자들을 칭찬했다.

"한 부분을 중수하여"(3:11, 19-21, 24-27, 30)라는 기록은 일꾼들의 수고에 대한 느헤미야의 의식을 드러내주고 있다. 드고아 사람들은 두 배로 일했다. 다시 말해서, 리더의 관심을 받았던 건축자들은 기꺼이 두 배의 일을 할 마음이 있었다는 것이다. 특히 느헤미야가 드고아 사람들을 칭찬했을 때에 그들은 두 배의 일을 할 수 있었다. 우리는 그들이 일하기를 거부했던 귀족들이 살던 마을에서 온 건축자들이라는 점을 기억하고 있다. 귀족들이 일하기를 거부했기에 성벽 중수가 안 됐다는 것을 의미하는 것일까? 전혀 그렇지 않다. "드고아 사람들이 한 부분을 중수하여"(3:5, 27). 그들은 첫 부분을 중수하기를 마친 후에 다음 부분을 중수했다. 칭찬 받은 일꾼들은 칭찬한 리더를 감사히 여긴다. 그들은 두 배의 일을 감당했다. 키릴 J. 바버(Cyril J. Barber)는 다음과 같이 기록했다.

리더들과 리더들의 문제들에 대해 연구하는 현대 연구자들은 마침내 색다른 유의 리더십 스타일에 관심을 갖기 시작했다. 두 종류의 주요 인물들이 표면에 떠올랐다. 하나는 일의 전문가(task specialist)이고, 다른 하나는 감정에 호소하는 사교의 전문가(social-emotional expert)이다.

바버에 의하면, 일의 전문가는 조직하는 것과 목표를 설정하는 것과 조직의 목적을 달성할 계획을 실행에 옮기는 사람이라고 한다. 감정에 호소하는 사교의 전문가는 조직의 사기를 유지시킨다. 느헤미야는 두 가지 모두를 했던 리더이다. 목표와 동기를 지닌 일의 전문가는 2장 17-20절에서 보여진다. 우리는 3장에서 느헤미야가 그의 일꾼들에게 감정 이입하는 능력과 감정에 호소하는 능력을 보게 된다.

베스트셀러 도서 『1분 매니저』(One Minute Manager)에서는 디지털시계가 상징으로 사용됐다. 저자는 이 상징의 의미를 다음과 같이 설명하고 있다.

> 1분 매니저의 상징 – 디지털시계를 1분 동안 쳐다보는 것은 우리가 관리하는 사람들의 얼굴을 하루에 1분간 쳐다보도록 의도된 것이다. 그렇게 하는 이유는 그들이 우리의 가장 중요한 재산이라는 점을 실감하기 위함이다.

교회의 성도들은 우리가 소위 사역의 "성공"에 관심을 두고 있는지 아니면 그들 자신에게 관심을 두고 있는지 느끼고 있다. 전도를 처음 시작했을 때, 나는 전도를 숫자 놀이로 취급했었다. "몇 명이 앞으로 나왔는가? 몇 명이 주님을 영접하는 기도를 했는가?" 나는 수적 "성공"을 원했다. 하나님께서는 양을 원하셨다. 그래서 그분은 한 마리의 잃은 양을 찾기 위해서 기꺼이 아흔 아홉 마리를 산에 두고 가실 것이다! 잃은 양을 찾으면 하늘에서 기쁨의 노래가 들려올 것이다. 하나님께서는 양 떼를 보호하게 하기 위해서 나를 부르셨다. 하지만 나는 주의 양 떼의 수를 세는 데 바빴다.

근래에 열린 목회자 컨퍼런스에서 리더들이 눈물을 흘린 일이 있었다. 그들은 하나님께서 원하시는 대로 양 떼를 사랑하고 이해하지 않았음을 시인했다. 나는 그들의 마음을 이해할 수 있었다. 그러나 그런 마음은 받아들여질 수 없는 것이다. 리더들은 양 떼를 사랑하기 때문에 그들을 인도하는 것이다. 그리고 일꾼들은 리더의 사랑을 느끼기 때문에 그를 따르는 것이다.

IV. 마무리하기

느헤미야 3장은 성벽 중수의 요약이다. "건축하여"와 "중수하였고"라는 단어들은 과거 시제로서 완성된 행동을 가리킨다. 각 일꾼에게는 한 가지 일이 맡겨졌다. 각 사람은 자신이 하고 있는 일이 무엇인지, 그리고 왜 그 일을 하고 있는지 알고 있었다. 각 사람은 느헤미야의 본보기로부터 유익을 얻었으며, 그의 사랑의 감정을 느꼈다. 각 일꾼은 자신에게 위임된 일을 완수했다.

    1972년의 전쟁으로 황폐해진 방글라데시에서 1만 채의 가옥을 중수했던 비고 올슨(Viggo Olsen)은 느헤미야 3장을 읽는 중에 예기치 않은 영감을 받았다.

> 건축 전문가의 이름이 성지 중수 회원 명단에 올라와 있지 않았다는 사실에 나는 놀라지 않을 수가 없었다. 명단에는 제사장들과 제사장의 종들과 금장색들과 향품 제조자들과 여자들의 이름이 있었다. 하지만 그들 가운데에는 건축 전문가들이나 목수들의 이름이 기록되지 않았다.

    "세상은 주님께 전적으로 헌신된 한 사람을 통해 하나님께서 하실 수 있는 일이 무엇인지 보아야 한다."라고 말한 사람은 D. L. 무디이다. 여기에서 우리는 동기 부여와 지도를 받은 보통 사람들이 할 수 있는 일이 무엇인지 보게 된다. 그들은 불가능한 것을 가능케 했다. 그들은 단 52일 동안에 140년 동안 무너져 있던 성벽을 재건했다.

하나님, 도와주세요. 원수들이 저를 쫓고 있어요!

Chapter 5

반대세력을 예상하라
– Part I

"바다가 잠잠할 때에는 누구든지 키를 잡을 수 있다."

1세기의 어느 철학자가 한 말이다. 그러나 바다에 풍랑이 일면 숙련된 사람이 키를 잡고 방향을 유지해야 한다. 하지만 수많은 "선장들"이 분쟁과 비판의 얕은 물가에서 항해하고 있다.

느헤미야의 성공적인 동원(3:1-32)은 조직을 이끄는 그의 기술을 나타내준다. 모든 사람이 일하고 있으며, 성벽은 점점 올라가고 있다. 그렇다고 해서, 가장 어려운 일이 이제 느헤미야의 손에서 떠났다는 의미일까? 그렇지 않다! 다음 두 장에서, 그는 새로운 문제 – 반대 –에 당면하게 되고 그것을 극복하게 된다. 느헤미야를 대적했던 원수의 전략은 오늘날 우리를 대적하는 원수의 전략과 동일하다. 우리의 배가 계속해서 물 위에 떠 있게 하기 위해서는 느헤미야 "선장"을 따라야 한다. 느헤미야는 위험한 지점들을 알려 주고 그 지점들을 피해서 항해할 수 있게 할 것이다.

반대세력은 왜 일어나는 것일까? 아마도 두 가지의 이유로 그런 결과들이 생기는 것이라고 말할 수 있다. 리더가 느헤미야처럼 옳은 일을 하고 있을 때 반대세력이 일어난다든지, 혹은 정반대로 리더가 그릇된 일을 하고 있을 때 일어나게 된다. 느헤미야가 만난 반대세력은 첫 번째 이유에 의해서 생겨났다. 우리가 하나님이 원하시는 일을 하게 될 때 많은 문제들이 생겨나는데, 그 이유에 대해 다음 네 가지로 정리해볼 수 있다.

첫째, 반대자들의 시기심 때문이다. 한 사람의 성공은 다른 사람에게 질투심을 일으킬 수 있다. 이것은 특히 동료들 가운데에서 많이 일어난다. 사람들의 배를 잘 아프게 하는 괴물, 질투심을 조심하라.

둘째, 반대자들이 권력에 굶주렸기 때문이다. 이것은 리더의 목표들을 망치게 하는 일반적인 반대세력이다. 많은 사람들이 남의 영역을 침범하려 하고, "오래된 보수파"들은 권력을 이양하길 원치 않는다. 때때로 그들은 동료들에게 약삭빠르게 호소해서 지지를 얻는다. 조직체는 성장을 촉진시키는 의식 있는 위임이 필요하다. 이것은 조직체의 권력 중심을 개방하는 것을 포함한다. 이미 설립된 단체를 새로운 차원으로 끌어올리기를 열망하는 리더는 반대자를 만나게 된다.

셋째, 반대자들이 변화를 거부하기 때문이다. 몇몇 사람들은 어떤 변화든지, 그것을 위협으로 생각한다. "우리는 항상 이런 방식으로 해왔습니다."하면서 그들은 현상 유지하기를 좋아한다.

마지막으로, 보이지 않는 곳에서 문제를 만드는 진짜 범인들이 있기 때문이다. 하나님께서 사용하시는 사람은 "반대"라는 이름을 가진 원수가 길을 가로막고 있다는 것을 곧바로 알게 된다. 성경은 그를 일컬어 사탄이라고 한다. 사탄은 '적대자' 또는 '반대자'라는 의미이다.

사탄의 또 다른 이름은 마귀(디아볼로스)이다. 마귀는 '고소자' 또는 '비난자'라는 의미이다. 그는 불순종하는 성도들이나 적개심을 품은 죄인들을 이용하여 대적한다. 그의 목표는 교회를 분열시키는 것이다. 그는 느헤미야서 전체에 어두운 그림자를 던졌다.

이 장의 방향을 설정하기 위해 다음의 구절들을 상고하기 바란다.

> 내 하나님의 선한 손이 나를 도우시므로… 군대 장관과 마병을 보내어 나와 함께 하시기로(느 2:8-9).

위의 말씀 뒤에 곧바로 10절의 내용이 기록되었다.

> 호론 사람 산발랏과 종이었던 암몬 사람 도비야가 이스라엘 자손을 흥왕케 하려는 사람이 왔다 함을 듣고 심히 근심하더라(느 2:10).

> 또 그들에게 하나님의 선한 손이 나를 도우신 일과 왕이 내게 이른 말씀을 전하였더니 그들의 말이 일어나 건축하자…(느 2:18).

18절의 희소식 뒤에 곧바로 19절의 사건이 일어났다.

> 호론 사람 산발랏과… 이 말을 듣고 우리를 업신여기고 우리를 비웃어(느 2:19).

느헤미야 3장 1-32절은 역사상 가장 위대한 동원에 대해서 기록하고 있다. 3장이 끝난 후에 곧바로 4장 1절에서는,

> 산발랏이 우리가 성을 건축한다 함을 듣고 크게 분노하여 유다 사람들을 비웃으며(느 4:1).

> 이에 우리가 성을 건축하여 전부가 연락되고 높이가 절반에 이르렀으니 이는 백성이 마음 들여 일을 하였음이니라(느 4:6).

그리고 이 선언 후에 즉시 다음의 사건이 일어났다.

> 산발랏과 도비야와 아라비아 사람들과 암몬 사람들과 아스돗 사람들이 예루살렘 성이 중수되어 그 퇴락한 곳이 수보되어 간다함을 듣고 심히 분하여(느 4:7).

그림이 그려지는가? 이 구절들은 낮이 지나가면 밤이 확실히 오는 것처럼 기회 뒤에는 반대가 따르게 된다는 것을 보여주고 있다. 사도 바

울은 이 진리를 잘 간파하고 에베소에서의 체류를 연장했다. 이는 그에게 광대하고 많은 일이 기다리고 있었을 뿐 아니라 대적하는 자들이 많았기 때문이었다. "내게 광대하고 유효한 문이 열렸으나 대적하는 자가 많음이라"(고전 16:9). 이 구절을 유의해서 읽었는가? 바울은 대적하는 자가 많을 것을 예측했다. 그는 반대세력이 있다는 것에 놀라지 않았으며 당연한 것으로 여겼다.

그러나 당신은 로마서 8장 31절에 대해서 물을 것이다. "만일 하나님이 우리를 위하시면 누가 우리를 대적하리요?" 이 말씀은 우리 크리스천들, 특히 사역의 소명을 받은 사람들이 심각한 반대세력을 만나지 않을 것이라는 추론일까? 바울이 로마서 8장에서 언급한 것은 어떤 것도 우리를 그리스도의 사랑에서 끊을 수 없다는 진리를 말씀한 것이다. 그는 또한 천국과 믿는 자의 궁극적 승리를 미리 바라보았다. 오늘날 우리는 어디에서 자신들을 찾고 있는가? 우리는 지금 "악한 세상"에 두 발을 담그고 있다. 그리고 이 악한 세상에는 분쟁이 끊임없이 일어나고 있다. 왜냐하면 사탄이 이 세상의 신이기 때문이다.

"누가 우리를 대적하리요?"라고 당신은 물을 것이다. 사탄, 귀신들, 민족 종교들, 이단들, 세상적인 것들이 우리를 대적하고 있다. 왜일까? 직접적인 이유는 하나님께서 우리를 사랑하시기 때문이다! 창세기 3장부터 요한계시록 20장까지, 성경은 사탄이 하나님의 자녀들을 대적하므로 하나님을 거스르는 전쟁을 하고 있다는 증거를 제공하고 있다. 사탄은 전능자를 해할 수 없다. 그의 전략은 하나님의 사역자들을 공격해서 하나님의 일을 방해하려는 것이다.

당신은 머피의 법칙에 대해서 들어본 적이 있는가? 이 유머러스한 "원리"는 어떠한 프로젝트나 사역이 잘못될 수 있다면, 반드시 그렇게 된다고 단언한다. 문제들은 피할 수 없는 것들이다. 만약 느헤미야가 바사 왕국의 한 장소에서 그의 성벽을 건축했다면, 그의 유일한 "원수"는 머피이다. 분열과 혼란 상태와 반목은 자연적으로 일어나는 것들이다. 그러나 하나님의 장소에 하나님의 계획대로 하나님의 사람에 의해 건축된 하나님의 성벽은 하나님의 원수에게 반드시 진노를 가져다줄 것이다.

막대기와 돌

마귀는 우리를 어떻게 공격할까? 마귀의 전략은 무엇일까? 유다의 성벽 건축자들에 대한 마귀의 첫 공격은 조롱이었다. 마귀는 유다 사람들의 자존심을 건드렸다. 마귀가 우리를 대적하기 위해 말을 사용한다는 것은 놀라운 일이다. 사탄은 말의 권세를 알고 있었다. 그는 형제들을 비난하는 자이다.

> 산발랏이 우리가 성을 건축한다 함을 듣고 크게 분노하여 유다 사람들을 비웃으며 자기 형제들과 사마리아 군대 앞에서 일러 말하되 이 미약한 유다 사람들이 하는 일이 무엇인가, 스스로 견고하게 하려는가, 제사를 드리려는가, 하루에 일을 마치려는가 불탄 돌을 흙무더기에서 다시 일으키려는가 하고 암몬 사람 도비야는

곁에 있다가 이르되 그들이 건축하는 돌 성벽은 여우가 올라가도 곧 무너지리라 하더라(느 4:1-3).

언어폭력! 이것은 이것을 받아들이는 사람에게 수치감을 가져다주는 데 상당한 효과가 있다. 내가 어렸을 때, 우리는 "막대기와 돌은 내 뼈를 부러뜨릴 수 있지만, 나쁜 욕은 결코 나에게 상처를 줄 수 없어."라고 소리치면서 욕설에 대응했다. 내가 이런 말을 수없이 외치면서 눈물을 글썽인 것은 나의 대답이 바보스러운 것이었음을 보여준다.

당신은 6개월이면 부러진 팔을 회복시킬 수 있다. 그러나 만약 당신의 자존심이 상했다면, 당신은 평생 동안 감정의 절름발이가 될 수 있다. 그래서 사탄은 우리를 대적할 때에 첫 번째로 우리의 자존심을 건드린다. 그는 내가 하나님의 계획 속에서 중요한 인물이라는 점을 인식하지 못하면, 주님을 위한 충만한 잠재력을 발현시키지 못할 것이라는 점을 알고 있다. 데이비드 시맨즈(David Seamands)는 낮은 자존감을 일컬어 "사탄이 사용하는 가장 치명적인 무기"라고 했다.

사탄은 느헤미야와 일꾼들을 말로 대적했던 사마리아의 총독 산발랏의 가면을 쓰고 다가온다.

원수 만나기

우리는 산발랏을 2장에서 처음 만났다. 산발랏과 도비야는 누군가가 이스라엘을 흥왕케 하려 한다는 소식을 들었을 때에 심히 업신여기고 비웃었다. 산발랏의 이름은 그에 대해서 많은 것들을 말해준다. 그의 이름은 "월신이 생명을 주었다."라는 말에서 파생된 것이다. 그는 이방인이었으며, 이교도였다. 그에게는 "호론 사람"이라는 칭호가 더해졌는데, 이는 아마도 그가 위 벧호론 혹은 아래 벧호론에서 온 사람이기 때문일 것이다. "벧호론은 예루살렘으로 가는 대로를 지키는 도시들로써 예루살렘 북서쪽 12마일에 위치한 두 개의 주요 도시들이다"(익스포지터스 성경 주석).

도비야는 또 다른 흥미를 준다. 그의 이름의 의미는 "야훼는 선하시다"이다. 이런 이름을 지녔던 그는 아마도 암몬에서 온 유다 사람이었을 것이다. 그는 자기 아들에게도 유대인의 이름을 지어주었다(6:18). 몇몇 학자들은 도비야가 귀족 가정의 자손이었을 것이라고 추측한다. 그는 스가냐(3:29; 6:18)의 딸과 결혼했고, 그의 아들은 므술람의 딸과 결혼했다. 베레갸는 한 무리의 성벽 건축자들을 이끌었다. 도비야는 제사장 엘리아십과도 관계가 있었다. 혼동되는가? 생소한 이름들 때문에 정신이 혼동되지 않도록 하라. 성령님은 이 세부 사항들을 통해서 도비야가 아웃사이더가 아닌 인사이더라는 점에 주목하게 하시는 것이다.

도비야의 직분은 무엇이었을까? 그는 암몬의 총독이었음이 틀림없다. 암몬 땅은 근대 요르단의 수도 암만을 두르고 있었다. 그는 예루살렘 사람들과 매우 가까운 사람이었으며, 느헤미야에게는 지속적인 가시였다.

그들은 어찌하여 예루살렘에 대항하는 말을 퍼부은 것일까? 하나니의 보고가 실마리를 준다.

> 사로잡힘을 면하고 남아 있는 자들이… 큰 환난을 당하고… 예루살렘성은 허물어지고(느 1:3).

예루살렘은 정치적으로나 경제적으로 매우 약했기 때문에 사마리아와 암몬이 이 지역의 무역을 통제하기란 쉬운 일이었다. 돈이 문제였다. 주접스러운 총독들의 귀에 예루살렘의 훼파 소식은 아름다운 노랫소리였다. 가난한 예루살렘은 부유한 사마리아를 의미하는 것이었다. 반대자들의 대적은 종교적 문제로부터 시작된 것이 아니라 경제적 이유들 때문이다.

우리는 인종간의 반대세력에 대해서 이해하기 위해 북이스라엘 왕국이 포로로 집혀갔던 시대로 거슬러 올라가야 할 것이다. 북왕국은 주전 722년에 앗수르 사람들에 의해서 멸망했는데, 이는 남왕국보다 136년 먼저 멸망한 것이다. 북왕국 사람들은 포로로 잡혀갔거나 추방되었거나 다른 나라들 안에서 다시 정착했다. 열왕기하 17장 27-33절은 앗수르 왕이 사마리아에 이방인들을 거주케 했으며, 그 이방인들은 자신들이 섬기던 거짓 종교들을 가지고 왔다. 예수님이 사시던 시대의 사마리아인들은 혼혈족으로서, 유대인들에게 환영 받지 못하던 혼합종교인들로 취급당했다. 그러하기에 예수님이 사마리아 여자에게 말을 걸었을 때에 그녀가 놀란 것이다. "이는 유대인이 사마리아인과 상종하지 아니함이러라"(요 4:9).

사마리아는 유다 북쪽에 위치해 있는 중요한 무역로였다. 사마리아 북쪽에는 티그리스 강과 유브라데 강 유역이 있다. 이집트는 남쪽에 위치해 있었고, 팔레스타인은 이 육로의 서쪽에 있었다. 예루살렘은 중앙부에 위치해 있어서 모든 나라들로 가기에 쉬웠다.

그러므로 산발랏과 도비야가 예루살렘을 흥왕케 하려는 모든 시도를 대적한 것은 놀랄만한 일이 아니다. 그럼에도 불구하고, 그들은 진짜 원수인 사탄의 앞잡이였을 뿐이다. 사탄의 목표는 예루살렘을 영적 농노가 되게 하는 것이었다. 느헤미야의 등장은 사탄의 목표에 위협이 되었다. 사탄은 공격을 멈추지 않았다. 그는 인간 대리자들을 사용했다.

말 전쟁

예루살렘 성벽 중수의 시작은 산발랏에게 나쁜 소식이었다. "분노"라는 단어는 그의 감정들을 나타내기에는 너무 부드러운 표현이다. 산발랏의 분노에 대한 원래의 뜻은 "완전히 달아올랐다"이다. 그는 격분했다. 성경 본문에 의하면 산발랏이 성벽 중수의 소식을 듣고 예루살렘으로 서둘러 올라간 듯하다. "이 미친 유대인들이 도대체 뭣들 하는 거야? 내가 가서 일을 못하게 할 테다!"

본문에 기록된 "자기 형제들"이라는 말을 숙고해보면 흥미진진해진다. 그 다음은 "군대"라는 단어가 등장한다. 산발랏은 그의 형제들과 군대 앞에서 유대인들을 향하여 심하게 욕설을 퍼부었다. 그는 성벽 건축자들을 대적할 많은 반대자들을 공공연히 모집했다. 그들은 성벽 앞에 군대를 정렬시켰다. 느헤미야와 더불어 성 안에 있던 사람들은 산발랏이 하는 말을 엿들을 수 있었다. 산발랏과 그의 보병대는 이스라엘을 공격하기 위해 모였다. 그리고 말 전쟁이 시작되었다. 말로 하는 전쟁의 효과를 과소평가하지 말라.

산발랏은 "미약한 유다 사람들"이라는 말을 시작으로 일제 사격을 했다. 한 역본은 "불쌍한 유다 사람들"이라고 표현했다. 어느 누가 불쌍한 사람이라는 말을 듣고 싶어 하겠는가? 산발랏은 경멸의 말을 해서 유다 사람들의 자존심을 무너뜨리고 그들의 헌신과 사기를 꺾으려 했다. "이 미약한 유다 사람들의 하는 일이 무엇인가?" 이 말의 의미는 명백하다. "네 놈들이 성벽 중수를 시작했을지라도, 그 일을 끝낼만한 충분한 힘이 없을 거다." 그는 140년 동안의 유다의 쇠퇴를 들먹거리면서 장난쳤다. 이 말을 들은 유다 사람들은 주춤했을 것이다.

그의 다음 냉소는 "스스로 견고하게 하려는가?"이다. 두 번째 사격은 유다 사람들의 건축동기를 겨냥한 것이었다. "스스로 견고하게 하려는가?"라는 말은 유다 사람들의 역사는 스스로 하는 것이며, 이기적인 목적을 위한 것이라고 결론을 내리고 있다. 이에 앞서서, 그는 성벽 건축은 왕을 배반하는 일이라고 교묘하게 말했다(느 2:19).

당신은 누군가가 다른 사람의 동기에 대해서 의문을 제기하는 것을 몇 번이나 들어본 적이 있는가? "그는 이걸 통해서 무슨 이득을 얻게 될까? 그가 이 일을 하는 진짜 목적은 무엇일까?" 사탄은 이 혹독한 비평의 전문가이다. 당신은 사탄이 속삭이는 소리를 들은 적이 있는가? 귀로 들을 수 있는 음성은 아닐지라도, 한 선명한 목소리가 조롱하기를 "하! 넌 위선자야. 너는 하나님을 공경하는 척 하는 거야. 너의 진짜 목표는 네 자신의 영광을 위함이야."라고 한다.

산발랏은 자기 목소리를 들으면서 흥분했다. 그의 총탄을 피할 준비를 하라. 여기에 세 번째 말의 총탄이 날아온다. "제사를 드리려는가?" 당신은 단지 하나님을 신뢰함과 기도하는 것이 뭔가를 이루게 하는 것이라고 생각하고 있는가? (하나님을 신뢰하고 기도하는 것은 세상 사람들에게 미련하게 보인다.) 그들은 성벽이 기도의 장소가 되기를 간구했던 것일까? 이것은 세상적으로 지혜로웠던 고린도인들에게 보낸 바울의 메시지를 생각나게 한다. "십자가의 도가 멸망하는 자들에게는 미련한 것이요. 구원을 받는 우리에게는 하나님의 능력이라"(고전 1:18).

나중에 느헤미야는 산발랏이 "제사를 드리려는가?"라고 한 물음에 반응했다. 12장 43절을 읽어보라. 사실상 그는 완성된 성벽 위에서 번제를 드렸다. 그러나 산발랏은 유다 사람들의 소위 믿음으로 살아가는 미련함을 비웃었다. 크리스천이 보이지 아니하시는 하나님을 믿는 것 때문에 조롱 받는 것은 언제나 힘든 일이다. 세상 사람은 눈에 보이는 것에 의해 살아가지만, 크리스천은 믿음으로 행한다. 산발랏은 유다 사람들의 중심에 있는 신앙을 공격했다.

그 다음 한 마디는 성벽 건축자들의 자기 의심을 더 심해지게 했다. "하루에 일을 마치려는가?" 네 번째 총탄은 틈을 만든다. 이것은 작은 상처를 가지고 몸으로 들어가지만 나올 때에는 뻐끔히 벌어진 구멍으로 나온다. 이것은 그들의 확신을 갈기갈기 찢어놓는다. 많은 경우에, 이

네 번째 총탄이 가장 치명적이다. "그 놈들은 그 일이 자기에게 너무 벅차다는 것도 모르는가?"

만약 원수가 우리의 시선을 하나님의 능력보다 우리의 연약함에 집중시킬 수 있다면, 그는 대단한 승리를 거둔 것이다. 이곳에서의 메시지는 분명하다. 실패의 역사가 있는 노예 무리가 실패 외에 다른 것을 할 수 있겠는가? 패배자. 패배자. 패배자.

그리고 마지막으로, 그는 다섯 번째 라운드를 밀어붙였다. "불탄 돌을 흙무더기에서 다시 일으키려는가?" 이 말에 함축된 의미는 자존심에 더욱 큰 상처를 줬다. "그 일은 비현실적이고 실행 불가능하다." 아마도 모든 돌들이 여전히 사용 가능했을 것이다. 그러나 산발랏은 "너희가 쓰레기를 가지고 성벽을 지으려 하느냐. 너희는 멍청이들이요, 광신자들이다. 불쌍한 바보들아!"라고 말했을 것이다.

비겁자를 만나다

재미있게도, 도비야는 이 순간을 택하여 입을 열 기회로 만들었다. "저들의 건축하는 성벽은 여우가 올라가도 곧 무너지리라" 이 구절은 도비야가 산발랏 곁에 서 있을 때에 건축자들을 조롱했다는 것을 지적하고 있다. 당신은 이런 유의 사람에 대해 잘 알고 있을 것이다. 이런 사람은 자기주장이 없는 조용한 어린양과 같다. 그러나 산발랏의 그림자 뒤에 숨어 있을 때에는 한 마리의 사자가 된다.

도비야의 공격은 자존심의 명치에 일격을 가했다. 그것은 악질적이었다. 여우 한 마리가 올라가도 무너질만한 보잘것없는 성벽을 상상해 보라. 여우들은 민첩해서 거의 발자국을 남기지 않는 동물이다. 그것들은 일반적으로 한밤중에 홀로 다니면서 사냥을 한다. 느헤미야의 표정이 어떠했을지 그려지는가? 심지어 민첩한 여우 한 마리가 당신의 프로젝트를 망칠 수 있는 것이다.

반격하기

비웃음과 조롱에 대한 성경적인 대답이 여기 있다.

우리 하나님이여 들으시옵소서 우리가 업신여김을 당하나이다 원하건대 그들이 욕하는 것을 자기들의 머리에 돌리사 노략거리가 되어 이방에 사로잡히게 하시고 주 앞에서 그들의 악을 덮어 두지 마시며 그들의 죄를 도말하지 마옵소서 그들이 건축하는 자 앞에서 주를 노하시게 하였음이니이다(느 4:4-5).

느헤미야는 산발랏의 전략을 알아챘다. 그는 곧바로 기도하기 시작했다. "우리 하나님이여, 들으시옵소서. 우리가 업신여김을 당하나이다." 이 얼마나 위대한 기도인가!

하나님이 당신을 달래시도록 하라

느헤미야처럼 극한 분노가 일어날 때에 당신이 가장 먼저 아뢸 수 있는 제일 좋은 분은 하나님이다. 그렇게 해야 하는 여러 가지 이유가 있다.

첫째로, 그분은 당신이 분개하고 있는지 미리 알고 계신다. 당신이 분노를 터뜨리기 일보직전에 하나님 앞에서 경배하는 척하는 것은 그리 큰 도움이 안 된다. 나는 내 자녀들이 가슴에 품은 상처들과 및 기뻐하는 일들을 나에게 말하기를 원한다. 나는 그들의 아버지이다. 우리의 하늘 아버지께서도 역시 우리의 거짓 없는 감정들을 그분의 발 앞에 내려놓기를 원하시는 것이다. 조롱과 비방이 당신에게 아무런 해를 끼치지 않는 척하는 것은 위선이다. 그것들은 우리를 실망케 할 수 있다. 그러하기에 우리가 안전하게 할 수 있는 일은 오직 하나님의 보좌 앞에서 그 분노를 터뜨리는 것이다. 주님은 우리의 분노를 받아들일 수 있으시다. "주님은 날마다 악한 자들을 향하여 노를 발하신다."

"주님, 저는 제가 들은 말 때문에 무척 화가 납니다."라고 하나님께 솔직히 말씀드리라. 나는 개인적으로 기도할 때에 종종 분노의 순전한 감정들을 쏟곤 한다. 그렇기 때문에 나는 통성으로 기도하는 것을 좋아한다. 그렇게 하면 내 감정들을 진정으로 표현할 수 있기 때문이다. 나는 하나님 외에 어떤 사람에게도 내 감정을 쏟지 않는다. 지금 분노하고 있는가? 그분께 말씀드려라. 그분께서는 당신이 화난 것을 이미 아시고, 당신이 은혜의 보좌 앞으로 나아오기를 기다리고 계신다.

둘째로, 하나님께서는 우리의 수치와 분노를 치료하실 수 있다. 나는 그분이 느헤미야의 상처를 곧바로 치유하시기 시작했을 것이라고 믿는다. 우리는 가끔 "당신이 분을 터뜨리기 전에 1부터 10까지 세어보세요."라는 말을 하곤 했다. 이것은 분을 가라앉히기에 좋은 방법이다. 이것은 상식이다. 성경은 "하나님을 기다리라"고 말씀한다. 당신이 더 오랜 시간 기다릴수록 더 냉철해지게 된다. 분은 해가 질 때까지 내 속에 품고 있어서는 안 될 강력한 감정이다(엡 4:26). 분노를 다스리는 데 사용되는 그릇된 방법들은 적어도 세 가지가 있다.

▶ 분노를 거부하라

이것은 거짓말이기 때문에 옳지 못하다. 어떤 사람들은 그들의 분노를 거부한다. 왜냐하면 그들은 이 감정을 이해하지 못하거나 창피하게 생각하기 때문이다. 많은 크리스천들이 모든 분노가 죄는 아니라는 점을 인식하지 못하고 있다(엡 4:26a). 앞에서 취급했던 바와 같이, 하나님과 예수님도 분을 발하셨다.

우리는 죄에 대하여 분개해야 하지만, 지금 우리가 취급하고 있는 문제는 죄에 대하여 분개하는 것이 아니다. 우리의 문제는 우리가 죄와 더불어 살아가는 것을 배웠다는 것이다. 우리는 하나님께서 묵인하실 수 없는 것을 받아들였다.

분노에는 좋은 것이 있고 나쁜 것이 있다. 두 가지 모두 주님 앞에 고백해야 한다.

▶ 분노를 억제하라

분을 억제하는 것은 내가 그것을 거부한다는 의미가 아니라 분을 다루는 것을 거절하는 것을 의미한다. 나는 분이 내 속에 머물도록 허용하면서도, 나의 의식 밖으로 몰아내려고 노력한다. 나는 그것에 대해서 생각하기를 거부한다. 그걸 생각하는 것은 감정적으로나 영적으로 불건전하다. 어느 날 밤, 내 고향에 세워진 대형 제조 공장이 불가사의하게 폭발했다. 무슨 일이 일어난 것일까? 수사관들은 막힌 파이프에 가스가 차 있었던 것을 발견했다. 사람들은 일어나서 도망하는 대신 그곳에 그냥 있었다. 전기 스파크가 엄청난 폭발을 일으켰다.

억제된 분노는 이와 같다. 이것은 금방 또는 조금 후에 폭발할 것이다. 이것은 때로 선량한 사람을 거스르기도 한다. 우리는 억제된 감정들을 어떻게 취급해야 할까? 있는 그대로를 인정하고 하나님께 말씀드려라. 만약 우리의 분노가 적합한 것이라면, 그분 앞에 풀어놓으라. 만약 그것이 죄악된 것이라면 그분 앞에 고백해야 한다.

분노를 억제해본 사람은 그것이 상처를 줄 수 있다는 것을 알고 있다. 존 파웰(John Powell)은 농담 같지만 정확하게 말했다. "내가 내 감정들을 누를 때에 내 위장은 득점을 기록하게 됩니다."(역자 주: '위장이 득점을 기록하다'라는 말은 위장에 상처가 난다는 것을 우스갯소리로 말한 것이다.)

▶ 그릇된 방법으로 표현하라

대부분의 사람들이 그릇된 길로 빠지는 것은, 그릇된 방법으로 분노를 표현하기 때문이다. 우리는 훅 불어버린 후에 다른 사람으로 하여금 흩어진 조각들을 주워 모으게 한다. 에베소서 4장 26절을 다시 한 번 읽어보라. 우리의 분노는 절대로 절제되지 않은 상태로 타올라서는 안 된다. 심지어 우리가 느헤미야처럼 조롱을 당했다 해도 우리의 앙갚음하려 하는 성향을 다스려주실 것을 간구해야 한다. 그렇기 때문에 우리가 가장 먼저 아뢸 수 있는 최고의 인격은 하나님이시다.

나는 느헤미야가 했던 방식을 좋아한다. 그는 곧바로 하나님 앞에 분노를 내려놓았다.

우리는 산발랏의 조롱을 받은 느헤미야를 생각할 때에 그의 감정들이 적합한 것들이었음을 보게 된다. 그의 분노는 개인적인 앙갚음이 아니라 하나님의 일이었기 때문에 합당했던 것이다. 원수들의 조롱은 일꾼들의 사기를 꺾었다. 느헤미야는 여기에서 그냥 포기해야 했을까? 전혀 그렇지 않다! 그는 원수 갚음이 하나님의 손에 있기 때문에 그것을 그분 앞에 놓았다. "주의 앞에서 그 악을 덮어 두지 마옵소서!"

누군가에게 비판 받은 적이 있는가? 말로 모욕을 받았는가? 받은 대로 앙갚음했는가? 내가 베트남에 선교사로 있을 때에 한 베트남 군목이 우리 팀을 초청해서 그리스도를 증거하도록 했다. 그는 우리 전도팀의 방문을 광고하고, 집회 장소를 정하고, 수백 명의 신병들이 우리의 집회에 참석할 수 있도록 허가를 받았어야 했다.

그 부대는 우리집에서 세 시간 거리에 있었다. 내가 부대에 도착했을 때, 나는 그 군목이 아무것도 준비해놓지 않았다는 것을 알게 됐다. 나는 그가 우리의 하루를 허비하게 한 것에 대해서 책임이 있다는 것을 신사적이면서도 명백하게 지적했다. 게다가 우리는 복음을 전할 기회를 얻지 못했다. 그 군목은 사과했고, 우리는 사이곤으로 돌아왔다. 나는 그 일을 까맣게 잊고 있었다.

그는 그 일을 잊지 않았다. 그는 나와 내 동기와 태도를 비판하는 편지를 몇몇 베트남 리더들에게 보냈다. 내 비서는 아연 실색했다. "그 사람이 당신을 모욕했어요. 어떻게 대응하실 겁니까?" 나는 그녀에게 "대응하지 않을 겁니다."라고 대답했다. 내 마음에서는 그가 옳지 않다고 생각하고 있었다. 나는 이 사건에 대해서 하나님께 기도 드렸다. 그리고 대응하거나 앙갚음하지 않는 것이 좋겠다는 느낌을 받았다.

비판을 통해 성장하기

이 경우에, 나는 그 베트남 군목에게 보였던 반응에 만족했었다. 하지만 어떤 경우에는 그렇게 하지 않았다. 수년 후, 내가 고향에서 목회하고 있을 때에 한 교인이 찾아와서 나와 개인적으로 이야기할 것이 있다고 말했다. 나는 이 남자가 내게 퍼부었던 빗발 같은 불평들을 들을 준비가 되어 있지 않았었다. 그는 나의 부정적인 특질들에 대해서 비판했고, 더불어 그의 감정들에 무감각했던 것에 대해서도 말했다. 나는 깊은 상처를 받았고, 조금 화가 나기도 했다. 나는 내 자신을 변호하려고 시도했다.

내가 기도한 후에 아내에게 그 일에 대해서 말하는 동안 성령님은 내가 그 형제를 등한히 했던 때를 기억나게 하셨다. 나에 대한 그의 비판은 비록 과장되기는 했지만 정당한 이유가 있었다. 이 사건은 "그 후 그들은 행복하게 살았습니다."라고 하는 동화 속의 이야기가 아니다. 우리는 결코 친한 친구가 되지 못했다. 그러나 그는 나의 사과를 받아들였고, 하나님께서는 이 사건을 통해서 내 안에 다른 사람들을 위한 태도를 만들어주셨다. 처음에는 그의 비판으로 인하여 상처를 입었다. 그러나 나중에는 그의 비판이 좋게 느껴졌다.

비판에 대한 성경적인 반응이 있을까? 느헤미야는 우리의 상처들을 주님 앞에 내려놓으라고 교훈하고 있다. 우리가 하나님께 아뢰는 동안 객관성의 장소에 도달하게 된다. 이것은 노사간의 단체 교섭에서 '냉각 기간'이라고 일컬어진다. 우리는 이제 문제에 대한 하나님의 전망을 받아들일 준비가 되었다.

때로 비판은 정당한 이유가 있다. 하나님은 우리 자신에 대해서 우리에게 새로운 것들을 가르치시기를 원하신다. "주님, 제가 정말로 무감각한가요?"

당신이 하나님께 아뢴 후, 만약 가능하다면 적어도 한 사람에게 당신의 마음을 이야기하라. 아첨꾼 "예스 맨"이 아닌 당신이 신뢰할 만한 객관성을 지닌 누군가를 찾으라. 나는 내 아내에게 물었다. "여보, 당신은 내가 무감각할 때가 있다고 생각해요?" 그녀는 솔직히 "예."라고 대답했다.

하나님 앞에 내려놓은 비판은 내 인생 속에서 강력한 무기가 되었다. 만약 나에게 퍼부어진 공격이 그릇된 것이었다면, 하나님께서는 나를 위로하셨다. 만약 그 비판이 옳은 것이었다면, 그분께서는 나를 바로잡아주셨다. 당신은 자신을 위해 성벽을 건축하는 동안에는 누군가가 총탄을 날리더라도 반격할 수 없다. 하나님께서는 우리의 상처를 그분에게 가지고 오기를 원하신다. 시도해보라. 반드시 좋은 일이 일어난다!

계속 건축하라

느헤미야는 찌르는 듯한 아픔을 느꼈지만 성벽 건축은 중단하지 않았다. "이에 우리가 성을 건축하여" 내가 이 말씀에서 얻은 메시지는 "계속 건축하라"이다. 아마도 여러분들 중에서는 깨진 관계와 비웃음과 조롱 속에서 살아가는 사람이 있을 것이다. 오늘 당신은 그런 것들이 가치가 없다는 것을 생각하는 정확한 지점에 와 있을지도 모른다. 잘못된 것이 무엇인지 알기 위해서 하나님의 관점을 찾으라. 그분의 은혜로 그것을 수리하라. 치유된 건축자들이 견고한 성을 건축하게 된다.

이 부분을 닫기 전에 세 가지를 기억하라. 첫째, 추종자들을 인도하는 중에 반대세력을 만나지 않는다는 것은 불가능한 일이다. 하나님을 위한 전진은 사탄으로부터 오는 대적을 수반한다. 둘째, 반대세력과 마주치면 무엇보다 먼저 기도를 해야 한다. 우리에게 수많은 문제들이 이어지는 이유 중에 하나는 우리 속에 그리스도를 닮지 않은 반응들이 있기 때문이다. 우리는 주먹을 날린다. 우리는 발길질하고 비명을 지른다. 그렇지 않으면 복수할 기회를 찾는다. 이 모두는 관계의 틈을 더욱 넓어지게 하고, 마음을 강퍅하게 만든다. 느헤미야는 해결책을 찾았다. 셋째, 계속 건축하라. 기도는 우리가 해야 할 일의 전부가 아니다. 사탄이 조롱하는 이유는 우리로 하여금 굴복하게 하기 위함이다. 이것을 망각하지 말라. 느헤미야는 미국의 전 대통령 칼빈 쿨리지(Calvin Coolidge)의 연설에 아멘이라고 대답할 것이다.

> 밀어붙이세요. 당신의 집요함을 능가할 것은 하나도 없습니다. 재능을 의지하지 마세요. 재능은 있지만 성공하지 못한 사람들이 많습니다. 천재가 큰일을 하는 것이 아닙니다. 교육도 아닙니다. 이 세상은 교육 받은 낙오자들로 가득합니다. 인내와 결단만이 압도적인 힘을 지니고 있습니다.

절반은 시작에 불과하다

이에 우리가 성을 건축하여 전부가 연결되고, 높이가 절반에 이르렀으니, 이는 백성이 마음 들여 일을 하였음이니라. 산발랏과 도비야와 아라비아 사람들과 암몬 사람들과 아스돗 사람들이 예루살렘 성이 중수되어 그 허물어진 곳이 메꾸어져 간다 함을 듣고 심히 분노하여 다 함께 꾀하기를 예루살렘으로 가서 치고 그곳을 요란하게 하자 하기로… (느 4:6-8).

"이에 우리가 성을 건축하였다" 느헤미야와 유다 사람들은 기도한 후에 일을 계속했다. 진 게츠(Gene Gets)는 "어떤 크리스천들은 기도한 후에 무슨 일이 일어날 때까지 기다리기만 한다. 그러나 느헤미야는 그렇게 하지 않았다."라고 지적했다. 그는 자신이 성벽을 재건해야 할 확신이 올 때까지 하나님을 기다렸다. 그러나 그는 일단 결심한 후에는 어떤 것도 자기의 일을 그만두게끔 놔두지 않았다. 믿음은 기도와 힘든 일과 더불어 반대세력을 만나게 만든다.

기도와 역사는 성벽의 "높이가 절반에 미치도록" 했다. 독설로 유다 사람들의 사기를 꺾으려 하던 사탄의 시도는 실패했다. 그러나 우리가 축제를 벌이기 전에 이것을 숙고하라. 쉬운 절반은 끝났다. 이제 힘든 절반이 남았다.

내가 개인적으로 알고 지내는 래이 올트룬드(Ray Ortlund)는 『인생의 가장 좋은 절반』(The Best Half Of Life)이라는 제목의 책을 저술했다. 이것은 현대 젊은이들이 열광하는 것들에 대해 확실하게 반박하는 책이다. 래이는 인생의 절반이 그냥 방임될 수 없는 때라는 것과 이때는 우리 인생행로의 가장 즐겁고 생산적인 시간이 될 수 있다고 믿는다.

나는 그의 말에 동의한다. 인생의 절반은 가장 좋은 때가 될 수 있다. 그러나 이것이 가장 쉬운 때는 결코 아니다. 어떤 사람은 무지와 열정만 가지고도 우리가 인생의 첫 절반 동안 어떤 일이든 할 수 있다고 진술했다.

성벽을 절반쯤 쌓았을 때의 위기

이제 느헤미야와 그의 건축자들은 자명한 이치를 깨닫게 된다. 모든 프로젝트는 중간쯤 도달되면 처음 시작할 때의 마음을 잃게 된다. 처음 사랑을 잃어버리고, 일하는 사람들은 영락없이 지치게 된다. 아마도 당신은 자신의 경험을 통해 알 수 있을 것이다. 근래에 들어서, 어떤 실업자 구제 사업가가 다음의 말을 했다. "우리가 사람들에게 배급품을 나눠주기 시작했을 때, 저는 그들을 돕는 일에 희열을 느꼈습니다. 그러나 우리는 곧 사람들이 균등한 양을 받지 못한 것에 대해 불평하고 있는 것을 알게 되었습니다. 그리고 나서 배급품이 점점 줄어들었습니다. 배급품의 부족과 그들의 불평을 감수하면서 일하는 것은 실망스러운 일이었습니다. 이제 저는 억지로라도 이 프로젝트를 완수해야 합니다."

성벽 건축은 어려운 일이었다. 성벽 건축 중에 원수의 계속적인 조롱을 듣게 된다면, 우리는 더 이상 건축하기 어려운 위기에 당면하는 것이다. 이 프로젝트의 절반이 끝났다. 그러나 모든 지옥의 세력들이 일어났다는 것을 알라. 보잘것없는 여우 한 마리가 성벽을 무너뜨릴 수 있다며 이를 총력을 기울인 공격에 비유했던 도비야의 노골적인 말은 유다 사람들을 기진맥진하게 했다.

새로운 위협과 충돌하다

느헤미야의 일꾼들의 재빠른 진행은 원수들의 시선을 끌었다. 7절을 읽어보라.

> 산발랏과 도비야와 아라비아 사람들과 암몬 사람들과 아스돗 사람들이 예루살렘 성이 중수되어 그 허물어진 틈이 메꾸어져 간다 함을 듣고 심히 분노하여(느 4:7).

이 구절의 첫 부분은 그들이 누구인지에 대해 말하고 있다. 우리는 이미 사마리아의 총독 산발랏을 만났고, 암몬의 총독 도비야를 만났다. 아라비아 사람들은 2장 19절에 소개되었다. 네 번째 그룹은 아스돗 사람들이라고 불리었다. 아스돗은 아시게론과 가사와 에그론과 가드와 더불어 여호수아에 의해 공격당했던 팔레스타인의 5대 주요 도시들 중에 하나이다(수 11:22, 13:3). 그들에게는 이스라엘을 대적했던 과거사가 있다.

느헤미야의 기도에도 불구하고 원수들이 반대를 멈추지 않았다는 것을 알아차렸는가? 원수들의 반대는 오히려 더욱 심해졌다.

여기에서 예루살렘의 상황을 보라. 사마리아는 예루살렘의 북쪽이고, 암몬은 동쪽이다. 아랍 나라들은 남쪽이고, 아스돗은 서쪽을 점령하고 있었다. 그리고 이 성난 사람들의 한가운데에는 절반이 건축된 예루살렘 성벽이 있다. 얼마나 공격당하기 쉬운 상황인지 생각해 보라. 산발랏과 그의 부하들은 "모두 죽여라!"하고 소리치는 암살단과 같았다.

"다 함께 꾀하기를"(8절)이라는 말을 다시 한 번 주의 깊게 보라. 예루살렘의 호전적인 이웃들은 한 자리에 모여 성벽 건축 프로젝트를 멈추게 하기 위한 음모를 꾸몄다. 여러 무리의 사람들이 한 자리에 모이는 유일한 때는 그들이 하나의 공공의 적과 싸울 때이다. 이 경우에 그들의 공공의 적은 느헤미야이다. 물론, 그에게는 일꾼들이 있었다. 그러나 그의 일꾼들은 곧 성벽 건축할 마음을 잃게 될 것이고, 느헤미야의 용기만이 그들을 다시금 성벽으로 돌아오게 할 것이다. 리더십은 외로움을 동반할 수 있다.

지금 우리들 중에 소수는 느헤미야가 당면했던 위협과 같은 모독을 받고 있을 것이다. 그러나 우리 모두는 언어의 "돌을 맞는" 위험에 놓여 있다. 만약 우리가 하나님의 성을 대적하는 원수들을 마주하여 서 있다면 더욱 그러할 것이다. 만약 당신이 옳다고 생각하는 것을 실행하다가 비판을 받았다면, 미국의 전 대통령 데오도르 루즈벨트가 한 말이 당신을 위로해 줄 것이다.

강한 자가 비틀거리거나, 또는 역사하는 자가 더 낫게 역사하지 못하는 것을 비평가가 판단하고 지적할 수는 없다. 현장에서 직접 일을 하여 먼지와 땀과 피로 얼굴이 얼룩진 사람만이 자신을 평가할 수 있다. 실수와 결점이 없는 사람은 없다. 그러하기에 그는 필사적으로 노력하고, 실수하고, 재삼 자기의 한계를 극복한다. 그는 실제적으로 그 일을 하는 사람이다. 그는 위대한 열정과 위대한 헌신이 무엇인지 알고 있다. 그는 가치 있는 일을 위해 자신을 불사른다. 그는 실패하더라도 큰일에 도전하다가 실패하는 사람이다.

예기치 않았던 사건이 일어났다. 느헤미야의 기도와 방비(느 4:9)에도 불구하고 원수의 위협은 건축자들의 마음에 두려움을 주었다. 누가 그들을 탓할 수 있겠는가? 11절은 우리를 두렵게 만든다.

> 우리의 원수들은 이르기를 저희가 알지 못하고 보지 못하는 사이에 우리가 그들 가운데 달려 들어가서 살륙하여 역사를 그치게 하리라(느 4:11).

심지어 그들의 친구들마저도 흉보를 전했다.

> 그들 가까이에서 사는 유다 사람들이 우리에게 올라와서, 그들이 사방에서 우리를 치려고 한다고, 열 번이나 알려주었다(느 4:12, NKSV).

정말 너무한 일이었다. "열 번"이라는 말은 "재삼재사"에 대한 관용적 표현이다. 산발랏과 그의 부하들의 반복적인 위협은 예루살렘을 두려움에 떨게 했다. 이런 위협을 받으면 용감한 장정이라 할지라도 도망치려는 유혹을 받게 된다.

원수에게 가까이 가는 것은 위험한 일이다. 비열한 조롱과 정면 공격의 위협은 용감한 건축자들의 무릎을 떨리게 했다. 그들은 연장을 놓고 싶어 했다. 그리고 이렇게 말했다.

> 그런데 유다 사람들 사이에서 이런 노래가 퍼지고 있었다. "흙더미는 아직도 산더미 같은데, 짊어지고 나를 힘이 다 빠졌으니, 우리 힘으로는 이 성벽 다 쌓지 못하리."(느 4:10, NKSV).

그들의 불평은 시의 형식으로 발언 되었다. 아마도 이 노래는 실제로 건축자들에 의해 불리었을 것이다. 마이어즈(Myers)는 건축자들의 노래를 이렇게 번역했다.

> 담부하는 자의 힘은 빠졌고, 쓰레기 더미는 너무 거대하니, 우리로서는 성벽을 재건할 수 없네.

이 노래는 강력한 진리를 말해준다. 당신은 용기를 잃은 일꾼들과 함께 성벽을 건축할 수는 없다. 낙망은 적어도 세 가지 주요 이유들 때문에라도 제대로 파악되어야 한다.

낙망은 힘을 빠지게 한다

10절은 낙망에 대한 전형적인 표현이다. 그들의 첫 불평은 "짊어지고 나를 힘이 다 빠졌다"는 것이다.

"다 빠졌다"에 대한 히브리어의 의미는 '기진맥진하다'이다. 이것은 비틀거리거나 흔들리는 것을 의미한다. 이것은 일꾼이 무거운 짐을 지고 비틀거리다가 곧 쓰러질 것 같은 상태를 상상하게 한다. 반대자들과 피곤함 속에서 일해야 하는 성벽 건축자들은 지독한 결심이 필요했다.

낙망하는 것은 힘과 정신을 잃는 것이다. 의사들과 심리학자들은 이 두 가지가 관계있다는 점을 확신한다. 실제로 낙망은 뭔가를 하려 하는 우리의 의지와 그것을 행할 수 있는 우리의 힘을 무력하게 만들 수 있다. 낙망은 하나님을 위하여 진정으로 일하고자 하는 사람들을 대적하는 사탄의 제1의 전략이다.

마귀의 도구들

당신은 그의 연장들을 팔려고 내놓은 마귀에 관한 이야기를 들어본 적이 있는가? 각 연장에는 가격표가 붙여졌다. 마귀의 연장들 중에는 미움과 시기와 질투와 기만과 거짓과 교만이 있었다. 그런데 이 연장들 옆에는 전혀 해로워 보이지 않는 낡은 연장이 하나 있었는데, 놀랍게도 가격이 높았다.

"이 연장은 왜 이렇게 심하게 낡았나요?"

어떤 사람이 물었다.

"왜냐하면 그것은 내가 가장 많이 사용했던 낙망이기 때문입니다."

사탄이 대답했다.

"그런데 왜 이렇게 가격을 높게 정했나요?"

그가 다시 물었다. 그리고 사탄은 이렇게 대답했다.

"왜냐하면 내가 가지고 있는 다른 어떤 연장들보다도 더욱 쓸모가 있거든요. 다른 연장을 사용해서 사람에게 접근할 수 없을 때에는 이 연장을 사용해서 사람의 마음을 비틀어 열 수 있습니다. 일단 그 사람의 마음속에 들어가기만 하면, 그 사람을 내가 원하는 대로 하도록 할 수 있습니다. 극히 소수의 사람들만이 이것이 나에게 속한 것인 줄 알고 있기에 나는 거의 모든 사람들에게 이것을 사용하지요."

이 이야기는 마귀가 낙망에 붙인 가격이 너무 높았기 때문에 그것이 결코 팔리지 않았다고 말해준다. 그는 오늘도 이것을 계속적으로 사용하고 있다.

낙망은 어떻게 생겼을까? 10절의 묘사를 다시 한 번 읽어보라.

> 그런데 유다 사람들 사이에서 이런 노래가 퍼지고 있었다. "흙더미는 아직도 산더미 같은데, 짊어지고 나를 힘이 다 빠졌으니, 우리 힘으로는 이 성벽 다 쌓지 못하리."(느 4:10).

이 암울한 것이 어디에서부터 시작되는지 주의 깊게 관찰하라. 놀랍게도, 이것은 유다로부터 왔다. 이 지파를 통해서 메시아가 오실 예정이었다(미 5:2). 야곱이 그의 아들들을 한 자리에 모았을 때, 그는 유다를 다른 모든 지파들의 리더로 만들었다(창 49:8-10). 때때로 당신을 가장 낙심케 하는 말을 전혀 예상하지 못했던 사람에게 들을 수 있다. 리더들은 자기의 말이 다른 사람들에게 끼칠 영향이 어떠한지 깨달아야 한다. 그들의 말은 듣는 사람들을 저주하거나 혹은 축복할 수 있다.

잘 나가다가 피곤케 됨

낙망은 감정적으로나 육체적으로 우리의 힘을 빼놓는다. 우리는 피곤케 됨과 낙망의 관계에 대해서 알아야 할 필요가 있다. 특히 우리는 극히 피곤할 때에 쉽게 낙망하게 된다. 성벽 건축자들은 힘들여 일했다.

구약의 전형적인 예는 엘리야이다(왕상 18장). 그는 바알 선지자들과 대결해서 승리하자, 감정적으로 흥분했다. 실제로 그는 이스르엘 도상에서 아합의 병거를 앞질러 달렸었다(왕상 18:46). 엘리야는 이 사건이 있은 후 몇 시간 안에 완전히 지쳐버렸다. 그는 이세벨을 피해 도망했다. 이 사건의 주제는 "승리한 싸움에서 얻은 피로를 풀기 전에는 새로운 싸움을 시작하지 말라"이다.

예수님의 경우에는 40일 금식 후의 피곤하고 배고픈 상태를 틈타서 사탄이 가장 교묘한 시험들을 가지고 왔다.

우리는 육체의 피로와 영적 시험의 관계에 대해서 알아야 할 필요가 있다. 나는 심히 피곤할 때에 자주 낙망한다. 낙망하지 않기 위해서는 쉬는 날을 좀 더 늘리거나 짧은 휴식이라도 취해야 한다.

낙망은 비전을 소멸한다

당신은 어떤 타입의 성격을 소유하고 있는가? 당신은 절반이 끝난 일을 보면서 "오, 절반이 끝났구나. 상당히 진척됐는걸!"이라고 말하는가? 아니면 "오, 이럴 수가. 힘들여 일했음에도 불구하고 겨우 반 밖에 못했네."라고 투덜거리는가?

우리는 일이 완성되기까지는 미완성에 대한 도전을 받게 된다. 우리가 그것을 대하는 태도는 매우 중요하다. 낙망은 느헤미야의 일꾼들에게 포기하고자 하는 마음을 주었다. 왜 그랬을까? 대답은 단순하다. 그들은 성벽 중수를 끝내고자 하는 비전을 잃어버렸기 때문이다.

이 사람들은 얼마 전에 "일어나 건축하자!"라고 소리쳤던 사람들과 동일 인물들이다. 그들은 성벽 건축 일을 위한 처음 열정으로 타올랐을 때에 돌무더기 – 아마도 중수가 절반에 미쳤을 때의 양의 두 배였을 것이다 – 를 디딤돌로 보았다. 그러나 이제 낙망하고 지친 일꾼들 앞에 있는 돌무더기는 오르기 힘든 산과 같은 장애물이었다. 믿음에는 초점이 있다. 믿음의 초점은 하나님이다. 우리는 하나님에게 초점을 맞추든지 돌부스러기에 초점을 맞추든지 선택해야 한다. 성벽 건축자들은 옳지 못한 것을 바라보고 있었다.

신명기 13장에는 이와 같이, 이스라엘 백성이 가데스바네아에서 옳지 않은 것을 보았던 슬픈 이야기가 기록되었다. 그들은 이집트에서 초자연적인 구원(홍해 기적, 불기둥과 구름기둥의 인도)을 받은 후에 가나안 국경에 장막을 쳤다. 가나안은 하나님께서 약속하신 땅이었다.

하나님은 그들이 가나안 땅의 유익과 축복을 "보기를" 원하셨다. "정탐꾼들을 보내라"는 그분이 하신 명령이었다. 정탐꾼들은 이스라엘 백성 전체를 대신한 눈이었다. 하나님께서는 정탐꾼들을 통해서 가나안 땅을 위한 비전을 이스라엘 백성에게 주시기를 원하셨다. 그분의 지시는 명확했다.

> 그 땅이 어떠한지 정탐하라 곧 그 땅 거민이 강한지 약한지 많은지 적은지와 그들이 사는 땅이 좋은지 나쁜지와 사는 성읍이 진영인지 산성인지와 토지가 비옥한지 메마른지 나무가 있는지 없는지를 탐지하라 담대하라 또 그 땅의 실과를 가져오라 하니 그 때는 포도가 처음 익을 즈음이었더라(민 13:18-20).

정탐꾼들은 가나안 땅 전체를 탐지했다. 그들의 정탐은 40일 동안 이어졌다. 그들은 다음의 보고를 가지고 모세에게로 돌아왔다.

> 모세에게 말하여 이르되 당신이 우리를 보낸 땅에 간즉 과연 그 땅에 젖과 꿀이 흐르는데 이것은 그 땅의 과일이니이다 그러나 그 땅 거주민은 강하고 성읍은 견고하고 심히 클 뿐 아니라 거기서 아낙 자손을 보았으며 … 갈렙이 모세 앞에서 백성을 조용하게 하고 이르되 우리가 곧 올라가서 그 땅을 취하자 능히 이기리라 하나(민 13:27-28, 30).

안타깝게도, 정탐꾼들의 권고는 일치하지 않았다. 그들 중에 두 사람은 "올라갑시다. 올라가서 그 땅을 점령합시다. 우리는 반드시 그 땅을 점령할 수 있습니다."라고 말했지만, 나머지 열 사람(다수)은 "우리는 도저히 올라갈 수 없습니다."라고 말했다.

두 무리의 사람들이 동일한 땅을 보았다. 그러나 그들의 결론은 완전히 반대였다. 당신은 "왜?"라고 물을 것이다. 왜냐하면 한 무리는 약속에 초점을 맞췄고, 다른 무리는 문제에 초점을 맞췄기 때문이다. 여기에 위대한 교훈이 있다. 리더들은 다수가 종종 옳지 않을 때가 있다는 점을 배우게 된다.

모세와 느헤미야와 당신과 나는 불신의 오랜 문제를 다뤄야 한다. 불신은 잃어버린 비전처럼 하나님의 능력을 "볼" 수 없도록 만든다.

불신은 질병이다

못 보고 넘어가기 쉬운 "그렇지만"(민 13:28, NKSV)과 "그런데"(느 4:10, NKSV)라는 두 단어는 불신의 심각성을 지적하고 있다. 이스라엘의 정탐꾼들은 가나안의 유익을 인정했다. 두 사람이 져야 할 만큼 크고 무거운 포도송이를 보지 못할 사람이 어디 있겠는가? 게다가 석류와 무화과가 풍성히 열린 것을 보지 못할 자가 어디 있겠는가? 가나안은 풍요로웠다. 그러나 가데스의 안전한 경계를 지나 위험을 무릅썼던 용감한 사내들은 가나안의 풍요로부터 그리 많은 유익을 얻지 못했다.

"그런데"

이 단어는 비전을 소멸하는 결과를 초래한다. 이 단어를 사용하면 믿음은 빠져나가고, 불신이 들어온다. 아낙 자손들과 견고한 성들과 문제들과 흙더미… 믿음이 없는 사람들에게는 유익보다 장애물이 압도적으로 많다.

이것은 느헤미야의 일꾼들에게도 마찬가지였다. 건축자들은 성벽 중수의 유익이 어떠한지 명백히 보았다 – "다시 수치를 받지 말자"(느 2:17). 그들의 첫 비전은 그들에게 성벽을 절반까지 중수할 수 있는 힘을 주었다. 그러나 반대세력이 일어났을 때에 그들의 눈은 아직도 남아 있는 장애물들에 고정되었다. "흙더미는 아직도 산더미 같은데…" 그들의 눈은 난시가 되었다. 난시는 '빛이 한 초점과 만나지 못하도록 막는' 눈의 결함이다. 영적으로 말해서, 이것은 하나님에게 초점을 맞추지 못하도록 만드는 영적 결함이다. 문제들을 너무 오랫동안 바라보는 것은 하나님을 보는 우리의 비전을 흐리게 한다.

불신은 전염병이다

처음에는 열 사람이 "우리는 능히 올라가서 그 백성을 치지 못하리라"(민 13:31) 하고 말했다. 그러나 그들의 불신은 마치 전염병처럼 퍼져 나갔다. 곧 모든 이스라엘 백성은 "차라리 우리가 이집트 땅에서 죽었더라면 더 좋았을 것이다. 아니면 차라리 우리가 이 광야에서라도 죽었더라면 더 좋았을 것이다."라고 통곡했다. 두려움은 이와 같은 방법으로 느헤미야를 따르던 사람들에게 퍼져나갔다. 유다 사람들 사이에서 어떠한 사람이 불신의 말을 했다. "흙더미는 아직도 산더미 같은데, 짊어지고 나를 힘이 다 빠졌으니, 우리 힘으로는 이 성벽 다 쌓지 못하리." 패배자의 노래는 계속되었다. 이 노래의 결과는 어떠했을까? 그들은 모두 연장을 놓고, 일을 멈췄다.

불신은 점점 더 심해지는 질병이다

가나안 사람들은 "강하다"(민 13:28). 그렇다. 그들은 강했다. 하지만 보통 사람들에 불과하다.

이스라엘 백성이 더 오랫동안 볼수록 가나안 사람들은 더욱 커졌다. 그들은 "우리가 보았던 모든 사람들은 거인들이었습니다."라고 말했다.

불신은 남을 속이는 질병이다

마지막으로, 가나안 축복을 망각한 이스라엘 백성은 이제 네피림 – 가장 키가 큰 자들 – 에 초점을 맞추었다. 그 결과는 무엇인가? "우리는 스스로가 보기에도 메뚜기 같았습니다."(민 13:33). 그들의 비전은 원수들의 강함과 그들 자신의 약함으로 가득 차게 되었다.

한 가지 더 남아 있는 것이 있다. "그들의 눈에도 우리가 메뚜기같이 보였을 것입니다!" 불신은 진실의 정반대를 객관화한다. 리더여, 이 구절을 다시 읽어보라. 결정적인 정보가 아닐 수 없다. 그렇기 때문에 사탄이 우리의 자존심의 영역을 공격하는 것이다.

불신은 치명적인 질병이다

그들은 하나님이 "그 조상들에게 맹세한 땅을 결단코 보지 못했다"(민 14:23). 불신의 소름 끼치는 종국은 결코 하나님의 말씀으로 가려지지 않는다. 우리는 불신의 종국에 대해서 이해해야 한다. 40년간의 광야에서의 방황은 하나님을 불신했던 유다 사람들을 무덤으로 이끌었다(히 3:7-11). 비전이 없는 백성은 망하게 된다.

낙망은 살인자이다

낙망은 확신마저도 소멸한다. "우리 힘으로는 이 성벽 다 쌓지 못하리." 저하된 자기평가는 해결점에 초점을 맞추기보다는 문제에 초점을 맞추었기 때문에 나타난 결과이다. 리더여, 만약 당신이 하나님을 믿는 믿음을 잃어버렸다면, 무엇이든 그분께서 원하시는 바를 오늘 다시금 구해야 한다.

우리를 무력하게 만드는 낙망의 적절한 이름을 폭로함으로써 시작하는 것이 좋다. 죄. 예수님께서는 "내가 결코 너희를 버리지 아니하고 너희를 떠나지 아니하리라"고 말씀하셨다. 사기가 떨어지게 하려거든 그분의 임재의 능력을 부인하라. 낙망은 '예수님만으로는 충분하지 않다'는 뜻을 함축한다.

예수님께서는 "너희가 필요한 것을 공급하리라."고 말씀하셨다. 예수님께 "당신은 거짓말쟁이에요. 당신은 약속을 지키지 않고 있잖아요."라고 말하는 것은 자기 연민에 빠지는 것이다.

예수님께서는 "내가 너희로 사람을 낚는 어부가 되게 하리라"고 말씀하셨다. 우리는 더 이상 아무 일도 할 수 없다고 하면서 심히 낙심하는 것은 예수님의 얼굴을 향해 "당신이나 사람을 낚으세요. 당신의 일은 더 이상 나에게 흥미를 주지 못합니다."라고 퍼붓는 것과 마찬가지이다.

낙망은 사람을 약하게 만든다. 두려움은 함정이다. 그 결과는 항상 부정적이다. 느헤미야는 완곡하게 말하지 않았다. "백성이 두려워하는 것을 보고" 하나님의 성벽 건축자들은 두려움에 떨면서 연장을 내려놓고 슬그머니 꽁무니를 뺐다. 오직 느헤미야의 위대한 리더십이 모든 사람들을 성벽으로 돌아가게 해서, 저마다 하던 일을 계속하게 한 것이다.

다음 장은 이 하나님의 사람이 낙망을 멈추게 하기 위한 단계들의 요점을 말해주고 있다.

하나님, 도와주세요. 원수들이 아직도 저를 쫓고 있어요!

Chapter 6
반대세력을 예상하라
– Part II

낙망은 일반적인 병이다. 대다수의 하나님의 종들은 이것을 큰 문제로 취급하지 않는다. 영국의 위대한 설교자 찰스 스펄전(Charles H. Spurgeon)은 낙망에 대해 온건하게 설명했다.

우리가 아무리 유쾌한 성격을 소유하고 있을지라도 낙심할 때가 있습니다. 강한 사람들이 항상 건강한 것이 아니며, 지혜로운 사람들이 항상 준비돼 있는 것이 아니며, 용감한 사람들이 항상 용감한 것이 아니며, 기뻐하는 사람들이 항상 행복한 것이 아닙니다. 여기저기에 강철 인간들이 있지만, 그들도 언젠가는 녹슬게 됩니다. 사람은 분토라는 것을 주님은 아십니다.

그럼에도 불구하고, 어떤 사람들에게는 낙망이 가혹할 수 있다. 만약 우리가 이것을 빨리 해결하지 않으면, 이것은 우리의 의지를 마비시키는 단계에 이를 수 있다. 낙망은 느헤미야를 따르던 성벽 건축자들의 의지를 빠르게 마비시켰다.

리더는 낙망을 예상해야 한다. 그러나 예견하는 것보다 더 중요한 것은 그것을 대적하는 법을 아는 것이다. 낙망은 전염적이고, 진행적이고, 치명적인 질병이다. 우리는 5장에서 이에 대해 취급해보았다. 낙망을 정면으로 대적하지 않는 사람을 성공으로 이끌 수 있는 리더는 없다. 느헤미야는 단호히 움직이면서 성벽 중수를 중단케 했던 낙망을 저지하기 위해 삼면 전략을 적용했다.

기도

4장 9절에 기록된 느헤미야의 첫 반격은 기도이다. "우리가 우리 하나님께 기도하며"(느 4:9)라는 말씀은 어떤 문제든지 해결할 수 있는 느헤미야의 믿음을 표현해 준다.

하나님의 임재

왜 기도가 낙망에 대한 첫 방어일까? 그 대답은 다름 아닌 기도의 본질에서 찾을 수 있다. 진심으로 기도하면 하나님의 임재를 경험하게 된다. 시편 기자는 "내가 전심으로 주를 찾았사오니, 주의 계명에서 떠나지 말게 하소서"(시 119:10)라고 기도했다. 그는 다른 구절에서 "주께서 생명의 길을 내게 보이시리니, 주의 오른쪽에는 영원한 즐거움이 있나이다"(시 16:11)라고 기뻐했다. 당신은 하나님과 의기소침을 동시에 경험할 수 없다. 기도는 우리에게 여러 유익을 제공해 준다. 우리는 반대 세력이 일어날 때에 기도하는 리더에게 "아멘"이라고 말하게 된다.

당신의 리더십에 격려가 필요한가? "우리"라고 하는 짧은 단어를 주의 깊게 보라 - "우리가 우리 하나님께 기도하며" 비록 느헤미야가 믿음의 여행을 홀로 시작했을지라도, 하나님께서는 그에게 몇몇의 동료들을 주셨다. 리더란 어떤 사람인가? 리더는 다른 사람들에게 영향을 끼치는 사람이다. 그의 삶의 영향은 빛을 비추었고, 다른 사람들의 비전을 밝혀주었다.

하나님의 지혜

느헤미야는 하나님의 지혜가 그로 하여금 기도하게 했다는 것을 증명하고 있다. 신약에서, 하나님께서는 믿음으로 구하는 자들에게 지혜를 주실 것이라고 약속하셨다. 4장 9절은 마치 기도의 직접적인 응답으로서의 지혜에 대한 구약의 예증인 듯하다. 당신은 느헤미야와 그의 신실한 친구들이 하나님께 "주님, 저희가 무엇을 어떻게 해야 합니까? 우리의 일꾼들은 피로에 지쳤으며, 두려워하고 있습니다. 원수는 우리를 죽이려 하고 성벽 중수를 중단시키려고 합니다."라고 간구하는 것을 들을 수 없는가? 하나님은 분명하게 응답하셨다. 그렇기에 느헤미야는 기도한 후에 즉시 "파수꾼을 두어 주야로 방비"(느 4:9)한 것이다.

느헤미야는 그들의 투지를 극대화하기 위해 "백성으로 그 종족을 따라 칼과 창과 활을 가지고 서게"(느 4:13) 했다. 이것은 그가 기도할 때에 하나님께서 그에게 주신 전략의 한 부분이라고 추측하는 것이 안전할 것이다. 어느 누구도 느헤미야에게 "당신이 구하지 않았기에 받지 못한 것입니다."라고 하며 비방할 수는 없었다. 나는 내 아내와 자녀들을 위해서 죽기까지 싸울 것이다. 당신도 마찬가지일 것이다. 하나님께서는 리더십의 지혜를 주신다. 그 지혜는 종종 필사적인 상황에서 주어진다.

느헤미야는 하나님께 자신들을 보호해주실 것만을 간구한 것이 아니다. 그는 민병대를 조직했다(느 4:13). 이 사나이를 이유 없이 사랑하지는 말라. 그는 진정한 믿음은 역사하는 힘이 있다는 것을 단순히 믿었다. 그는 백성의 두려움에 대해서 기도하는 것 외에 다른 무언가를 해야 한다는 것을 알았다. 이것은 마치 수리가 필요한 창유리와 같은 것이다. 물론, 당신은 깨진 창유리에 대해서 기도할 수 있다. 하지만 만약 당신이 바람과 비를 막으려 한다면, 깨진 창유리를 새것으로 바꿀 것이다. 낙망한 일꾼들은 실질적인 격려가 필요했다. 그는 일꾼들이 "창과 칼과 활"을 들고 가정을 지키도록 했다.

이 사건은 어느 네 살 된 여자아이에 대한 이야기를 생각나게 한다. 그 아이는 어느 날 밤에 심한 뇌우로 인하여 두려움에 떨다가, 침대에서 뛰쳐나와 부모의 침실로 달려 들어갔다.

"아가야, 걱정 말아라." 아이의 아빠가 말했다.

"주님이 널 지켜주실 거야."

그 아이는 아빠에게 바짝 다가서면서 말했다.

"아빠, 저도 알아요. 하지만 저는 지금 제 눈으로 볼 수 있는 누군가가 필요해요."

하나님의 메시지

당신은 머피의 법칙 – 잘못될 일은 반드시 잘못되게 된다 – 을 기억하고 있는가? 느헤미야는 갑자기 머피의 법칙에 의해 한 대 맞았다. 필연적인 것은 반드시 일어난다. 그의 기도와 국방 시민군의 방비에도 불구하고, 이스라엘 사람들을 죽이고 성벽 건축을 중단시키려 하는 원수들의 위협은 그들을 두렵게 했다. 키릴 바버(Cyril Barber)는 다음과 같이 기록했다.

> 그들은 매우 무의식적으로 원수가 교묘하게 그들을 세뇌하도록 허락했다. 그들은 의심이 영혼을 점령할 때에 필연적으로 낙심을 가지고 온다는 것을 깨닫지 못했다. 이런 일이 일어날 때에는 실패가 눈앞까지 다가오게 된다.

우발적인 계획(긴급 조치)의 가치에 대해 알지 못하면서 오랜 기간 동안 리더십을 유지할 수 있는 사람은 없다. 느헤미야는 국방 시민군이 일꾼들로 하여금 계속 일하도록 하기를 소원했다. 하지만 그의 소원대로 되지 않았다.

정보

느헤미야는 이제 그의 전략 세 가지를 병사들에게 직접적으로 말할 준비가 되었다. 그에 대한 작은 지식만으로도 그가 많은 재능들을 지닌 사람이라는 것을 알 수 있다. 우리는 세상에서 가장 강력한 사람 – 바사 왕 – 의 술 관원이었던 느헤미야를 만났다. 또한 그는 건축가의 역할을 했던 사람으로서 가장 잘 알려졌다. 이제 그는 유다 총독의 관복을 입게 되었다. 그는 또한 제사장처럼 이스라엘을 위해 중보했으며, 선지자처럼 그들의 죄를 드러냈다. 나는 느헤미야의 발언이 인상적이라는 것을 발견했다.

> 내가 돌아본 후에 일어나서 귀족들과 민장들과 남은 백성에게 말하기를 "너희는 그들을 두려워하지 말고 지극히 크시고 두려우신 주를 기억하고 너희 형제와 자녀와 아내와 집을 위하여 싸우라" 하였느니라(느 4:14).

첫째, 그의 발언은 테마에 관한 것이었다. 두려움에 대응하는 느헤미야의 주된 생각들은 그의 메시지 전체를 통해서 설명되었다. 그는 우리가 이해할 수 없는 것을 말하지 않았다.

둘째, 그의 발언은 그들이 당면한 문제와 관련이 있었다. 두려움은 누구나 느끼는 감정이다. 우리 모두는 두려움 때문에 버둥거린다. 느헤미야는 진정한 리더로서 그의 추종자들을 이해했다. 그들이 힘이 빠져서 성벽 건축을 완성할 수 없다는 불평을 했을 때에 그는 그것이 단지 합리화라는 점을 알았다. 원수의 위협이 그들을 두렵게 한 것이다.

셋째, 그의 발언은 단순했다. 그는 미사여구를 구사하지 않았다. 사람들에게 깊은 인상을 주려고 하지도 않았다. 단지 심오한 진리만 단순히 말했을 뿐이다. 그는 모든 계층의 사람들에게 자기의 강력한 의견을 역설했다. "귀족들과 민장들과 남은 백성" 그들은 모두 느헤미야의 메시지를 이해했다. 그의 발언에는 세 가지 관점이 포함되어 있다.

1. 두려움을 대항하라

너희는 그들을 두려워 말라.

어떤 사람이 말하기를 "만약 죽음이 모든 물질적 소유의 약탈자라면, 두려움은 모든 영적 기쁨의 약탈자이다."라고 했다. 두려움의 크기는 다양하며, 여러 범위로 찾아온다.

수년 전, 나는 두려움에 대한 여섯 가지 특징에 관한 글을 읽은 적이 있었다. 누가 그 책을 저술했는지 기억하지는 못하지만, 그 책은 나에게 매우 많은 영향을 끼쳤기에 주요 관점들을 메모해 놓았었다. 우리는 삶의 두려움을 기본적으로 여섯 가지 범주로 나눌 수 있다.

가난의 두려움

이 두려움은 안전한 삶에 대한 열망을 포함한다. 많은 제3세계 국가들 안에서의 가난은 두려움 이상의 것이다. 이것은 가혹한 현실이다. 아마도 당신은 불충분한 물질로 인해 고통당하고 있을 것이다. 또는 당신이 알고 있는 몇몇 사람들이 가난에 허덕이고 있을 것이다. 가난은 짊어지기 무거운 짐이다.

그럼에도 불구하고, 대다수의 서방 국가들과 및 열방의 중상류층 사람들의 문제는 안전이 아니라 탐욕이다. 다수의 크리스천들은 세상적이고 물질적인 '필요'를 채우기 위해서 주님을 섬기는 시간을 등한시했다. 그들은 빌립보서 4장 19절에 하나님의 약속이 기록되어 있음에도 불구하고 세상의 것들을 찾는다.

> 나의 하나님이 그리스도 예수 안에서 영광 가운데 그 풍성한 대로 너희 모든 쓸 것을 채우시리라(빌 4:19).

우리 모두는 모든 믿는 자들의 쓸 것을 채우시기로 한 하나님의 확실한 약속을 기억해야 한다.

비판의 두려움

육체는 매우 교만해서 모든 사람들에게 받아들여지기를 원한다. 하나님께서는 "모든 사람들이 너희에 대하여 좋게 말하는 것을 조심하라."고 경고하시지만, 솔직히 말해서 우리들 중 대다수는 그렇게 하지 않는다. '부드러운 인간관계'를 열망하는 것은 비판에 대한 두려움의 일부이다. 무엇보다도 우리의 인본적인 성향이 비판 받기를 싫어한다.

한 젊은 목사가 훨씬 나이가 많은 나에게 비판을 어떻게 극복했는지에 대해 물었다. 나는 "비판을 극복하는 것은 매우 힘든 일입니다."라고 대답했다. 이에 대한 하나님의 관점은 고린도전서 4장 3장에 기록되었다. "너희에게나 다른 사람에게나 판단 받는 것이 내게는 매우 작은 일이라." 바울은 자신에 대한 사람의 생각에 관심을 둔 것이 아니라, 하나님의 생각에 관심을 두었다. 나의 인생 목표들 중에 하나는 "저는 아직 그 경지에 도달하지 않았습니다."라고 솔직히 말할 수 있게 되는 것이다.

사랑하는 사람을 잃는 것에 대한 두려움

많은 사람들이 TV 드라마와 영화 속의 로맨틱한 에피소드를 상상하면서 대리 사랑을 한다. 서점들에도 다른 사람들의 사랑 경험에 대해 쓰인 책들로 가득하다. 그러나 우리를 위한 하나님의 목표는 다르다. 그분께서는 우리가 배우자들로부터 사랑 받고 받아들여지기를 원하신다. 하지만 많은 남녀가 자기의 파트너에게 더 이상 매력적으로 보이지 않으면 어쩌나 하는 두려움에 사로잡혀서 살아가고 있는 것이 현실이다. 하나님께서는 이스라엘에게 말씀하신 것을 우리에게도 말씀하신다.

> 옛적에 여호와께서 나에게 나타나사 내가 영원한 사랑으로 너를 사랑하기에 인자함으로 너를 이끌었다 하였노라(렘 31:3).

우리는 궁극적으로 그분 안에 있는 사랑을 구하고 찾아야 한다.

질병에 대한 두려움

한 의사는 질병이 두려움을 야기하기만 하는 것이 아니라, 두려움이 질병을 야기하기도 한다고 말했다. 그는 계속해서 "저는 저를 찾아오는 환자들 중에 75%가 걱정에 의해 야기된 질병을 가지고 있다고 추정하고 있습니다. 그들이 걱정하는 것들 중에 몇몇은 피할 수 없는 것들이지만, 사람들이 현실화될 가능성이 낮은 문제들에 대해서 지속적으로 걱정하는 대신 여유를 가지고 삶을 즐긴다면 문제들의 다수는 피할 수 있습니다."라고 말했다.

"내게 이르시기를 내 은혜가 네게 족하도다. 이는 내 능력이 약한 데서 온전하여짐이라." 이 말씀은 질병에 대한 두려움을 치료하는 하나님의 해독제이다. 이 말씀은 바울의 몸에 있던 병을 쉽게 수용하도록 만들지는 않았지만, 그것을 참을 수 있도록 만들어주었다. 하나님의 은혜가 우리에게 미치지 못하는 곳으로 우리를 인도하는 것이 하나님의 뜻은 아니다.

나이 드는 것에 대한 두려움

인간의 관점에서 보면, 나이가 드는 것은 우리를 두렵게 할 수 있다. "내 자녀들이 나를 봉양할까?", "나는 홀로 되지는 않을까?" 어떤 사람은 이 세대 젊은이들의 문화 속에서 "나는 더 이상 이 세대에 적절하지 않아!"라고 느낄 수 있다.

주님은 여호수아에게 "너는 나이가 많아 늙었고 얻을 땅이 매우 많이 남아 있도다"(수 13:1)라고 말씀하셨다. 우리는 늘어가는 주름살에 대한 걱정에 초점을 맞추지 말고, 왕께 예배하고 섬기는 일에 초점을 맞춰야 한다. 늙어가는 것도 그리스도를 위하여 하자.

죽음에 대한 두려움

진실한 성도는 죽음을 두려워하지 않는다. 크리스천의 죽음에 대한 입장은 영광스러운 클라이맥스에 이른다.

우리가 담대하여 원하는 바는 차라리 몸을 떠나 주와 함께 있는 그것이라(고후 5:8).

그럼에도 불구하고, 죽음은 사람을 불안하게 만든다. 현대의 강단에서는 좀처럼 이 말씀이 선포되지 않고 있다.

이는 우리가 다 반드시 그리스도의 심판대 앞에 나타나게 되어 각각 선악 간에 그 몸으로 행한 것을 따라 받으려 함이라(고후 5:10).

바울의 리더십은 그를 따르던 자들에게 선한 행위의 기록을 남기도록 준비시키는 것을 의미했다.

불안정한 미래에 대한 두려움

미래에 대한 불안감, 또는 직장을 잃거나 낯선 곳으로 이사하는 것과 같은 삶의 변화는 우리를 두렵게 할 수 있다. 비극적인 사건들 – 홍수와 화산 폭발과 화재로 인한 재산 손실 – 은 우리의 삶을 두려움에 사로잡히게 할 수 있다. 이스라엘은 불안정한 현실들을 만났지만, 하나님에 의해 지속적으로 채움을 받았다.

당신은 두려움을 어떻게 해결하는가? 두려움을 부인하는 것으로 가능한가? "뭐, 내가 두려워한다고?" 영화에 등장하는 근육질의 영웅은 가공인물이다. 영화 제작자들이 이런 영화들을 만드는 이유는 대부분의 남자들도 역시 대담무쌍한 사나이들이 되고 싶어 하기 때문이다. 나는 내 자신이 두려워할 수 있음으로 인하여 하나님께 감사드린다. 느헤미야도 두려워했다. 그의 두려움은 후대를 위한 것이었다(느 2:2). 바울도 마찬가지이다. 한 천사가 그의 걱정을 위로했다(행 27:24).

이쯤해서, 우리는 사탄의 기본 전략들 중의 하나가 우리를 두려움의 노예로 만드는 것이라는 점을 깨달아야 한다. 이스라엘 사람들이 가데스바니아에서 두려워했던 사건과 원수들의 모닥불 곁에 앉아 있었던 시몬 베드로가 두려워했던 사건을 기억하라. 한 계집종이 베드로가 그리스도를 따르던 자라고 비난하자, 그는 "나는 그 사람을 알지 못하노라"라고 거짓말을 했다(마 26:69-75). 두려움은 진실한 사람을 거짓말쟁이로, 강한 자를 두려움에 벌벌 떠는 자로 만들 수 있다. 당신은 베드로가 두려움의 종이 되기 전까지는 "다 주를 버릴지라도 나는 결코 버리지 않겠나이다"(마 26:33)라고 우쭐댔던 것을 기억할 것이다.

두려움의 원인 규명하기

성벽 건축자들은 하던 일을 포기했다. 우리는 "우리가 다 성에 돌아와서 각각 일하였는데"라고 말씀하는 4장 15절을 통해 그들이 건축을 포기했었다는 것을 알 수 있다.

너무 지쳤다 – 느헤미야가 일꾼들이 실패한 원인을 규명하지 못했더라면, 성벽 중수는 절반에 미친 상태로 영원히 남아 있었을 것이다. 일꾼들은 더 이상 일할 수 없을 정도로 너무 지쳤다고 불평했다. 느헤미야는 일꾼들이 지쳤는지에 대해서 그리 잘 분별하지는 못했다. 그들의 피곤은 그들의 실패를 고상하게 보이도록 합리화했다. 그는 일꾼들에게 해결책을 주지 않았다. 그들의 문제는 두려움이었다. 사람은 두려움으로부터 도망할 수 없다. 그는 두려움을 정복해야 한다.

흙무더기가 너무 많다 – 느헤미야는 흙무더기가 너무 많았던 현실도 받아들이지 않았다. 이때에 성벽의 높이는 절반에 미쳤었다. 그들이 사용한 건축 자재들은 무엇이었을까? 옛적에 훼파된 성벽의 돌들과 모르타르 가루였다. 두려움이 그들의 비전을 망가뜨리기 전, 이 돌들은 건축용 블록이었다. 그러나 이제 일꾼들의 눈에는 "흙무더기"로 보였다. 여기에 결정적 요인이 있다. 만약 성벽의 높이가 절반에 미쳤다면, 흙무더기도 이미 절반이 줄어든 것이다. 그들의 문제는 너무 많은 흙무더기가 아니었다. 그들의 문제는 너무 큰 두려움이었다.

건축할 수 없다 – 일꾼들은 다시금 변명했다. "우리가 성을 건축하지 못하리라" 이 변명은 가장 설득력 없는 말이다. 성벽의 높이를 반에 이르게 한 사람들이 이제 와서 더 이상 건축할 수 없다고 말한다. 당신은 두려움이 우리의 생각을 교묘하게 속이는 것을 발견했는가?

문제의 본질을 진단하는 것은 리더십에 있어서 필수적 요소다. 느헤미야는 문제의 핵심은 육적인 것에 있지 않고 영적인 것에 있다는 점을 알았기 때문에 그렇게 말할 수 있었다. 자신들이 당면한 두려움을 분별하지 못하는 리더를 따르는 사람들을 불쌍히 여기라.

오늘날 우리는 두려움들에 맞서는 법에 대한 메시지가 필요하다. 특히 우리들 가운데 원수의 영토에 성을 건축하는 사람들에게는 더욱 그러하다. 어느 날 밤, 한 목사가 신인민군(NPA, 필리핀 공산당 산하 군사조직)이 장악하고 있는 지역의 광장에서 복음을 선포했다. 그 지역 사람들은 그의 설교에 긍정적으로 반응했고, 그는 그 다음 일요일에 다시 올 것이라고 광고했다. 며칠이 지난 후, 게릴라들이 그의 집 대문에 종이쪽지 하나를 끼워놓았다. "조심하라. 우리가 그 장소에 있을 것이다." 그가 기도할 때에 하나님께서는 그 장소에 먼저 가서 집회를 열라고 말씀하시면서 확신을 주셨다. "저는 두려웠습니다." 그는 목회자 세미나에서 그때의 심정을 솔직히 말해주었다. "그러나 하나님께서는 저에게 용기를 주셨습니다." 후에 그는 집회 장소에 핵심 요원들이 몇 명 와 있는 것을 발견했다. 하나님의 종이 두려움을 맞섰기 때문에 신인민군 요원들도 그곳에서 복음을 듣게 되었다.

두려움의 해결책들

하나님의 말씀을 그냥 읽는 것만으로도 두려움을 사라지게 할 수 있다. 나는 시편 27편 1절을 묵상하는 중에 헤아릴 수 없이 많은 두려움 가운데에서 용기를 얻었다.

> 여호와는 나의 빛이요 나의 구원이시니,
> 내가 누구를 두려워 하리요.

여호와는 내 생명의 능력이시니,
내가 누구를 무서워 하리요(시 27:1).

시편 27편은 아래의 두 번째 관점에 엄청난 정보를 준다. 두려움이 진단되었는가? 그렇다면 여기에 처방이 있다.

2. 하나님께 초점을 맞추라

지극히 크시고 두려우신 주를 기억하라.

나폴레옹은 새로운 전투에 나가기 전에 항상 그의 군사들에게 예전의 승전을 상기시켜 용기를 북돋웠다. 사도 바울이 젊은 복음전도자 디모데에게 마지막 서신을 보냈을 때, 그도 역시 용기를 북돋우는 말을 했다. "예수 그리스도를 기억하라"(딤후 2:8). 이 말씀은 오늘날 우리에게도 용기를 주는 말씀이다.

"주를 기억하라"는 느헤미야가 예루살렘에 있던 성벽 건축자들에게 가르쳐준 슬로건이었다. 이 말씀의 목적은 그들이 과거에 경험한 하나님의 능력으로부터 통찰력과 용기를 얻기 위함이었다.

기억하는 것은 과거 경험들을 회상하는 것이다. 과거의 경험들이 더욱 선명할수록, 우리의 회상도 더욱 완전하다. 영적 적용은 명백하다. 만약 하나님께서 오늘 나의 강력한 구원자가 되시려면, 나는 어제 그분과의 강력한 교제를 했어야 한다. 그렇지 않으면, 내가 회상할 수 있는 것들은 많지 않다. 그러하기에 시편 9편 10절은 "여호와여 주의 이름(과거로부터 하나님의 성품을 알고 있음)을 아는 자는 주를 의지하오리니 (그들은 오늘의 필요를 채우시는 하나님을 신뢰할 수 있음)"라고 말씀하고 있는 것이다. 느헤미야는 예루살렘이 위기를 당하고 있던 때에 유다 사람들에게 하나님이 크고 두려우신 분임을 상기시켰다. 이는 그가 전투가 시작되기 전, 이미 확신을 갖게 되었기 때문이다.

하나님에 대한 올바른 이해는 다른 무엇보다도 크리스천 리더십을 향상시켜준다. 느헤미야의 '하나님을 아는 지식'은 수준이 높았다. 실제로, 그의 성벽 건축 모험은 주님과의 관계를 통해 맺은 열매이다. 느헤미야가 다섯 달 전에 수산 성에서 기도했을 때에도 이와 동일한 표현을 했다. "크고 두려우신 하나님이여!"

느헤미야는 하나님이 크고 두려우신 분이라는 것을 어떻게 알았겠는가? 하나의 대답은 그의 기도에 대한 응답으로 왕이 성벽건축을 허락한 것과 건축자재를 공급한 것에서 찾을 수 있을 것이다. 맞다. 그러나 느헤미야는 아직도 예루살렘 성이 훼파된 상태이고, 바사 왕국에 머물던 종이었는데 어떻게 1장 5절에서 하나님이 크고 두려우신 분이심을 알았는가? 그의 고백은 단순히 설교자들이 하는 설교가 아니다. 이것은 본질적인 문제이다.

하나님의 위대하심을 드러내주는 외적인 요소는 하나도 없다. 예컨대, 하나님께서 "내 이름을 기릴 성전"(왕상 5:5)이라 일컬으셨던 솔로몬 성전은 하나님의 원수들에게 강탈당하고 더럽혀졌다. 세상이 보는 앞에서 하나님의 이름은 불명예스럽게 더럽혀졌다. 만약 하나님께서 정말 '크신' 분이라면, 어찌하여 그런 일이 일어난 것일까?

하나님의 도성은 140년 동안이나 완전히 약탈당한 피해자처럼 방치되어 있었다. 또한 그 성에 살던 백성은 사방으로 흩어졌다. 예루살렘을 통해 볼 수 있는 하나님은 그리 '크신' 분은 아니다.

하나님의 위대하심에 대한 세상의 관점은 어떠할까? 세상을 통치하던 바사 제국에서는 하나님이 어떻게 보였을까? 느헤미야는 바사에서 사는 동안 바사 종교에 대해 매우 잘 알고 있었다. 바사인들은 수많은 신들을 믿었던 다신주의자들이었다. 또한 그들은 다양한 종교적 아이디어들을 혼합하여 믿었던 종교 혼합주의자들이기도 했다. 다신론자들과 혼합주의자들은 출애굽기 20장 3절을 뻔뻔스럽게 대적하는 자들이다. 느헤미야의 하나님에 대한 수준 있는 관점은 자신의 직업, 바사의 종교, 또는 그 당시의 유다의 형편을 통해서 나온 것이 아니다.

아마 그는 수산 성의 저녁노을을 바라보았을 것이다. 궁창은 하나님의 영광을 선포한다. 당신은 하늘을 쳐다보면서 그리스도께로 오는 사람을 하나라도 알고 있는가?

하나님의 위대하심에 대한 느헤미야의 비전은 당신과 내가 받은 하나님의 위대하심에 대한 비전과 동일하다. 그의 비전은 하나님의 말씀을 믿고 기도하는 가운데 받은 것이다. 예수님께서는 "너희가 성경에서 영생을 얻는 줄 생각하고 성경을 연구하거니와 이 성경이 곧 내게 대하여 증거하는 것이니라"(요 5:39)라고 선포하셨다.

우리는 느헤미야가 그러했던 것처럼, 하나님의 말씀의 가치를 인정한다. 하지만 우리가 하나님의 말씀의 가치를 인정하는 만큼 그 말씀을 소유하게 된다는 것을 알아야 한다.

아마 당신은 나와 같을 것이다. 우리는 매우 분주하다. 아니면 적어도 너무 분주하다고 생각하고 있다. 나는 근래에 들어서 삼성 장군 윌리엄 해리슨(William K. Harrison)의 간증을 듣고 난 후, 하나님의 말씀을 읽고 묵상하는 데 더 많은 시간을 사용해야 할 필요가 있음을 확신하게 됐다. 그는 30사단에서 가장 많은 훈장을 받은 군인이었다. 30사단은 제2차 세계대전에서 활약한 보병 사단들 중에서 최고로 여겨지고 있다. 그는 또한 한국전에서도 명성을 떨쳤다. 해리슨 장군은 바쁜 스케줄에도 불구하고 성경공부를 게을리 하지 않았던 군인이었다. 그는 스무 살 웨스트포인트 사관 생도였을 때에 1년에 구약을 한 번 읽었고, 신약을 네 번 읽었다. 그는 90세가 되어 눈이 흐려지기까지 바쁜 삶 중에도 평생 동안 성경을 읽었다. 그는 시력이 흐려지기 전까지 구약을 70번 읽었고, 신약을 280번 읽었다!

해리슨 장군은 항상 사람들로부터 조언해달라는 부탁을 받곤 했다. 인생의 어려운 순간들마다 성경의 빛을 비추게 했던 그의 능력은 놀라운 것이었다. 그는 자기 마음이 하나님의 말씀에 의해 프로그램 된 사람이라는 칭찬을 받았다. 나는 그의 간증을 읽으면서 내 자신은 너무 바쁜 것이 아니라고 확신했다. 해리슨 장군보다 더 바쁜 사람은 없을 것이다. 나의 가치관에는 문제가 있었다. 그의 모본은 나에게 두 가지를 가르쳐 준다.

- ▶ 나는 다시는 하나님의 말씀을 읽지 못할 정도로 심히 바쁘다는 핑계를 결코 사용할 수 없다. 해리슨 장군은 전쟁 중에 성경 읽는 시간을 가졌었다.
- ▶ 나는 하나님의 말씀을 내 마음에 가득 채우기 전에는 하나님의 마음을 소유하고자 하는 기대를 할 수 없다. 느헤미야는 그의 기억 속에 하나님의 말씀이 가득 차 있었기 때문에 "주를 기억하라"고 말할 수 있었다.

아래의 말씀보다 더욱 성경공부를 하도록 자극하는 구절이 있을까?

> 내가 주의 법을 어찌 그리 사랑하는지요 내가 그것을 종일 작은 소리로 읊조리나이다 주의 계명들이 항상 나와 함께 하므로 그것들이 나를 원수보다 지혜롭게 하나이다 내가 주의 증거들을 늘 읊조리므로 나의 명철함이 나의 모든 스승보다 나으며 주의 법도들을 지키므로 나의 명철함이 노인보다 나으니이다(시 119:97-100).

느헤미야의 첫 관점은 유다 사람들의 두려움에 대한 것이었고, 두 번째 관점은 사람들의 시선을 하나님께로 끌기 위한 것이었다. 세 번째 관점은 직접적이면서도 효과적이다.

3. 당신의 가정을 위해 싸우라

너희 형제와 자녀와 아내와 집을 위하여 싸우라.

느헤미야의 메시지의 순서에는 흥미로운 점들이 있다.

그는 사기가 꺾인 일꾼들의 진정한 문제를 알고 있었기 때문에 그것을 성공적으로 해결할 수 있었다. 그는 "너희는 그들을 두려워 말라"고 외침으로써 그들이 두려움을 극복할 수 있도록 했다. 이 말은 그들의 진정한 문제를 직시할 수 있도록 했다. 그리고 나서, 그들의 생각 속에 하나님을 심어주며 위로했다. 바울은 디모데에게 이와 비슷한 권고를 했다. "하나님이 우리에게 주신 것은 두려워하는 마음이 아니요"(딤후 1:7). 느헤미야는 일꾼들의 확신을 다시 일으킨 후에 새로운 일을 위한 동기 부여를 했다. 그는 하나님과 조국과 가정을 위해 싸울 것을 요구했다. 그는 아내와 자녀에 대해 언급하면서 가족의 부양자이며 보호자로서의 남편과 아버지에게 호소했다.

그의 호소는 성공적이었다. 낙망하여 갈팡질팡하고 있던 일꾼들이 성벽 중수의 자리로 돌아왔다. 느헤미야는 자신의 눈부신 리더십을 인해 스스로 영광을 취하지 않았다. "하나님이 그들의 꾀를 폐하셨으므로 우리가 다 성에 돌아와서 각각 일하였는데"

나팔과 삽과 검

잠시 동안이긴 했지만, 겁에 질려 있던 건축자들의 위기는 지나갔다. 일꾼들은 성벽으로 돌아갔다. 그러나 그들로 하여금 성벽 건축을 계속 하도록 만드는 방법은 무엇일까? 사려 깊은 리더는 자신에게 물어야 할 것이 있다. "어떻게 하면 건축자들이 계속해서 건축하도록 할 수 있을까?" 여기에서 느헤미야는 또 하나의 리더십 원리를 보여주고 있다. 우리의 전법들은 융통성이 있어야 한다. 다시 말해서, "오늘의 전투는 항상 어제 사용한 전법을 사용하여 싸울 수 있는 것은 아니다." 원수의 위협이 커질수록 방어 준비도 철저해지게 된다. 다시 말해서, 새로운 상황에는 새로운 전략이 필요하다.

느헤미야의 새로운 계획들에 대해 알기 위해서는 다음의 구절들을 주의 깊게 읽어보아야 할 필요가 있다. 이 구절들 속에서 느헤미야가 일꾼들을 나누었고(4:16-17), 즉각적인 동원 계획을 세웠고(4:18-20), 더 긴 시간을 노역(4:21-23)했음을 발견하게 된다.

> 그 때로부터 내 수하 사람들의 절반은 일하고 절반은 갑옷을 입고 창과 방패와 활을 가졌고 민장은 유다 온 족속의 뒤에 있었으며 성을 건축하는 자와 짐을 나르는 자는 다 각각 한 손으로 일을 하며 한 손에는 병기를 잡았는데 건축하는 자는 각각 허리에 칼을 차고 건축하며 나팔 부는 자는 내 곁에 섰었느니라 내가 귀족들과 민장들과 남은 백성에게 이르기를 이 공사는 크고 넓으므로 우리가 성

에서 떨어져 거리가 먼즉 너희는 어디서든지 나팔 소리를 듣거든 그리로 모여서 우리에게로 나아오라 우리 하나님이 우리를 위하여 싸우시리라 하였느니라
우리가 이같이 공사하는데 무리의 절반은 동틀 때부터 별이 나기까지 창을 잡았으며 그 때에 내가 또 백성에게 말하기를 사람마다 그 종자와 함께 예루살렘 안에서 잘지니 밤에는 우리를 위하여 파수하겠고 낮에는 일하리라 하고 나나 내 형제들이나 종자들이나 나를 따라 파수하는 사람들이나 우리가 다 우리의 옷을 벗지 아니하였으며 물을 길으러 갈 때에도 각각 병기를 잡았느니라(느 4:16-23).

이제 구절별로 연구해보자.

건축과 전투(4:16-17)

그 때로부터…

이것은 마치 느헤미야가 "자, 여러분, 이제부터 우리가 해야 할 일을 말하겠습니다." 라고 한 것처럼 들린다.

일꾼들의 절반은 건축을 했지만, 나머지 절반은 싸울 준비가 된 용사들로서 성을 지켰다. 전쟁의 위험이 그들을 일꾼들을 두 그룹으로 나뉘게 했다. 원수 산발랏이 전형적인 전쟁을 일으키려고 한 것 같지는 않

다. 왜냐하면 바사 왕에게 전쟁에 대한 변명을 하지 않을 수 없었기 때문이다. 그러나 '미지의 습격자들'에 의한 게릴라전은 적합한 위협이었다. 그래서 건축을 하는 자들과 자재를 나르는 자들도 한 손에는 병기를 들고 일을 한 것이다. 익스포지터스 성경 주석은, 문자적으로는 담부하는 자들이 한 손으로는 건축 자재들을 나르고, 한 손으로는 무기를 잡았다고 하지만, 몇몇 주석가들은 일꾼들이 손에 쉽게 닿을 수 있는 거리에 무기들을 두었을 것이라고 추측하고 있다. 어쨌든 우리는 이 말씀을 통해 그들이 전투에 임할 준비가 된 상태였다는 것을 알 수 있다. 느헤미야는 예루살렘을 무장한 막사로 바꾸어놓았다.

> 하나님의 양 떼가 위험에 처해 있을 때, 목자는 하늘의 별들을 바라보거나 '영감을 주는' 테마들을 묵상해서는 안 된다. 목자는 손에 무기를 들고 양 떼를 지켜야 할 의무가 있다. 비록 사랑의 본질은 상한 마음을 싸매주고 상처 입은 자들을 돌보는 것이기는 하지만, 싸워야 하는 상황이 생기면 검을 사용할 수 있다. (A. W. 토저)

느헤미야의 계획들에 통제력이 있다는 것은 매우 인상적이다. 그는 원수가 악담을 퍼붓기 전에 전심으로 기도했고 마음 들여 역사했다(4:4-6). 또한 그는 기도와 국방 시민군 소집을 통해 원수들의 공격 위협에 맞섰다. 일꾼들은 건축현장에 투입하고, 용사들은 전투준비를 하게 하므로 건축을 진행시켰다. 균형이 중요하다! 어떤 사람들은 전투에 모든 힘을 쏟는다. 그들은 이것저것에 대해 반대한다. 또 어떤 사람들은 결코 싸우려 하지 않는다. 이들은 항상 현실과 타협한다.

건축과 동료의식(4:18-20)

나는 이 부분을 나팔과 삽과 검이라는 제목으로 시작했다. 삽과 검은 대적의 위협 가운데에서도 봉사하는 크리스천의 삶을 상징한다.

이제 느헤미야는 새로운 도구인 나팔을 사용한다. 나팔은 무엇을 위한 것이었을까?

> 이 공사는 크고 넓으므로 우리가 성에서 떨어져 거리가 먼즉 너희는 어디서든지 나팔 소리를 듣거든 그리로 모여서 우리에게로 나아오라(느 4:19).

성의 둘레는 2-3킬로미터였고, 수천 명의 일꾼들이 흩어져서 일했을 것이다. 어떤 부분들은 다수의 일꾼들이 필요했을 것이고, 붕괴가 그리 심하지 않았던 부분들은 몇몇의 일꾼들만이 필요했을 것이다. 느헤미야의 새로운 전략은 원수가 선제공격을 가할 때에 급히 건축자들을 한 곳으로 모으기 위한 도구를 사용하는 것이었다. 그 도구는 나팔이었다.

느헤미야의 나팔은 금으로 만들어진 것이 아니었다. 그리고 세 개의 건으로 소리를 다양하게 낼 수 있는 반짝이는 나팔도 아니었다. 그 나팔은 여리고를 정복할 때에 제사장들이 불었던 "숫양 뿔 나팔"과 같은 것이었다(수 6:4). 이 나팔은 쇼퍼(Shofar)라고 불리는 것으로서 애처롭고 구슬픈 소리를 내서 건축자들을 한 곳에 모았다. 근대에 "나팔 부는 장소로 가는 길"이라는 비문이 새겨진 고대의 돌이 발견되었는데, 이 돌은 성전 건축에 쓰였던 돌들 중에 하나이다. 느헤미야 시대보다 더 오래 전, 이스라엘 백성은 성전에서 쇼퍼 소리가 들려오면 안식일 예배를 드리기 위해 모여들었다. 나팔은 사람들을 모으는 기능을 했다.

찰스 스윈돌은, 집결지는 장소의 개념과 원리의 개념을 같이 지니고 있다는 점을 현명하게 설명한다. 원수는 성벽의 어느 지점이든지 공격할 수 있었다. 그 당시에는 전자 감시 장치나 전화 같은 것들이 없었다. 만약 원수가 공격하면, 그들은 "나팔 소리가 나는 곳으로 모여야 했다." 그들은 마치 특별기동대(SWAT)처럼 즉시 적들을 향하여 보복공격을 할 수 있었다. 원수가 어느 곳을 공격하느냐에 따라 집결지는 달라진다. 원리: 혼자서는 절대로 싸우려 하지 말라.

오늘날 우리의 리더십 역사는 느헤미야의 성벽 건축과 너무도 비슷하다. "하여야 할 일이 많다"(4:19). 우리가 해야 할 일들은 크고 광범위하다. "우리는 성벽을 따라서 서로 떨어져 있다." 당신은 이렇게 느낀 적이 있는가? 나팔은 동료의식을 의미한다. 동료의식은 우리가 서로에게 느끼는 선천적인 필요이다. 이것은 우리를 한 자리에 모은다.

심리학자들과 상담자들은 많은 남자들 – 심지어 크리스천 남자들마저도 – 이 친한 친구가 없다는 놀라운 사실을 발견하고 있다. 우리를 "친구"라고 일컬으셨던 예수님도 특별한 우정을 존중하셨다. 그분께서 선택하셨던 열두 제자들 중에 가장 가깝게 지내셨던 세 사람은 겟세마

네와 같은 가장 혹독한 시험들을 함께 경험했다.

당신은 정기적으로 만나서 당신의 걱정과 축복들을 나눌만한 절친한 친구가 있는가? 많은 리더들에게는 신실한 남성 친구들이 없다. 스펄전 목사는 이러한 수준의 동료의식을 "나는 그를 알고, 그는 나를 아는 것"이라고 정의했다. 이것은 다른 사람들에게 개방되고 상처 받기 쉬운 상태가 되는 것이기에, 많은 리더들이 중시하지 않는다. 이러한 특징은 많은 리더들을 도망치게 한다.

나는 젊은 선교사였을 때에 그리스도 외에 어떤 사람도 필요하지 않게 여기는 것을 영적인 삶으로 여겼었다. 나는 진정으로 다른 친구들이 필요했지만, 나의 두려움과 불신에 대해 다른 사람들에게 말하지 않을 정도로 심히 교만했었다. 그렇다면 누구에게 그런 것들을 말해야 했을까? 나는 결코 다른 사람들과의 절친한 우정을 기를 수 없었다. 그 후에 하나님께서는 나를 베트남으로 보내셨다. 나는 그곳에 있는 동안 오랜 전쟁으로 인하여 가족과 친구들로부터 분리되었으며, 외로움으로 인해 풀이 죽어 있었다.

하나님께서는 외로움을 통해서 나의 교만한 마음을 다루셨다. 그분은 내가 다른 사람들에게서 멀리 떨어져 있었기 때문에 나에게 동료의식이 필사적으로 필요하다는 것을 가르쳐 주셨다. 후에 우리는 교회에서 한 주에 한 번 모이는 남자 셀 그룹들을 조직했다. 네 명에서 여섯 명으로 이루어진 각 그룹은 한 시간에서 한 시간 반가량 모임을 가졌다. 우리는 우리의 스케줄과 어려운 현실에 대해 이야기하고 성경말씀을 나누었다. 마지막 20분 동안에는 서로를 위해 기도하는 시간을 가졌다. 처음에는 사람들이 어색해 했고 형식적으로 임했다. 그러나 서로 절친한 '친구'가 되자, 우리는 정기적으로 모이지 않으면 안 되는 것처럼 서로를 신뢰하기 시작했다. 나는 목사였음에도 불구하고, 그들을 지도하는 리더가 아니라 함께 배우는 학생이었다. 우리는 서서히 결혼문제와 제멋대로 구는 아이들로 인한 고뇌와 직장에서의 어려움과 개인의 두려움들을 나누었다. 또한 우리는 영적 승리의 기쁨을 나누기도 했다. 이 모임을 통해 성도들과 함께 식사를 하고, 서로에게 전화를 했으며, 서로를 위해 더욱 진지하게 기도할 수 있게 되었다. 우리는 성도들과 교제하는 법과 서로를 새롭게 사랑하는 법을 배웠다.

다윗은 요나단이 있었고, 엘리야는 엘리사가 있었고, 바울은 디모데가 있었다. 당신에게 친구가 있는가? 만약 없다면, 하나님께 한 사람을 허락해달라고 기도하라. 리더여, 하나님께서 적어도 한 친구를 당신에게 주실 때까지 기도를 멈추지 말라.

혼자보다는 둘이 더 낫다. 두 사람이 함께 일할 때에, 더 좋은 결과를 얻을 수 있기 때문이다. 그 가운데 하나가 넘어지면, 다른 한 사람이 자기의 동무를 일으켜 줄 수 있다. 그러나 혼자 가다가 넘어지면, 딱하게도 일으켜 줄 사람이 없다. 또 둘이 누우면 따뜻하지만, 혼자라면 어찌 따뜻하겠는가? 혼자 싸우면 지지만, 둘이 힘을 합하면 적에게 맞설 수 있다. 세 겹줄은 쉽게 끊어지지 않는다(전 4:9, NKSV).

느헤미야 4장 20절에는 두 번째 원리가 포함되어 있다.

> 너희가 무론 어디서든지 나팔 소리를 듣거든 그리로 모여서 우리에게로 나아오라 우리 하나님이 우리를 위하여 싸우시리라 하였느니라(느 4:20).

사람들이 연합할 때에 하나님은 구원의 능력을 보여주신다.

건축과 번제(4:21-23)

"우리가 이같이 공사하는데"라는 말에는 그들의 열정이 들어 있다. 이 사람들이 얼마 전에 더 이상 건축할 수 없다고 말했던 낙심한 일꾼들이 맞는가?(4:10) 검과 나팔은 개가를 올렸다. 검과 나팔 때문에 다시금 삽을 들고 돌들 주위에서 일할 수 있었던 것이다. 회복된 심령들은 동틀 때부터 별이 나기까지 일했다. 팔레스타인에서는 통상적으로 해가 질 때에 작업을 종료했다. 그러나 그들은 더 긴 시간을 일하여 파수하는 자들이 하지 못했던 작업량을 벌충했다.

건축을 마무리하고자 하는 새로운 의무감으로, 예루살렘 밖에 살고 있던 사람들은 성 안에서 잠을 자기도 했다. 22절은 그들 중 몇 명이 파수했다는 것을 말씀한다.

> 나나 내 형제들이나 종자들이나 나를 따라 파수하는 사람들이나

> 우리가 다 우리의 옷을 벗지 아니하였으며 물을 길으러 갈 때에도 각각 병기를 잡았느니라(느 4:23).

느헤미야는 이스라엘 백성에게 모본을 보여주며 그들을 이끌었다. 그는 동틀 때부터 별이 뜨기까지 일했고, 잠을 잘 때에도 옷을 입고 있었으며, 목욕하러 가는 길에도 방심하지 않고 무기를 손에 쥐었다. 물론, 백성은 그의 본보기를 따랐다. 그들도 역시 희생적으로 일했다.

여기에서 느헤미야가 우리에게 주는 교훈은 무엇인가? 리더는 상황이 변하면 자기의 전략을 조절해야 한다. 걸음을 천천히 하는 것은 느헤미야가 마지막에 하기를 원했던 것이었다. 그러나 그는 그것이 불가피하다는 것을 알고 있었다. 리더들은 현실적이다. 리더들은 우선 사항들을 재조정한다. 하지만 그들은 결코 목표를 잃지 않는다. 건축과 전투, 건축과 교제, 건축과 희생. 실제로 성벽을 건축하기 위해서 이 세 가지가 모두 필요하다.

문제를 정면으로 맞서라

Chapter 7
정면으로 맞서라

영국의 역사가로 잘 알려진 아더 브라이언트(Arther Bryant)는 다음의 글을 남겼다.

> 동료들의 안전과 행복한 삶을 유지시켜 주는 것을 최우선적 의무와 본분과 특권으로 여기지 않는 사람은 그들을 이끌 수 있는 자질을 갖추고 있는 리더가 아니다.

또 다른 저자는 "리더는 다른 사람들에게 고통을 주어서는 안 된다."라고 말했다. 나는 이 두 사람의 의견에 동의한다. 리더들은 그들을 추종하는 사람들을 잘 보살펴야 한다. 우리는 이 장에서 느헤미야가 리더십의 이중 의무들을 실행하는 모습을 보게 된다. 그를 따르는 사람들의

'안녕'(well being)이 그의 첫째 의무였다. 그리고 그의 양 떼를 부당하게 이용하려는 자들을 정면으로 맞서는 것은 두 번째 의무였다.

대결이란 내가 먼저 싸움을 시작하길 원한다는 의미가 아니다. 이것은 어려움에 직면해 있는 사람이나 부당하게 취급된 사람들을 위한 관심으로부터 시작되는 것이다. 대결은 문제 해결의 한 유형이다. 느헤미야는 사람들에게 해를 끼치거나 성벽 건축을 방해하는 상황들을 그냥 방관하지 않았을 것이다. 그는 문제들을 정면으로 맞서서 공격했다. 우리는 그가 그렇게 했던 것을 본문을 통해 분명히 볼 수 있다.

그 때에 백성들이 그들의 아내와 함께 크게 부르짖어 그들의 형제인 유다 사람들을 원망하는데 어떤 사람은 말하기를 우리와 우리 자녀가 많으니 양식을 얻어 먹고 살아야 하겠다 하고 어떤 사람은 말하기를 우리가 밭과 포도원과 집이라도 저당 잡히고 이 흉년에 곡식을 얻자 하고 어떤 사람은 말하기를 우리는 밭과 포도원으로 돈을 빚내서 왕에게 세금을 바쳤도다 우리 육체도 우리 형제의 육체와 같고 우리 자녀도 그들의 자녀와 같거늘 이제 우리 자녀를 종으로 파는도다 우리 딸 중에 벌써 종된 자가 있고 우리의 밭과 포도원이 이미 남의 것이 되었으나 우리에게는 아무런 힘이 없도다 하더라

내가 백성의 부르짖음과 이런 말을 듣고 크게 노하였으나 깊이 생각하고 귀족들과 민장들을 꾸짖어 그들에게 이르기를 너희가 각기 형제에게 높은 이자를 취하는도다 하고 대회를 열고 그들을 쳐서 그들에게 이르기를 우리는 이방인의 손에 팔린 우리 형제 유다

사람들을 우리의 힘을 다하여 도로 찾았거늘 너희는 너희 형제를 팔고자 하느냐 더구나 우리의 손에 팔리게 하겠느냐 하매 그들이 잠잠하여 말이 없기로 내가 또 이르기를 너희의 소행이 좋지 못하도다 우리의 대적 이방 사람의 비방을 생각하고 우리 하나님을 경외하는 가운데 행할 것이 아니냐 나와 내 형제와 종자들도 역시 돈과 양식을 백성에게 꾸어 주었거니와 우리가 그 이자 받기를 그치자

그런즉 너희는 그들에게 오늘이라도 그들의 밭과 포도원과 감람원과 집이며 너희가 꾸어 준 돈이나 양식이나 새 포도주나 기름의 백분의 일을 돌려보내라 하였더니 그들이 말하기를 우리가 당신의 말씀대로 행하여 돌려보내고 그들에게서 아무것도 요구하지 아니하리이다 하기로 내가 제사장들을 불러 그들에게 그 말대로 행하겠다고 맹세하게 하고 내가 옷자락을 털며 이르기를 이 말대로 행하지 아니하는 자는 모두 하나님이 또한 이와 같이 그 집과 산업에서 털어 버리실지니 그는 곧 이렇게 털려서 빈손이 될지로다 하매 회중이 다 아멘 하고 여호와를 찬송하고 백성들이 그 말한 대로 행하였느니라(느 5:1-13).

이 부분은 현대의 동맹 파업과 비슷하다. 우리는 지금 이자와 세금과 전당과 부동산과 같은 20세기 용어들을 다루고 있는 것이다. 그러나 인간의 탐욕이 겉으로 드러나게 될 때에 이 합법적인 투기적 사업들은 부패할 수 있다. 존 화이트(John White)는 이에 대해 정확하게 말했다.

탐욕스럽고 이기적인 리더들이 하나님의 일에 무관심하기 때문에 문제가 발생하는 것이다.

당신은 이것을 어떻게 해결할 것인가?

문제들

문제들이 문제가 되는 것은 그것들이 그냥 쉽게 사라져주지 않기 때문이다. 어떤 사람들은 닥친 문제를 무시하는데, 이는 그들이 문제들의 상황이 변할 것이라고 생각하기 때문이다. 물론, 상황은 반드시 변하게 된다. 하지만 더 나쁘게 변할 수도 있다! 우리는 우리의 문제들을 향하여 "떠나가라."고 말한다. 우리의 문제들은 우리에게 "그럴 수 없어. 우린 여기에 머물기 위해 왔단 말이야."라고 대꾸한다.

해결되지 않은 문제들은 마치 암과 같다. 암을 치료할 때에는 암을 더 빨리 발견하는 것이 결정적이듯, 문제들을 해결하기 위해서도 그러하다. 다행히도, 느헤미야는 위기를 해결할 수 있는 시간이 아직 있을 때 그것을 인식했다. 수술이 필요할 경우에는 칼을 들어야 한다. 문제들은 신속히 처리되어야 한다.

문제들 속으로

느헤미야는 가장 큰 문제들이 내부에서 일어날 수 있다는 것을 배웠다. 5장 7절에서 귀족들과 민장들이 한 자리에 모였을 때에 건축 역사는 두 번째로 중단되었다. 사탄은 내부 사람들이나 외부 사람들을 이용해서 성벽 역사를 멈추게 할 수 있었다. 사탄에게는 누구를 사용해서든 하나님의 일을 멈추게 하는 것이 관심사였다. 산발랏과 여타 악인들은 며칠 동안 잠잠히 있었다. 그들은 "서로 싸워서 멸망하도록 나둬라."라고 생각하고 있었을지도 모른다.

신약의 저자들은 형제들 가운데의 분쟁에 대해서 엄숙하게 경고했다. 야고보는 "시기와 다툼이 있는 곳에는 혼란과 모든 악한 일이 있음이라"(약 3:16)라고 기록했다. 바울은 갈라디아 성도들에게 경고하기를 "만일 서로 물고 먹으면 피차 멸망할까 조심하라"(갈 5:15)고 했다.

이 무분별한 자기 파멸을 멈추게 할 수 있을까? 느헤미야 5장에 나오는 두 단어가 관심을 기울이게 한다. 우리는 첫 구절에서 유다 사람들이 다른 유다 사람들을 원망하여 "부르짖은" 것을 발견하게 된다. 다른 유다 사람들을 향한 특정한 유다 사람들의 진노가 끓어올랐다. 그리고 13절에서는, 분열되었던 사람들이 큰 소리로 "아멘"하면서 한 마음으로 하나님을 찬양했다. 어떻게 하면 한 단락 안에서 부르짖음에서 아멘으로, 문제에서 찬양으로 바뀔 수 있는 것일까?

이것은 오직 그들의 최고 리더인 느헤미야의 사역으로 말미암았다고 할 수 있다. 리더십의 여러 가지 역할 중의 하나인, 내부의 위기를 해결하는 일에 대해서 알아보자. 흥미롭게도, 위기에 해당하는 한자(漢字)는 위험이라는 문자와 기회라는 문자가 합해진 것이다. 느헤미야는 위험(건축의 중단)을 기회(성벽으로 다시 돌아가게 함)로 전환시켰다. 그는 위기를 해결했다. 그러나 이것은 쉬운 일이 아니었다.

문제 해결은 길고 긴 과정일 수 있다. 느헤미야는 다섯 바다들(Cs)을 건너야 했다(역자 주: 저자는 영어의 seas(바다들)와 동일한 음이 나는 'Cs'를 의도적으로 사용했다. 그는 C로 시작하는 다섯 단어들을 사용하여 리더가 해야 할 것들을 말하고 있다.) 첫 번째 C는 모든 영적 바다들 중에서 가장 크고, 가장 중요하다. 이것은 "선장"의 마음을 드러내준다.

리더가 건너야 할 다섯 개의 바다(Cs)

1. 긍휼의 바다(The C of Compassion)

느헤미야는 자신을 따르는 사람들을 보호했다. 그의 사랑은 단지 부유한 자들과 영향력 있는 자들만을 위한 것이 아니었다. 그는 서민들에게도 그의 사랑을 보여주었다. 호머(Homer)라는 시인은 "모든 왕은 백성의 목자다."라고 말했다. 그의 말은 진리이다! 목자가 아닌 왕은 진정한 왕이 아니다. 모든 크리스천 리더들에게도 호머의 말은 적용된다. 우리를 따르는 자들을 인도하는 권세는 우리가 양 떼를 어떻게 보호하느냐에 따라 달라진다. 리더는 다른 사람들을 긍휼히 여기는 사람이어야 한다.

나는 어떤 고명한 대통령의 유명한 아내에 대한 글을 읽은 적이 있다. 그녀는 무명인들과 빈궁한 사람들을 진심으로 돌보지 않았다. 그들을 돌보는 척만 했던 것이다. 그녀가 가난한 백성들을 돌아보기 위한 의례적인 여행을 다닐 때마다 눈에서는 눈물이 떨어졌다. 그 눈물은 그녀가 진정으로 슬퍼하는 것처럼 보이게 했다. 그러나 느헤미야의 눈물은 진정한 눈물이었다.

문제를 밝히다

5장의 급작스러운 시작은 느헤미야가 방어태세를 갖추었다는 것을 시사한다. 그는 산발랏의 모함과 물리적 위협에 맞설 준비가 되어 있었다. 하지만 유다 백성의 외침은 산발랏에게가 아닌 유다 형제들에게 대한 것이었다. 게다가 그들의 외침은 "나를 보호해주세요."가 아니라 "나의 필요를 채워주세요."였다. 그들의 문제는 형제들의 경제적 착취에 있었다.

우리는 그들의 곤경을 어떻게 설명할 수 있을까? 키릴 바버는 느헤미야보다 90년 먼저 유다로 돌아왔던 귀환자들은 재산을 넉넉히 분배받았다는 것을 지적한다. 그 당시의 바사 왕 고레스는 유다에 남아 있던 백성들에게 귀환자들을 도와줄 것을 권면했다.

그 남아 있는 백성이 어느 곳에 머물러 살든지 그 곳 사람들이 마땅히 은과 금과 그 밖의 물건과 짐승으로 도와 주고 그 외에도 예루살렘에 세울 하나님의 성전을 위하여 예물을 기쁘게 드릴지니라 하였더라(스 1:4).

또한 고레스는 느부갓네살이 약탈해간 어마어마한 양의 전리품들을 돌려주었다. 그가 돌려준 금기명과 은기명은 모두 5,400개에 이르렀다! 에스라와 동시대 사람인 학개는 예루살렘에 살고 있던 유다 사람들의 판벽한(paneled) 집에 대해서 말했다(학 1:4). 예루살렘에 남아 있던 자들 중에 다수는 부유했다. 게다가, 14년 전에 있었던 에스라의 귀환 때에도 많은 은금이 함께 왔다(스 7:15-16). 무엇이 잘못된 것일까? 어찌하여 몇몇의 극빈자들이 그들의 자녀들을 종으로 팔아야 하는 극한 수치를 당해야 했던 것일까?

몇 가지 설명들을 유의해볼 필요가 있다. 우선 흉년이 유다 땅을 황폐케 했다(느 5:3). 그들은 높은 이자를 지불하는 조건으로 돈을 빌렸다(느 5:4). 농부들은 그들의 밭에서 일하는 대신 성벽 건축현장에서 일했다. 그러나 대다수의 부자들은 가난한 자들을 착취했다. 이에 대해서 더욱 자세히 들여다보자.

2절에서 일꾼들은 굶주리고 있었다. "입에 풀칠이라도 하고 살아가려면, 곡식이라도 가져 오자!" 예루살렘 성벽의 재건은 대형 프로젝트였다. 성벽 재건을 위해 사용된 시간만큼 밭에서 경작하는 시간은 줄어들었다. 사람들은 성벽을 먹고 살 수는 없다. 가난한 일꾼들은 배가 고팠다. 1절에 언급된 "아내"라는 단어는 그들이 당면한 어려움의 심각성을 강조하고 있다. 그들은 먹여 살려야 할 자녀들이 있었다. 느헤미야는 가난한 자들의 통렬한 부르짖음을 들었다. "가난한 자의 부르짖음을 잊지 아니하시도다"(시 9:12)라는 하나님의 말씀을 망각하지 말자. 그러나 도움을 베풀어야 할 자들은 탐욕 때문에 그들의 소리를 들을 수 없었다.

어떤 사람들은 밭과 포도원과 집을 소유하고 있었지만, 먹을 양식은 없었다. 그들은 살기 위해서 양식을 빌어야 했다. 3절에서, 그들은 "밭과 포도원과 집이라도 저당 잡혔다."라고 말했다. 아마도 그들 중 다수가 가난한 농부들이었을 것이며, 양식을 사기 위해서 작은 땅을 전당 잡혀야 했을 것이다. 일반적으로 부유한 자들은 극심한 빈곤의 때에 양식을 비축해놓는다. 또한 그들은 경제도 컨트롤한다. 물가의 폭등은 불충분한 일용품의 가격을 부풀려서 가난한 자들에게 더 많은 고통을 주게 된다. 그 결과는 무엇인가? 부자는 더 부유케 되고, 가난한 자들은 더 가난해진다(빈익빈 부익부).

4절에서 세 번째 사람들이 입을 열었다. 어느 누구도 바사 제국과 같은 이방 군주제국에 세금을 내고 싶어 할 사람은 없다. "왕의 세금"은 그들의 재산을 거의 갉아먹었다. 이들은 유대인 대금업자에게서 돈을 빌려야만 하는 상황으로 내몰렸다. 그들의 형편은 비참했다.

또 더러는 이렇게 탄식한다. "우리의 몸이라고 해서, 유다인 동포들의 몸과 무엇이 다르냐? 우리의 자식이라고 해서 그들의 자식과 무엇이 다르단 말이냐? 그런데도 우리가 아들딸을 종으로 팔아야 하다니! 우리의 딸 가운데는 벌써 노예가 된 아이들도 있는데, 밭과 포도원이 다 남의 것이 되어서, 우리는 어떻게 손을 쓸 수도 없다"(느 5:5, NKSV).

이 불행한 사람들은 돈을 빌린 후에 갚을 힘이 없어서 자신들의 땅을 잃게 되었다. 그들은 살기 위해서 자녀들을 노예로 팔아야만 하는 상황에 처했다. "부자들이 그 자녀들을 사랑하는 것만큼 우리도 우리의 자녀들을 사랑합니다. 우리는 기꺼이 일할 마음이 있습니다만, 살아갈 방법이 없습니다. 우리는 가정을 잃었습니다. 그리고 이제는 우리 자녀들을 잃게 되었습니다." 그들은 이러한 현실에서 어떠한 감정을 느꼈겠는가? 그들의 표현은 사실적이다. "우리 손에는 힘이 없습니다." 그들은 자신들이 무력한 희생자들처럼 느껴졌다.

실제로 그들은 희생자들이었다. 그들이 성벽 건축을 위해 사용한 시간이 흉년의 요인이었다. 그러나 하나님의 율법은 가난한 자들을 보호하고 있고, 이러한 방법으로 아이들을 노예로 파는 것을 금하고 있다. 진정으로 그들은 착취에 의한 희생자들이었다. 부유한 자들 중에는 가난한 자들을 등쳐서 먹고 사는 자들이 있다. 그들은 하나님의 일에 냉담하기 때문에 하나님의 사람들에게 냉담하게 대하는 것이 쉬울 수밖에 없는 것이다. 특히 그들은 하나님의 가난한 백성에게 더욱 냉담하다. 그렇지만, 느헤미야는 그와 반대다.

그들의 울부짖음과 탄식을 듣고 보니, 나 또한 치밀어 오르는 분노를 참을 수가 없다(느 5:6, NKSV).

어떤 사람들은 "하나님의 사람은 결코 분을 내서는 안 된다."라고 말한다. 느헤미야는 여기에서 두 번째로 감정을 드러냈다(4:4-5). 위대한 선지자 프랜시스 쉐퍼(Francis Schaeffer)의 아들 프랭키 쉐퍼(Franky Schaeffer)는 『분노를 위한 시간, 중립 상태의 신화』(A Time For Anger, The Myth Of Neutrality)라는 자극적인 제목의 책을 저술했다. 그는 다음의 말로 시작했다.

> 도덕 원리를 지니고 있는 사람들도 크게 분노할 때가 있다. 우리는 이러한 시대에 살고 있다.

그는 낙태와 포르노와 인본주의와 서방 국가들 속에 남아 있는 모든 범죄들에 대해서 말하고 있다. 이것들이 우리를 화나게 하지 않는가?

칼럼니스트 루이스 카셀스(Louis Cassels)는 우리 시대의 가장 어려운 도덕적 의무는 다른 사람들을 돌보는 것이라고 말했다. 예컨대, 우리는 어떤 사람이 "동정 피로"(역자 주: 동정 피로란, 동정을 베풀어야 할 사람들이 너무 많아서 더 이상 동정하고 싶지 않을 정도로 지친 것을 의미한다)라고 일컬은 것을 매일같이 경험하고 있으며, 비극적 사건들에 노출되어 있다. 우리는 얼마 전부터 지진과 태풍, 살인적인 홍수들과 피나투보 화산의 폭발(필리핀 루손 섬, 1991년)을 목격했다. 피해자들을 동정하는 것은 어려운 일이다. 카셀스는 동정 피로보다 더 힘든 것이 있다고 말했다.

> 동정 피로보다 더 힘든 것은 분노 피로이다. 우리들 가운데 다수

는 거짓과 속임수와 도둑질에 대한 분노를 잃어버렸다. 범죄를 방관하거나 무시하거나 웃어넘기려 하는 것은 도덕적 타락이 진보한 것에 대한 징조이다. 누군가가 우리나라의 양심에 노보카인(국부 마취제)을 다량 투여한 것처럼 보인다.

무엇이 동정심 많은 사나이를 이토록 분노케 했는가? 이스라엘에게 자비를 베푸실 것을 탄원했던 모세도 의의 분노를 터뜨릴 수 있었다. 출애굽기 32장에 묘사된 모세의 감정들을 상상해보라. 그는 시내 산에서 하나님의 영광을 본 사람이다. 그는 다른 어떤 사람보다도 하나님 앞에서 인정받은 사람이다. 그는 두 손에 하나님의 거룩한 율법을 들고서 빛나는 산에서 내려왔다. 모세는 무엇을 보았을까? 그는 이스라엘 백성이 금송아지에게 경배하는 모습을 보았다.

> 모세가 진에 가까이 와서 보니, 사람들이 수송아지 주위를 돌면서 춤을 추고 있었다. 모세는 화가 나서, 그는 손에 들고 있는 돌 판 두 개를 산 아래로 내던져 깨뜨려 버렸다(출 32:19, NKSV).

하나님의 반응에 주목하라.

> 나의 천사가 너를 인도할 것이다. 그러나 기억하여라. 때가 되면, 내가 그들에게 반드시 죄를 묻겠다(출 32:34, NKSV).

하나님께서는 천사의 특별 인도를 받게 하므로 모세를 향한 사랑을 재확인하셨다. 하지만 범죄한 이스라엘 백성에게는 형벌을 약속하셨다. 어찌하여 하나님께서는 분노하는 모세에게 이토록 매우 부드럽게 대하셨을까? 우리는 현 시대를 이끌어가는 리더들로서 그 이유를 알아야 한다. 모세는 인간이 만든 우상이 하나님의 영광을 대신하고 있는 것을 보고 분노했던 것이었다. 하나님께서는 이런 유의 분노라면 기꺼이 이해하신다.

이사야는 그리스도의 온유한 성품에 대해서 묘사했다. "상한 갈대를 꺾지 아니하며 꺼져가는 등불을 끄지 아니하고 진실로 정의를 시행할 것이며"(사 42:3, 또한 마태복음 12장 20절도 읽어보라). 하지만 하나님의 영광을 위한 예수님의 열심은 매우 강력했기에, 예배 처소를 장터로 만든 자들을 심히 책망하셨다. 탐욕스러운 환전업자의 책상들은 뒤집혔으며, 채찍질 당했다. "주의 집을 생각하는 열정이 나를 삼킬 것이다"(NKSV). 예수님은 하나님의 영광을 생각하는 열정을 가지고, 그 영광을 가렸던 것들을 채찍질하셨다.

죄에 대해서까지 부드러운 것은 사랑이 아니다. 진심으로 사랑하기 위해서는, 죄를 진심으로 미워해야 한다. 토마스 칼라일(Thomas Carlyle)은 약 160년 전에 다음의 글을 기록했다.

> 우리가 보아야 하는 것이 있다. 그것은 성결의 무한한 아름다움과 무한히 저주 받아 마땅할 죄다.

열정 없는 미덕은 안전하지 않다.

당신에게 한 가지 묻고자 한다. 무엇이 당신을 분노케 하는가? 이 물음에 대답해보라. 그러면 당신은 자기의 성품을 알게 될 것이다.

우리는 느헤미야가 왜 분노했는지 알고 있다. 가난한 자들의 재산을 착취하는 것은 하나님의 뜻이 아니다. 하나님의 마음속에 있던 긍휼과 동일한 것이 느헤미야의 마음에 있었다. 하나님의 양 떼가 학대당할 때에 하나님의 목자는 분노한다.

이제 그는 두 번째 바다를 건너게 된다.

2. 컨트롤의 바다(The C of Control)

느헤미야의 분노에 대해 이해하는 것 외에, 그가 분노에 어떻게 대응했는지를 주목하는 것도 중요하다. 그는 어느 누구도 저주하지 않았다. 또 사람들을 당황케 하는 분위기를 만들지 않았다. 그는 귀족들과 민장들을 꾸짖기에 앞서 마음속으로 곰곰이 생각했다. 이것은 그가 감정 통제를 신중하게 했다는 것을 말해준다. 우리는 느헤미야가 4장 4-5절에서 원수들의 조롱에 어떻게 대응했는지 알고 있다. 이와 같이, 그는 자기의 깊은 감정들을 즉시 하나님 앞에 내려놓았을 것이라고 추측할 수 있다. 하나님은 긍휼이 많으신 경청자이시다. 그분은 또한 우리가 구하는 것보다 더 많은 것을 행하시는 분이시다. 나는 당신의 '정의로운 분노'를 위해 성경적이면서도 안전하고, 가장 현명한 방법을 제안하고

자 한다.

그의 반응을 다시 한 번 보라. "나는 그들의 울부짖는 내용을 신중하게 살핀 다음에"(NKSV). 몇몇 번역본들은 "심사했다"라고 표현하고 있다. 그는 자신의 마음에 조언한 것이다. 이 부분은 자기 통제에 대한 아이디어를 공급한다. 비록 그의 분노가 정당했을지라도 그는 자제심을 잃지 않았다. 많은 리더들은 모든 것을 마음대로 할 수 있지만 기질만은 그렇게 하지 못한다. '통제의 바다'에서 배가 뒤집히면 큰 뜻을 품은 리더의 활동은 침몰하게 된다.

현명한 솔로몬은 기질에 대해서 알고 있었다. 우리는 이 말씀을 거울에 써놓아야 할 것이다. "유순한 대답은 분노를 쉬게 하여도 과격한 말은 노를 격동하느니라"(잠 15:1). 그리고 매일 열 번씩 거울을 쳐다보라!

느헤미야는 고결한 분노를 터뜨렸다. 바울은 에베소의 성도들에게 "화를 내더라도 죄는 짓지 마십시오"(엡 4:26, NKSV)라고 권고했다. 이 말씀은 시편 4장 4절에서 인용된 것으로써 바람직한 분노를 암시해준다. 분노는 어느 때에 정당할까?

▶ 개인적인 모욕 또는 이익을 위함이 아닌 하나님의 영광을 위할 때

모세와 예수님은 이에 대한 훌륭한 실례이다. 귀족들과 민장들은 느헤미야로부터 가난한 자들의 착취에 대한 것보다 더한 진노를 느꼈다. 그들은 하나님의 거룩한 백성에 대한 개념을 더럽혔다(출 19:6). 이스라엘은 부유한 사람들이든 가난한 사람들이든 사랑으로써 독특한 민족임

을 나타내야 했다. 이것은 예수님께서 말씀하셨던 두 개의 큰 계명을 지키는 것이다(막 12:29-31).

▶ 사람을 대적할 때가 아닌 부정과 불법을 대적할 때

느헤미야의 책망은 귀족들 자신들에게 대한 것이 아니라 그들의 행위에 대한 것이었다. "너희가 각기 형제에게 높은 이자를 취하는도다", "너희의 소행이 좋지 못하도다" 그는 "너희가 선하지 않구나"라고 말하지 않았다. 그가 말한 것은 그들의 행위가 "좋지 못하다"는 것이다. 개인에게 대한 미움은 없어야 한다. 예수님은 엄숙한 경고를 하셨다. "나는 너희에게 이르노니 형제에게 노하는 자마다 심판을 받게 되고…"(마 5:22). 무슨 심판을 받게 된다는 것일까? 이 말씀의 배경은 살인에 대한 경고이다. 예수님께서는 크리스천이 형제를 미워하는 것은 하나님 앞에서 살인죄를 저지르는 것이라고 말씀하신다. 누군가를 미워하거나 쓴 마음을 품는 것은 살인이라는 점을 기억하라. 어떤 사람은 이에 대해서 반대할 것이다. "이봐요, 잠깐만요. 내가 사용하는 성경에는 '까닭 없이'라는 말이 첨가되어 있습니다."(역자 주: 다른 고대 사본들과 여러 영어역에는 "까닭 없이"가 첨가되어 있다. 그러므로 "자기 형제나 자매에게 '까닭 없이' 성내는 사람은 누구나 심판을 받는다."라고 할 수 있다.)

"까닭 없이"라는 말이 나로 하여금 하나님이 부여하신 의무에서 벗어나게 하는가? 만약 내 형제가 나에게 모욕적인 행동을 할 때에 내가 그에게 화를 내도 괜찮은 것일까? 내가 사용하고 있는 새미국표준성경은 "까닭 없이"라는 말을 포함하고 있지 않다. 영국의 유명한 성경 주석자인 마틴 로이드 존스(Martin Lloyd Jones)는 다음과 같이 해석한다.

> 실제로, 성경해석의 권위자들 중에는 "까닭 없이"라는 말은 그 구절에 포함되지 않아야 한다고 말한다. 여러 사본들에는 그 말이 생략되어 있다. 이 말의 첨가 여부를 본문 비평을 토대로 정확히 결정하기란 불가능하다. 하지만 이 말을 첨가할지라도 우리에게는 엄청난 요구가 주어진다. 당신은 당신의 형제에게 화를 내서는 안 된다. 인간을 향한 분노, 특히 믿음의 형제들을 거스르는 분노는 하나님의 관점에서 살인죄와 같이 심판 받을만한 죄라고 주님은 말씀하셨다.

▶ 성령님에 의해 통제될 때

당신이 분노하는 이유가 합당할지라도 자제심을 잃지 않아야 하며, 몰인정한 말이나 생각을 해서는 안 된다.

▶ 오래 지속되지 않을 때

의로운 분노 역시 오랜 시간 지속되면 복수를 위한 것으로 변할 수 있다. 처음에 우리는 누군가의 고통을 주는 행동들 때문에 가슴 아파 한다. 이것은 죄가 아니다. 그러나 얼마 가지 않아서 우리는 그 사람 자신에게 화를 내게 된다. 그 사람에 대해서 더 오랜 시간 생각할수록 우리의 분노는 더욱 커진다. 우리의 마음은 미움과 앙갚음으로 가득하게 될 것이며(마 5:21-22), 우리의 분노는 사악해질 것이다. 이 행위는 "분을 내어도 죄를 짓지 말며 해가 지도록 분을 품지 말라."고 하신 명령을 범하는 것이다.

그 다음에 일어나는 일은 우리를 소름 끼치게 한다. 분노를 오래 지속시키는 것은 사탄이 우리 마음에 들어올 수 있도록 문을 열어주는 것과 같다.

> 화가 나더라도 죄를 짓지 마십시오. 당신이 여전히 화내고 있는 동안 해가 넘어가지 않도록 하세요. 그리고 마귀에게 발판을 주지 마십시오(엡 4:26-27, 새국제역).

흠정역(KJV)은 발판을 "공간", 즉 성도 안에 있는 공간이라고 표현하고 있다. "발판"은 접근하는 길(입구)을 암시한다. 주님 앞에 고백 되지 않은 분노가 사탄으로 하여금 내 인생을 통제하도록 문을 열어주었던 적이 있었다. 여기에는 인과(因果) 관계가 있다. 원인 – 지속된 분노 – 은 결과 – 사탄이 성도 속에서 발판을 취하게 함 – 를 낸다.

나는 지난 30년의 사역을 통해, 쓴 뿌리나 오랜 분노를 지니고 다니는 크리스천은 어느 정도 귀신에게 조종당하고 있다는 결론을 얻게 되었다. "정말 그럴까요?"라고 당신은 질문할 것이다. "당신은 어떻게 그런 말을 할 수 있습니까?"라고 물을지도 모른다. 나는 그렇게 말한 적이 없다. 그 말을 한 사람은 바울이다. 그는 에베소서 4장 26-27절을 통해 이것을 말했다. 이 구절을 보면 전형적인 상담을 통해 사람들을 쓴 뿌리로부터 자유케 하기는 어렵다는 것을 알 수 있다.

나는 분노가 하나님의 영광과 공의를 위한 것이고, 성령님의 통제를 받고 있으며, 오래 지속되지 않을 경우에 악한 것이 아니라고 말했다. 분노를 어느 때에 터뜨리면 잘못된 것일까? 질투와 이기심, 상처 입은 자존심과 함께 터뜨리는 분노는 잘못된 것이라고 말하는 것이 좋겠다. 잘못된 분노는 모든 사람에게 상처를 입히지만, 무엇보다도 분노를 버리지 않으려하는 사람이 가장 큰 상처를 받게 된다. 우리는 프래드릭 부케너(Frederick Buechner's)의 경고가 필요하다.

> 일곱 가지 치명적인 죄악들 중에 아마도 분노가 가장 흥미 있을 것이다. 당신은 상처를 핥고, 오래된 불만을 입술로 쩝쩝거리고, 여전히 오고 있는 쓰디 쓴 분노를 혀로 굴리고, 당신이 남에게서 받은 고통과 남에게 되돌려주는 고통의 마지막 한 입을 음미하는 것은 많은 경우에 왕에게나 어울리는 잔치이다. 당신이 게걸스럽게 먹고 있는 주된 결점은 당신 자신이다. 잔치 후에 남은 뼈는 당신 것이다.

지금까지 우리는 두 개의 바다를 건넜다. 긍휼의 바다에서, 착취당한 일꾼들을 향한 느헤미야의 사랑은 정당한 분노를 일으키게 했다. 느헤미야는 통제의 바다를 항해하는 중에 자기의 감정들을 통제할 수 있는 능력을 증명했다.

3. 대면의 바다(The C of Confrontation)

이 영적 바다에 대한 두 가지 오류가 있다. 가장 흔한 실수는 영적 바다의 주위를 항해하는 것이다. 이런 사람들은 문제를 정면으로 맞서려 하지 않는다. 이 쉬운 항로는 느헤미야가 택한 항로가 아니었다. 느헤미야는 문제를 만들었던 사람들에게 직진 항해하여 "귀족과 민장을 꾸짖었다." 그는 문제를 대면했을 뿐더러 예루살렘의 권세 잡은 자들을 꾸짖기도 했다. 이렇게 하는 데는 용기가 필요하다.

두 번째 실수는 다른 사람들을 신중하지 않게 책망하는 것이다. 외향적인 성도들 중에는 자기가 모든 사람을 올바른 길로 행하게 할 수 있는 하나님의 대리자라고 생각하는 사람들이 있다. 이런 생각은 오해와 고통을 불러온다. 훈련 받은 교회 지도자일지라도 사랑으로 진리를 전해야 한다. 나는 느헤미야가 말한 것을 좋아한다. "나는 그들의 울부짖는 내용을 신중하게 살핀 다음에"

더 나아가기 전에 나는 당신이 느헤미야가 여기에서 사용한 순서에 각별히 주의하기를 원한다. 그는 자신에게 먼저 물은 후에 귀족들과 민장들을 대면했다. 만약 우리가 이 순서를 기억한다면 이것은 언제든지 옳으며, 다른 사람들을 당황하지 않게 할 수 있다. 당신이 다른 사람을 대면하기 전에 당신의 인생을 먼저 통제하고 질서 있게 진행하라.

이제 느헤미야는 행동으로 옮기기 시작한다.

책망 1 너희가 각기 형제에게 높은 이자를 취하는도다(느 5:7).

부자들은 가난한 자들에게 돈을 빌려주었고, 높은 이자를 요구했다. 하나님께서 이런 행위에 대해서 무언가를 말씀하고자 하셨던 것일까? 물론이다.

> 네가 만일 너와 함께한 나의 백성 중 가난한 자에게 돈을 꾸이거든 너는 그에게 채주같이 하지 말며 변리를 받지 말 것이며(출 22:25).

율법에는 돈을 빌려주는 것이 가능하다고 나와 있다. 이자는 외국인들(유대인이 아닌 자들)에게서 받을 수 있었고, 유대인에게는 요구할 수 없는 것이었다. 신명기 23장 19-20절에서, 하나님께서는 형제에게 돈을 꾸어주고 이자를 받지 않는 자에게 복을 주실 것이라고 가르치셨다. 이 말씀은 마치 하나님이 "너는 네 형제를 돌보아라. 그러면 내가 널 돌볼 것이다."라고 말씀하시는 것과 동일하다.

책망 2 너희는 너희 형제를 팔고자 하느냐(느 5:8).
하나님께서는 더 나은 계획을 갖고 계셨다.

> 너와 함께 있는 네 형제가 가난하게 되어 네게 몸이 팔리거든 너는 그를 종으로 부리지 말고 품꾼이나 동거인과 같이 함께 있게 하여 희년까지 너를 섬기게 하라 그 때에는 그와 그의 자녀가 함께 네게서 떠나 그의 가족과 그의 조상의 기업으로 돌아가게 하라(레

25:39-41).

느헤미야의 모본은 8절에서 빛을 발한다. 그는 유다 사람들을 구원했다(이방인들에게 팔렸던 유대인들을 속량함).

우리는 이방인의 손에 팔린 우리 형제 유다 사람들을 우리의 힘을 다하여 도로 찾았거늘 너희는 너희 형제를 팔고자 하느냐 더구나 우리의 손에 팔리게 하겠느냐(느 5:8).

부자들에 의해 청구된 이자는 다수의 가난한 자들이 자신을 이방 나라들에 노예로 팔지 않을 수 없도록 했다. 느헤미야는 "당신들은 그들을 노예로 만들었소. 나는 그들을 다시 사와야 하오. 이건 말도 안 됩니다."라고 말했을 것이다.

책망 3 너희는 우리를 불신자들의 웃음거리로 만들고 있다.

내가 또 이르기를 너희의 소행이 좋지 못하도다 우리의 대적 이방 사람의 비방을 생각하고 우리 하나님을 경외하는 가운데 행할 것이 아니냐(느 5:9).

느헤미야의 관심은 단순히 가난한 자들만을 위한 것이 아니었다. 그는 하나님의 명성에 관심을 두었다. 유다의 주변국들은 성경을 읽지 않았다. 그들은 하나님의 백성에게서 본 것을 기준으로 하나님을 판단했다.

우리는 느헤미야의 대면을 통해 많은 것을 배우고 있다. 그의 책망은 오로지 배덕자들을 향한 것이었다. 이 경우는 귀족들과 민장들에게 대한 책망이다.

느헤미야의 대면은 직접적이었다. 그는 "그들을 쳐서" 말했다(7절). 이것은 그가 죄를 범하는 형제를 직접 상대하라고 하는 신약의 패턴을 따른 것처럼 보인다. 다음의 말씀은 당신이 이끄는 단체의 관리 운용 규정인가?

> 네 형제가 죄를 범하거든 가서 너와 그 사람과만 상대하여 권고하라 만일 들으면 네가 네 형제를 얻은 것이요 만일 듣지 않거든 한두 사람을 데리고 가서 두세 증인의 입으로 말마다 확증하게 하라 만일 그들의 말도 듣지 않거든 교회에 말하고 교회의 말도 듣지 않거든 이방인과 세리와 같이 여기라(마 18:15-17).

현명한 리더는 사적인 일을 공개하지 않는다. 제임스 보이스(James Boice)는 다음과 같이 말했다.

> 느헤미야는 그 문제를 비공개적으로 해결하려고 노력했다. 그렇게 해서 그는 성공했을까? 분명히 말하지만, 그는 성공하지 못했다. 성경에는 귀족들의 대답이 기록되지 않았다. 그들은 오로지

자기들의 입장을 고수했다. 그들은 마치 잘못을 저지른 사람들이 종종 그러는 것처럼 아무 말도 하지 않은 것처럼 보인다. 그러므로 느헤미야는 대회를 열어서 그들을 책망하게 됐다.

8-10절은 대면에 대한 세 가지의 식견들을 공급하고 있다. 첫째, 명확히 말하라. 그는 모인 모든 사람들을 대면할 때에 명확한 책임을 물었다. 우리는 일찍이 이에 대한 삼중 책망을 보았다. 그의 책망에는 오해의 여지가 없었고, 귀족들과 민장들에게는 변명의 여지가 없었다. 그들은 무슨 반응을 보였을까? "그들 가운데 대답하는 사람이 아무도 없다"(8절, NKSV).

둘째, 문제 해결책을 제시하라. 이것을 간과하지 말라. 문제를 지적하는 것만으로는 충분하지 않다. 그는 문제 해결책을 강요했다. 하나님을 경외함으로 행하라. 더 이상 이자를 받지 말라. 부정한 방법으로 취한 것들을 돌려주라.

셋째, 당신이 말한 메시지의 모본을 보이라. 무엇이 그의 해결책들을 믿음직스럽게 만들어준 것일까? 느헤미야는 이미 귀족들과 민장들에게 요구한 것들을 하고 있었다.

> 우리는 이방인의 손에 팔린 우리 형제 유다 사람들을 우리의 힘을 다하여 도로 찾았거늘… 나와 내 형제와 종자들도 역시 돈과 양식을 백성에게 꾸어 주었거니와 우리가 그 이자 받기를 그치자(8절, 10절)

느헤미야는 자신의 행위의 힘을 가지고 모든 반박을 침묵시켰다. 리더들은 자신이 행하지 않는 것을 다른 사람들에게 요구해서는 안 된다.

아래의 네 항목은 대면의 바다를 항해하는 데 도움이 될 것이다.

1. 우리 마음이 악의가 없이 냉철하고 깨끗한지 확인하라. 기도하는 시간을 가지라. 느헤미야는 우리에게 이것을 가르쳤다.

2. 우리가 실제로 사용할 단어들이나 문장들을 종이에 기록해보라. 생각하는 시간을 가지라. 이것을 상대방에게 읽어주는 것이 목적이 아니다. 우리는 문제를 명확하게 보기 위해서 이것을 한다.

3. 정직한 감사의 표현과 더불어 상대방에게 말을 시작하라. "토니, 당신의 우정은 나에게 매우 중요해요…" 또한 당신 친구가 어떤 대답을 할지 미리 예측하라. 그리고 당신의 동기가 그를 화나게 하거나 방어적으로 만들 수 있다는 점을 설명하라. "하나님을 두려워하면서 살아야 하지 않을까요?"

4. 그 사람이 당신에게 역으로 비난할지라도 결코 분노하지 말라. 그냥 "저는 그걸 잘 몰랐습니다."라고 말하라. 또는 "당신이 그렇게 느끼셨다니 정말 유감입니다."라고 말하라.

상대방을 직접적으로 대면하는 문화가 없는 나라가 있다. 그러나 만약 내가 사랑하는 누군가가 자기 파멸의 길로 행하거나 하나님을 경외하지 않는 태도를 보이는 것은 그를 대면해야 할 충분한 이유가 된다. "주께서 그 사랑하시는 자를 징계하시고"(히 12:6).

느헤미야는 그 다음 바다를 "제발"이라는 단어와 더불어 소개했다. 이것은 크지 않은 바다이면서도 "선장"이 자신을 따르는 자들을 이해하고 개인관계의 가치를 이해하는 것을 보여준다.

4. 회유의 바다 (The C of Conciliation)

대면의 목적은 말싸움에서 이기는 것에 있지 않다. 그 목적은 관계를 굳게 하고 문제를 치유하기 위함이다. 그릇된 대면은 분열을 야기할 수 있다. 한 사람은 싸움에서 이긴 느낌을 갖게 되고, 다른 사람은 그 싸움에서 졌다고 느끼게 된다. 그러나 졌다고 느낀 사람은 다음에 있을 싸움을 위해 더욱 철저히 준비할 것이다. 이것은 느헤미야의 정신이 아니었다. "제발, 이제부터는 백성에게서 이자 받는 것을 그만둡시다. 제발, 당장 그들의 땅을 다 돌려주시오."(역자 주: 한글개역성경에는 "제발"(please)이 기록되지 않았지만, NASV와 표준새번역에는 이 단어가 쓰였다). 그는 자신을 낮추는 공손한 태도로 문제 해결이 더욱 쉽도록 했다. 회유자는 "제발"이라고 말할 줄 알아야 한다. 그렇지만, 그는 잘 속아 넘어가는 사람이 되어서는 안 된다.

공손하지만 단호하게, 느헤미야는 착취를 일삼던 사람들에게 착취한 것들을 돌려줄 것을 촉구했다. 전당 잡힌 밭들과 포도원들과 감람원들과 집들이 전 주인들에게 되돌려졌다. 곡식과 포도주와 기름으로부터 얻은 모든 이윤도 가난한 농부들에게 돌려져야 했다.

또한 느헤미야는 그들이 받았던 이자를 돌려줄 것을 촉구했다. "백분지 일"이 당시의 이율이었다. 한 달에 1퍼센트일 경우, 1년에 12퍼센트의 이자를 지불해야 했다. 당시에 이 이율은 높은 것으로 여겨졌다.

가장 중요한 것은 그것들을 전 주인들에게 돌려주어야 할 때였다. "여러분은 오늘이라도 그들의 밭과 포도원과 감람원과 집을 되돌려주고"(현대인의 성경). 그는 회유자였지, 타협자가 아니었다. 리더는 무슨 일을 할 때에 '다음 달' 혹은 '내년' 혹은 '언젠가' 할 것이라고 약속하는 것이 얼마나 쉬운지 알고 있다. 느헤미야는 그런 것을 용납하지 않았다. 오늘 당장 돌려주라!

회유는 대면과 같이, 말싸움에서 상대방을 꺾어놓기 위한 것이 아니다. 이것은 친구를 얻는 데 목적을 두고 있다. 회유는 "제발"이라고 말해서, 사람들로 하여금 옳은 일을 하도록 권고하는 것이다. 이것은 우리가 대면하는 사람에게 "우리의 동기가 중요한 것처럼 당신의 동기도 중요합니다."라고 말하는 것이다. 당신은 이 바다를 건넜는가? 회유의 바다에 대해서 잘 알아두라. 우리는 이 바다를 종종 건너야 한다.

5. 실현 또는 책임의 바다(The C of Completion or Commitment)

느헤미야가 이미 언급된 네 바다를 건넌 것은 이 영적 바다로 향하기 위함이었다. 실현의 바다는 다음과 같이 설명된다.

그러자 그들은 "우리가 당신의 말씀대로 모든 것을 되돌려주고 아무 것도 요구하지 않겠습니다."하고 대답하였다. 그래서 나는 제사장들을 불러 지도자들에게 자기들이 약속한 것을 지키겠다는 맹세를 시키도록 하였다. 그런 다음에 나는 내 옷자락을 털며 "이와 같이 하나님이 이 약속을 지키지 않는 사람들의 집과 재산을 털어 빈털터리가 되게 하실 것입니다!"하였다. 그러자 모든 군중이 "아멘" 하고 하나님을 찬양하였으며 그 지도자들은 자기들의 약속을 지켰다(느 5:12-13, 현대인의 성경).

나는 당신이 이 구절들을 읽는 중에 무슨 생각을 했는지 모른다. 하지만 이 내용은 나를 움찔하게 한다. 그들은 정말 "우리가" – 모든 사람, 한 사람이나 두 사람이 아닌, 모든 지도자들 – "당신의 말씀대로 모든 것을 되돌려주고 아무 것도 요구하지 않겠습니다."라고 말한 것일까? 나는 탐욕스러운 사업가들이 자기들의 죄를 시인하는 모습을 상상조차 할 수 없다. 그들은 불의하게 얻은 재산도 돌려주겠다고 약속했다. 이 사건은 느헤미야 전체에서 가장 위대한 기적일 것이다. 이런 유의 성공은 리더로 하여금 한숨을 돌리게 하고, 즐거워하게 하고, 개가를 부르게 할 것이다.

느헤미야는 무엇을 했을까? 그는 제사장을 불렀다. "이 사람들이 약속한 것을 서약하게 합시다." 그들이 약속한 것을 지키도록 만들라. 느헤미야는 사적인 자리에서 약속된 것이 공개적인 자리에서 망각되기 쉽다는 것을 알고 있었다. 그리고 나서, 그는 옷자락을 털면서 구약의 저

238

주를 재현했다. 옷자락을 터는 것은 하나님께서 약속을 지키지 않는 자들을 심판하실 것이라는 의미가 있다(왕하 13:15-19; 행 18:6). 그리고 이런 유의 리더십은 이런 결과들과 더불어 보상된다.

나는 느헤미야 5장을 주의 깊게 연구하는 중에 세 가지를 생각하게 됐다.

1. 해결되지 않은 문제들은 손해를 끼친다

당신은 이 구절들 안에서 성벽 중수에 대한 기사가 없는 것을 발견했을 것이다. 몇몇 사람들의 죄가 성벽 중수 프로젝트를 완전히 중지시켰다. 죄는 항상 이런 방법으로 역사한다. 죄가 문제다. 당신의 인생 속에 죄가 있는가? 그 죄를 해결하라. 당신을 좇는 사람들이 그릇된 일을 하고 있는가? 그들을 개인적으로 만나서 문제를 해결하라. 당신은 더러운 손들을 사용하여 거룩한 성을 건축할 수 없다.

2. 문제들은 정면으로 맞서야 한다

만약 그들이 그릇되게 행하고 있다면, 그들이 옳다고 말하거나, 그냥 눈감아주는 척하지 말라. 하나님께서는 오래 참으시지만, 무지하지는 않다. 당신이 이끄는 단체에 문제가 있는가? 그 문제들이 무엇인지, 그리고 어떻게 하면 그것들을 다스릴 수 있는지 생각하라. 오늘 시작하라.

3. 하나님은 문제 해결 방법들에 대해서 상세히 취급하셨다

그런 다음에 나는 내 옷자락을 털며 "이와 같이 하나님이 이 약속을 지키지 않는 사람들의 집과 재산을 털어 빈털터리가 되게 하실 것입니다!" 하였다. 그러자 모든 군중이 "아멘" 하고 하나님을 찬양하였으며 그 지도자들은 자기들의 약속을 지켰다(느 5:12-13, 현대인의 성경).

온전함을 위해 노력하라

Chapter 8
정직한 리더가 되라

고대의 중국 사람들은 북쪽의 야만인들의 위협으로부터 안전한 삶을 살길 원했다. 그래서 그들은 중국의 만리장성을 쌓았다. 만리장성은 사람이 오르기에 너무 높고, 무너뜨리기에 너무 두껍고, 돌아서 가기에는 너무 길다. 그들의 안전은 확보되었다!

한 가지 문제가 있다면, 그것은 중국이 만리장성의 완공 후 100년 동안 세 번의 침략을 당했다는 것이다. 만리장성이 중국인들을 안전하게 지켜주지 못했던 것일까? 그렇지 않다. 왜냐하면 야만인들이 단 한 번도 만리장성을 넘거나 무너뜨리거나 돌아서 간 적이 없었기 때문이다.

그렇다면 그들은 어떻게 해서 중국으로 들어갈 수 있었을까? 해답은 인간의 근성에서 찾을 수 있다. 그들은 아주 쉽게 문지기를 매수한 후에 문을 통해 행군해 들어갔다. 중국의 방위에 치명적인 결점은 그들이 성벽을 지나치게 의존한 것과 성벽을 지킬 수 있을만한 문지기를 훈련시키지 않았다는 것이다.

중국은 '부정직성' 때문에 전쟁에 패했다. 신중히 생각해보라. 문제의 핵심은 군수품의 부족하다는 것이 아니라 인물이 없다는 것이다.

『미국이 진리를 말했을 때』(The Day America Told The Truth)라는 제목이 붙여진 책에서 저자들은 '미국의 정직 위기'를 폭로하고 있다. 그 책은 익명의 설문조사를 통한 공공의 의견을 기초로 쓰여졌다. 예컨대, 설문조사에 응했던 사람들 중에 91퍼센트가 정기적으로 거짓말을 한다고 시인했다. HIV(후천성면역결핍증) 환자의 삼분지 일이 섹스 파트너들에게 자신들이 HIV 환자라는 것을 말하지 않았다. "당신은 1,000만 달러를 벌기 위해서 무슨 일을 하겠습니까?"라는 질문에 사분지 일이 그들의 가정을 버릴 의향이 있다고 말했다. 비슷한 퍼센트의 사람들이 그 돈을 벌기 위해서 창녀가 될 의향이 있다고 했으며, 7퍼센트는 다른 사람들을 기꺼이 살인할 뜻을 비쳤다. 만약 이 사람들이 진리를 말하고 있는 것이라면, 그 진리는 우리에게 심한 충격을 준다.

이런 양상은 일반인들 가운데에서 흔히 발견할 수 있다. 그렇다면 리더들은 어떠한가? R. 켄트 휴즈(R. Kent Hughes)는 『경건한 남자로 훈련하기』(Disciplines Of A Godly Man)라는 책에서 미국 경영 간부들의 윤리적 풍토에 대에 기록했다.

1983년, 《월스트리트 저널》(Wall Street Journal)은 조지 갤럽에게 경영 간부들을 상대로 여론조사를 해달라는 부탁을 했다. 이 연구는 경영 간부들과 일반 사원들 사이의 충격적인 불균형을 드러내고 있다. 일반 사원들은 33퍼센트가 취중운전을 한다고 시인한 반면, 경영 간부들 중에 80퍼센트가 시인했다. 그리고 78퍼센트가 회사 전화로 사적인 장거리 통화를 한다고 시인했다. 35퍼센트는 소득세 보고서를 속였다. 일반 사원들 중에는 개인 목적으로 사용하기 위해 회사 물건들을 훔친 사람들이 40퍼센트인 반면, 간부들은 75퍼센트가 훔쳤다고 시인했다.

서유럽에 대한 조사는 아직 이루어지지 않았다. 그러나 전 세계는 러시아의 공산당원들에 의해 착취당하는 러시아 시민들에 대한 소식을 알고 있다. 헤아릴 수 없는 러시아인들이 반은 비어 있는 상점들에서 빵을 사기 위해 길게 줄을 선다. 산업기술의 선진국인 일본의 총리는 수백만 달러의 불법 자금을 받고 1992년 10월에 총리직에서 물러났다. 소말리아의 군사령관들(그들의 유일한 리더들)은 국민들을 위해 전달된 유엔 식량 소화물을 도적질했다. 내가 이 장을 기록하고 있는 한 해 동안에만 해도 20만 명이 기아로 죽었다. 필리핀의 알레잔드로 R. 로세스(Alejandro R. Roces) 박사는 1992년 대통령 선거에 대한 "장미와 가시"라는 칼럼을 썼다.

선거는 민주주의 국가에 불가결하다. 선거는 의미가 있어야 한다. 선거는 단지 사람들만을 바꾸기 위한 것이 아니라 사람들 안에 있는 것을 바꾸기 위한 것이다.

리더들에게 수치나 당혹감을 주기 위해서 이 말을 하는 것이 아니다. 다만 공통된 오해를 지적하기 위함이다. 역사적으로 리더들은 사람들을 섬기기 위해 리더십을 사용하기보다는 그것을 따르는 능력을 추구해왔다. "권력은 부패한다. 절대 권력은 절대 부패한다." 오늘날도 마찬가지로 권세는 착취를 위한 수단으로 여겨진다. 사람들, 또한 나라들은 '첫째'가 되고자 허둥지둥한다. 승자에게는 부패한 것들이 주어진다. 추종자들은 어디로 가야 하는 것일까? 그들은 "정직한 리더에게 그런 일이 있을 수 있습니까?"라고 묻게 된다.

느헤미야는 이 질문에 대한 해답을 갖고 있었다. 그는 사람들을 변화시키기 위해서는 그들의 관심을 얻어야 한다는 점을 알았다. 느헤미야 5장에서 그는 고통의 울부짖음을 찬송의 아멘으로 바꿀 수 있었다. 외부에는 느헤미야 자신과 그의 동기를 미워하던 이방인들이 있었고, 내부에는 그의 일꾼들을 착취하던 부유한 유대인들이 있었다. 그는 부유한 유대인들이 공개적으로 죄를 회개하도록 했다. 그리고 그것뿐만 아니라, 그들은 착취했던 것들을 가난한 자들에게 되돌려주었다. 당신은 기적을 어떻게 정의하는가. 나에게 있어서 이 사건은 위대한 기적이다. 성경 전체를 읽어봐도 이와 같은 기사는 없다. 예수님이 탐욕스러운 마태와 삭개오에게 했던 일을 느헤미야는 예루살렘 공동체 전체에게 했다. 귀족들과 민장들은 "착취한 모든 것을 되돌려주겠습니다."라고 외쳤다. 오로지 뛰어난 리더만이 이러한 일을 이룰 수 있다.

느헤미야가 이토록 놀라운 방향 전환에 대해서 기록하고 나서, 성령님께서는 즉시 그에게 개인 간증을 하도록 이끄셨다. 이 순간은 그의 리더십 스타일에 대한 개인적 간증을 나누기에 완벽한 시간이었다. 하나님은 우리에게 "만일 너희도 기적의 사역을 하고 싶다면, 이러한 유의 리더가 되어야 한다."라고 말씀하시고 있다.

> 느헤미야가 녹을 받지 않다
> 나는 아닥사스다 왕 이십 년에 유다 땅 총독으로 임명받아서, 아닥사스다 왕 삼십이 년까지 십이 년 동안 총독으로 있었지만 나와 나의 동기들은 총독으로서 받아야 할 녹을 받지 않았다. 그런데 나보다 먼저 총독을 지낸 이들은 백성에게 힘겨운 세금을 물리고, 양식과 포도주와 그 밖에 하루에 은 사십 세겔씩을 백성에게서 거두어들였다. 총독들 밑에 있는 백성들도 착취하였다. 그러나 나는 하나님이 두려워서 그렇게 하지 않았다. 나는 성벽 쌓는 일에만 힘을 기울였다. 내 아랫사람들도 뜻을 모아서, 성벽 쌓는 일에만 마음을 썼다. 그렇다고 우리가 밭뙈기를 모은 것도 아니다. 나의 식탁에서는, 주변 여러 나라에서 우리에게로 온 이들 밖에도, 유다 사람들과 관리들 백오십 명이 나와 함께 먹어야 했으므로, 하루에 황소 한 마리와 기름진 양 여섯 마리, 날짐승도 여러 마리를 잡아야 하였다. 또 열흘에 한 차례씩은, 여러 가지 포도주도 모자라지 않게 마련해야만 하였다. 그런데 내가 총독으로서 마땅히 받아야 할 녹까지 요구하였다면, 백성에게 얼마나 큰 짐이 되었겠는가! "나의 하나님, 내가 이 백성을 위하여 하는 모든 일을 기억하시고, 은혜를 베풀어 주십시오."(느 5:14-19, NKSV).

한 단어가 위의 내용을 요약해준다. 정직. 재능이나 긍정적 정신 자세나 말의 은사나 영향력 있는 친구들이 아닌 정직이다. 정직은 무엇을 의미할까? 이것의 제1의 의미는 온전함 혹은 완전함이다. 정직(integrity)은 정수(integer)에서 파생된 단어로써, 이것은 분수가 아닌 자연수이다. 그리고 이 단어에는 부차적으로 솔직함 또는 성실의 뜻이 있다. 이것의 기본 의미는 '손상되지 않은 상태'와 흠 없는 상태와 완전함이다.

내가 베트남에 있을 때에 미국 정부는 우리가 싸우는 것은 베트남의 영토 보전(Territorial integrity)을 위한 것이라고 말했다. 그랬기에 우리는 그들이 장악한 모든 지역에서 싸웠던 것이다. 우리는 완전한 남베트남을 믿었다. 이와 비슷하게, 느헤미야의 인생에는 도덕적 결함이 없었다. 이것이 정직이다.

정직은 얼마나 중요한 것일까? 미군 역사상 첫 오성 장군이 되었던 드와이트 D. 아이젠하워(Dwight D. Eisenhower)는 정직에 대해 결론을 내렸다.

> 사람이 리더가 되기 위해서는 추종자들이 있어야 한다. 그리고 추종자들을 얻기 위해서는 그들의 확신을 얻어야 한다. 따라서 리더에게 필요한 최고의 자질은 두 말할 것 없이 정직이다. 정직이 없이는 진정한 리더십의 성공은 불가능하다. 보선공사를 하든지, 축구를 하든지, 군복무를 하든지, 사무실에서 사무를 보더라도 정직이 없이는 성공할 수 없다. 만약 그의 동료들이 그에게서 사기죄

를 발견한다면, 그는 기필코 실패하게 될 것이다.

정직의 표시

느헤미야의 정직성을 발견하는 것은 그리 어렵지 않다. 그의 정직은 다음의 구절에서 발견된다. "나는 하나님이 두려워서 그렇게 하지 않았다."(15절), "나는 성벽 쌓는 일에만 힘을 기울였다."(16절), "내가 총독으로서 마땅히 받아야 할 녹까지 요구하였다면, 백성에게 얼마나 큰 짐이 되었겠는가!"(18절, NKSV). 각 구절은 그가 지닌 도덕적 온전함의 한 면을 역설해주고 있다. 그는 하나님을 경외함(14-15절)으로 주님의 역사에 온 힘을 기울이지 않을 수 없었고(16절), 하나님의 백성에게 사랑을 보이지 않을 수 없었다(17-18절).

1. 정직은 하나님을 진정으로 경외함을 수반한다(5:14-15)

그러나 나는 하나님이 두려워서 그렇게 하지 않았다.

하나님을 두려워한다는 것은 무얼 의미하는 것일까? 우리는 이것에 대해 토의할 것이다. 먼저 새로이 임명된 유다 땅의 총독을 만나보자. "내가 유다 땅 총독으로 세움을 받은 때…" 여기에서 느헤미야는 자기의 관직명을 처음 사용하였다. 그는 총독으로서 두 임기를 봉사했다. 첫 번째 임기는 주전 444년 4월에 시작하여 12년 동안 이어졌다. 그 임기가 끝나는 시점에서 그는 바사로 돌아오라는 명을 받았다(13:6). 나중에 그는 예루살렘으로 돌아왔으며(13:7), 정확히 알 수 없는 기간 동안 총독의 직무를 수행했다. 그는 예루살렘으로 올 때에 이미 '총독'의 관직명을 달고 있었던 것 같다. 왕의 말을 탔던 것과 여행을 위한 조서를 받았던 것이 그것을 암시해준다(2:9). 만약 그렇지 않았다면, 예루살렘에 도착하자마자 총독으로 임명되었을 것이다. 무엇보다도, 유다의 명예 회복은 아닥사스다 왕과 유대인들에게 중요한 일이었다. 재건된 예루살렘은 왕에게 더 많은 세금을 바치고, 멀리 뻗어나가는 제국의 안정성을 유지시켜줄 것이 분명했다.

느헤미야는 예루살렘에서 가장 높고 진실한 공무원으로서 '직위에 따른 부수입'을 얻을 수 있는 사람으로 불렸다. 총독의 녹은 그의 부수입 중에 하나였다. 지방 총독들은 통치를 받는 사람들에게서 녹을 취했다. 적당한 액수를 취하는 것은 합법적이었는데, 이는 민장들과 고위 인사들과 보좌관들과 손님들과 가족의 방문 시에 그들을 대접하는 데 막대한 돈이 들어갔기 때문이었다.

느헤미야는 자신의 처지를 활용할 수 있는 모든 기회가 있었다. 그는 권능의 자리를 12년 동안 보유할 수 있었다(14절a). 그는 자기 형제들의 유익을 위해 자기의 직분을 사용할 수도 있었다(14절b). 그는 백성을 착취했던 사람들처럼 할 수 있었다(15절). 그는 영향력 있는 친구들을 대접하기 위해서 공적 자금을 사용할 수도 있었다(17절).

불가능한 일을 하다

이 장은 부자들의 이기적인 마음을 가난한 자들에게로 돌리게 한 느헤미야의 능력을 이야기하는 것으로 시작했다. 여기에서 우리는 몇몇의 귀중한 실마리를 잡게 된다.

1. 그는 자기의 권한들을 기꺼이 포기할 마음이 있었다

> 십이 년 동안은 나와 내 형제들이 총독의 녹을 먹지 아니하였느니라.

그는 무려 12년 동안이나 다른 총독들이 금전적 이득을 얻는데 "예"라고 말한 것을 "아니오"라고 신중하게 말했다. 왜 그는 녹을 거절했을까? 이는 그의 이전 총독들이 백성에게 "토색했기" 때문이다. 느헤미야의 리더십 스타일은 이전 총독들과 구별되었다. 그는 단순히 부자들에게 관대해지라고 말한 것이 아니다. 그는 부자들에게 관대해지는 방법을 보여주었다. 그는 백성에게 더 많은 짐을 지게 하는 대신 자기의 권리들을 내려놓았다.

이것은 고린도전서 9장에 기록된 바울의 사례와 비슷하다. 나는 양식을 공급 받을 권리가 있다(9:4); 나는 연애할 권리가 있다(9:5); 나는 휴식을 취할 권리가 있다(9:6); 나는 보수를 받을 권리가 있다(9:7-11).

다른 이들도 너희에게 이런 권리를 가졌거든 하물며 우리일까보냐 그러나 우리가 이 권리를 쓰지 아니하고 범사에 참는 것은 그리스도의 복음에 아무 장애가 없게 하려 함이로다(고전 9:12).

바울은 "이것도 하고, 저것도 하라"고 강조하는 율법주의자가 아니었으며, 그릇된 자기 부인을 통해 유익을 얻으려 하는 금욕주의자도 아니었다. "모든 것이 너희 것이라"고 말한 바울 자신이 이러한 권리들의 적법함을 가르쳤다. 그러나 이것은 별개의 문제이다. 바울은 복음에 의해서 경제적으로 유익을 얻는 몇몇 사람들에 대해 언급한 것이다. 그는 복음 증거의 성공을 가로막지 않기 위해서 경제적 권리들을 내려놓았다. 그는 마치 "나는 내 권리들을 희생시킬 권리가 있습니다. 나에게는 낮은 권리들을 희생시킬만한 높은 권리가 있습니다."라고 말하고 있는 것 같다.

느헤미야도 이와 비슷한 경우에 당면했다. 어려운 문제들은 극적인 해결책을 필요로 한다. 우리가 부유한 유대인들의 입장이라고 가정해 보라. "좋습니다, 총독님. 당신은 우리가 일꾼들에게 꾸어준 돈에 대한 이자를 거둬들일 수 없다는 율법을 설교하는군요(느 5:7). 그런 설교를 하는 것은 당신에게 쉬운 일입니다. 우리는 금전적으로 희생당하고 있습니다. 당신은 단지 성경을 인용하고 있을 뿐입니다."

"형제들이여, 그렇지 않습니다." 그는 진심으로 대답할 수 있었다. "이 식탁에 차려진 음식들은 내 주머니를 털어서 준비한 것입니다." 느헤미야의 모본은 부유한 유대인들의 충의를 얻을 수 있었다. 그리고 그는 백성을 위해 계속적으로 희생했다. 물론, 그는 총독의 녹을 먹고 살 권리가 있었다. 하지만 그는 더 높은 권리를 선택했다 – 자기 권리들을 포기할 권리. 돈에 관한 질문에 주눅 들지 말라. 우리는 지금 돈보다 훨씬 위대한 원리를 다루고 있는 것이다. 그는 자기의 직분의 권리를 마음껏 활용하기만을 거부한 것이 아니다. 그는 필요한 경우에 자기의 권리들을 내려놓았다.

당신은 어떤 위기를 당면하고 있는가? 누군가가 당신의 성벽을 가로막고 있는가? 당신은 입을 삐죽거리거나 소리를 지르거나 떠나가도록 위협할 수도 있다. 또는 당신은 당신의 높은 권리를 주장할 수 있을 것이다. 당신은 그릇된 생각을 갖고 있는 사람들이 당신에게 오는 것을 기대하기보다는 그들에게로 갈 수 있는 권리가 있다. 당신은 가정에서 가족의 말을 그냥 듣고만 있기보다는 그들의 말에 귀 기울일 권리를 얻을 수 있다. 당신은 사무실에서 직원들이 실수를 할 때에 권위주의자처럼 그들을 나무라기보다는 용기를 북돋울 수 있는 권리가 있다. 당신은 "내가 그리스도를 좇는 것처럼 여러분도 나를 좇으십시오."라고 말할 권리가 있다. 당신에게는 책임을 더 크게 질 권리와 당신의 특권을 더 작게 만들 권리가 있다. 그렇다면 우리에게는 권리가 전혀 없는 것일까? 오, 물론 있다. 의심의 여지없이, 우리는 권리들을 사용하고 있다.

2. 그는 그의 역할을 알고 있었다

그는 교만한 마음이 아닌 정직한 마음으로 "이전 총독들"과 자신을 비교했다. 1974년에 고고학자들이 느헤미야가 포함된 유다의 전 총독들의 이름들이 기록된 진흙 판들을 발견했다. 느헤미야의 총독 직위는 세 가지 부패한 관행들을 조장했던 선임 총독들의 것과는 현저하게 대조됐다. 선임 총독들은 무거운 세금을 징수했으며, 양식과 돈을 강탈했으며, 그들의 종자들(동료들)에게 백성을 압제하도록 허락했다. "백성의 부역"은 무거운 짐을 연상케 한다. 그들은 무거운 짐 때문에 비틀거렸다. 음식과 포도주는 민장들의 식탁에 올리기 위해 가난한 자들에게서 취해졌다. 은은 세금을 낼 때에 사용된 돈이었다. 40세겔은 은 1파운드와 같다. 선임 총독들에 비해서 이 신임 총독이 얼마나 색다른 사람이었는지 모른다. 그의 회고록은 두 가지 이유들을 제공한다. 하나님을 경외함, 백성을 위한 사랑. 하나님을 경외함과 백성을 위한 사랑이 조화를 이루어서 새로운 리더십을 탄생시켰다. 이 리더십은 섬기는 리더의 역할이다. 느헤미야는 그의 역할을 알았으며, 그 리더십을 즐거워했다. 그의 섬김은 두 방향으로 흐른다. 하나는 하나님께로 다른 하나는 백성에게로.

3. 그는 그의 동료들을 제자화 했다

두 가지의 리더십 스타일의 결과는 대조적이다. 리더의 리더십 스타일은 그의 종자(從者)들에게 영향을 끼친다. 이전 총독들의 종자들은 "백성을 압제했다"(15절). 느헤미야의 종자들은 "모여서 역사를 했다." 많은 학자들이 지적하기를 느헤미야의 종자들은 총독의 보좌인들이었다고 한다. 여기에서 무슨 일이 일어나고 있었던 것일까? 대답은 간단하다. 총독과 보좌인, 그리고 지도자와 추종자. 이들의 관계는 아버지와 아들이 부전자전(父傳子傳)인 것과 같다. 현명한 리더는 그의 보조자들을 훈련시킨다. 그들은 느헤미야 총독의 희생적인 봉사를 지켜보면서 그의 모본을 따라야 한다는 것을 느꼈다.

우리는 천국에서 높은 자리에 앉게 될까? 마태복음 20장 25-28절은 이렇게 말씀하고 있다.

> 예수께서는 그들을 곁에 불러 놓고 말씀하셨다. "너희가 아는 대로, 민족들을 통치하는 사람들은 그들을 마구 내리누르고, 고관들은 백성에게 세도를 부린다. 그러나 너희끼리는 그렇게 해서는 안 된다. 너희 사이에서 위대하게 되고자 하는 사람은 누구든지 너희를 섬기는 사람이 되어야 하고, 너희 가운데서 으뜸이 되고자 하는 사람은 너희의 종이 되어야 한다. 인자는 섬김을 받으러 온 것이 아니라 섬기러 왔으며, 많은 사람을 위하여 자기 목숨을 몸값으로 치러 주려고 왔다."(마 20:25-28, NKSV).

느헤미야는 '하나님 경외'라는 한 가지 이유로 자기의 권리를 포기했으며, 섬기는 리더십에 충실했다. 또한 자기의 보좌인들을 자기와 똑같이 하도록 가르쳤다.

인생을 변화시키는 리더십이 하나님을 경외함으로 만들어지는 것이라면, 우리는 그것이 의미하는 것이 무엇인지 알아야 할 필요가 있다. 경외하다라는 단어는 '존숭하다', '공경하다', '두려운 느낌을 갖다', '순종하다', '경의를 표하다', '높이 존중하다'의 의미를 지니고 있다.

이 단어들을 포함한 여러 다른 단어들이 하나님을 건전하게 경외함에 대해 정의해준다. 대다수의 학자들은 경외의 기본은 하나님의 거룩하심을 공경하는 것이라고 믿고 있다.

한 목사가 "하나님의 다른 면"이라는 제목으로 설교를 했다. 그는 설교 중에 "오늘은 하나님의 사랑을 역설해야 할 날입니다. 그러나 하나님은 사랑 이상 되시는 분입니다. 하나님은 세 배나 거룩하신 분입니다."라고 했다. 그는 이사야 6장 3절에서 스랍들이 하나님의 영광을 바라보면서 하나님의 다른 면을 표현하고 있는 장면을 설명한 것이다. "거룩하다. 거룩하다. 거룩하다." 하나님의 거룩하심은 우리로 하여금 그분을 경외하도록 한다. 하지만 그분의 거룩하심이 우리를 그분으로부터 멀리 떠나도록 두려움을 주지는 않는다. 이사야는 "화로다. 나여 망하게 되었도다."라고 말한 후에 자신의 죄를 회개했다. 그리고 나서, 그는 "내가 여기 있나이다."라고 말씀드렸다. 하나님을 경외함으로 우리도 이와 동일한 과정을 거쳐야 한다. 여호와를 경외함으로 느헤미야는 적어도 세 가지를 얻었다.

첫째로, 그는 하나님을 경외했기 때문에 확신이 있었다. 이 말이 모순되게 들리는가? 그렇지 않다. "주님을 경외하면 강한 믿음이 생기고, 그 자식들에게도 피난처가 생긴다"(잠 14:26, NKSV). 이 말씀은 내가 만약 하나님을 경외한다면, 나는 그분에게 순종할 것이고, 순종은 나로 하여금 그분을 믿도록 할 것이라는 의미다. 사도 요한은 이에 동의했다. "사랑하는 여러분, 우리가 마음에 가책을 받지 않으면, 우리가 하나님 앞에서 담대함을 가지고 있는 것이요"(요일 3:21, NKSV). 내 마음이 정결하면 할수록 내 믿음은 더욱 강해진다. 하나님을 경외함은 강한 믿음이다. 하지만 강한 믿음은 오로지 죄 때문에 산산이 부서지게 된다.

하나님을 경외함은 신뢰와 확신의 토대가 된다. 정직을 타협하는 것은 죄다. 죄는 신뢰와 양립할 수 없다. 최근 양심의 가책 때문에 당신이 확신을 잃어버린 적은 언제인가? 만약 당신이 대부분의 사람과 같다면, 근래에 그런 일이 있었을 것이다. 유명한 크리스천 사회학자 토니 캠폴로(Tony Campolo)가 한 말이 옳다. "당신이 옳다고 느끼고 싶거든 옳게 행동해야 한다."

1장에서 느헤미야는 자기 마음을 고백하며 쏟아놓았다. "저와 저의 집안까지도 죄를 지었습니다."(느 1:6, NKSV). 오랫동안 시달렸던 죄책감에서 벗어나기 위해서, 그는 하나님이 기적을 일으켜 주실 것을 신뢰할 준비를 마쳤다. 이것이 바로 주님을 경외함이 의미하는 바이다. 하나님을 경외함이 있었기에 느헤미야는 세상에서 가장 강력한 바사 왕에게 "임금님께서 좋으시면 유다의 그 성읍으로 저를 보내주소서."라고 구할 수 있었다. 그는 주님을 경외함으로 강한 확신을 얻었다.

둘째, 하나님을 경외함은 마음의 평온을 가져온다. 잠언은 이것을 일컬어 만족이라 한다. "주님을 경외하며 살면 생명을 얻는다. 그는 만족스러운 생활을 하며, 재앙을 만나지 않는다."(잠 19:23, NKSV). 느헤미야는 종종 옷을 입은 채로 잠을 잤다(느 4:23). 우리는 그가 성벽 중수의 절박한 필요 때문에 제대로 잠을 자지 못했다고 생각할 수 있다. 하지만 그가 많은 밤을 뜬 눈으로 누워 자기의 미래에 대해서 염려했거나, 다른 장소에 있었으면 하고 바랐다는 느낌은 결코 받지 못한다. 그가 수

산 성의 안락한 삶을 그리워했을 것이라는 단서도 찾을 수 없다. 외부적 위협이나 내부적 분쟁도 그의 뜨거운 열정을 식힐 수는 없었다. 그는 헌신된 사람이었다. 헌신된 사람이었기에 만족을 얻게 된 것이다.

오늘날 우리는 '불만족'의 세상을 살고 있다. 우리는 항상 더 크고 더 나은 뭔가를 학수고대하고 있는 사람들이다. 나는 수년 전 우리 교회를 방문했던 한 가족의 초청을 기억한다. 그들은 나를 초청하기 얼마 전에 새 집 건축을 마쳤다. 그 집에 앉아서 하우스 '리모델링'에 대해 듣는 것은 매우 흥미 있는 일이었다. "우리는 이것을 바꿀 거에요. 우리는 이것을 추가할 거에요. 우리는 … 할 거에요. 그러고 나서, 우리는 … 할 예정입니다." 이태가 지난 후, 그들은 그 새 집을 팔고서 건축을 처음부터 다시 시작했다.

어떤 남자들은 자기의 아내들이 더 날씬하고, 더 예쁘고, 더 사랑스럽기를 바란다. 결혼생활의 불만족을 무엇으로 치유할까? 당신 아내의 성실에 대해 오늘부터 하나님께 감사하라(그녀가 당신과 함께 살고 있는 것만 해도 감사의 조건이 된다). 당신 인생 속에 그녀의 역할이 얼마나 귀한 것인지에 대해서 칭찬하라. 그녀의 모든 좋은 점들을 생각하라. 그렇게 하는 중에 당신은 변화되기 시작할 것이다. 그녀에게 감사의 마음을 표현함으로써 당신의 만족도는 높아질 것이다.

주의해야 할 것이 하나 있다. 바울은 빌립보 성도들에게 "나는 어떤 처지에서도 스스로 만족하는 법을 배웠습니다."라고 편지를 썼다. 자연적으로 만족을 느끼기는 매우 어렵다. 이것은 학습되는 기술이다. 만약 바울이 만족하는 법을 배웠다면, 우리도 만족하는 법을 배워야 한다. 만족하는 법을 배우는 것은 가치가 있는 일이다. 당신은 어떠한가? 당신은 어떤 처지에서도 스스로 만족하는 법을 배웠는가?

셋째, 주님을 경외하는 것은 우리의 용기를 북돋워준다. 하나님 경외는 우리를 보호한다.

> 그렇다. 주님의 눈은 주님을 경외하는 사람을 살펴보시며, 한결같은 사랑을 사모하는 사람을 살펴보시고, 그들의 목숨을 죽을 자리에서 건져내시고, 굶주릴 때에 살려 주신다(시 33:18, NKSV).

느헤미야는 시편 기자가 언급한 모든 긴급 상황들, 즉 생명의 위협과 양식 부족으로 인한 죽음의 위기에 당면했다(5:1-5). 그는 성경연구를 하고 오래 기도함으로 여호와를 크게 경외했다. 하나님을 "두려우신 분"으로 묘사하는 것은 하나님을 공경하고 존중하는 것을 의미한다. 그는 하나님이 보호해 줄 것을 확신했다. 그의 원수들은 "우리는 느헤미야를 죽이고, 성벽 중수를 중단시킬 거야."라고 외쳤다. 느헤미야는 "우리 하나님이 우리를 위하여 싸우시리라."고 대답했다. 여호와를 경외하는 것은 모든 리더들이 알아야 할 교훈이다. 은혜가 당신을 보호할 수 없는 곳으로 당신을 보내는 것은 하나님의 뜻이 아니다.

다음 관점으로 넘어가기 전에 잠시 내용을 되짚어 보자. 느헤미야는 삶을 변화시키는 리더십이 우연히 만들어지는 것이 아니라는 것을 설명하고 있다. 그는 삶을 변화시키는 리더십은 리더 자신의 정직으로부터 나오는 결과라고 가르친다. 느헤미야의 정직함, 첫 증거는 그가 하나님을 온전히 경외했다는 것이다. 그는 하나님을 사랑하고 존경하고 순종했기에 자기의 권리들을 내려놓을 수 있었고, 섬기는 리더십을 보여줄 수 있었으며, 자기의 보좌인들을 자기처럼 훈련할 수 있었다.

2. 정직은 헌신적 역사를 수반한다(5:16)

나는 성벽 쌓는 일에만 힘을 기울였다.

"기울였다"라는 말은 '고수하다' 라는 뜻이다. 하나님께서 사용하시는 사람은 일을 위한 눈만을 소유한다. 그는 하나님의 일에 애착을 갖는다.

나는 내 아내에게 구애하던 젊은 남자로서, 인기 가요였던 "나는 오직 당신만을 위한 눈을 가졌어요."를 내 아내에게 불러주는 뛰어난 성악가인양 상상하곤 했다. "자기, 나는 이 세상의 모든 아름다운 여자들 중에서 당신을 선택했어요." 남자가 결혼을 하기 위해서는 한 여자에게만 관심을 쏟아야 한다. 느헤미야의 노래도 마찬가지였다. "주님, 저는 오로지 당신과 성벽 중수만을 위한 눈을 가졌어요."

섬기는 리더와 착취자들 사이의 현저한 차이는 계속 이어진다. "나는 성벽 쌓는 일에만 힘을 기울였다." 그들은 백성에게 무거운 짐을 지웠다. "나는 총독으로서 받아야 할 녹을 받지 않았다." 그들은 양식과 돈과 땅을 거둬들였다. "내 모든 종자도 모여서 일을 하였다." 이전 총독들의 종자들은 "백성을 압제했다." 의미상으로, 종자의 역할은 관리하는 자를 돕는 것이다. "느헤미야는 종자들을 이용해서 개인의 과시와 호사를 누리는 대신에, 그들을 성벽 중수 현장으로 데리고 가서 함께 일했다."(존 화이트). 느헤미야는 자기의 목표를 혼란케 하는 것들을 용납하지 않았다. 그는 리더십으로 가는 일반적인 에움길을 성공적으로 피할 수 있었다. 느헤미야와 이전 총독들의 관심사는 일치하지 않았다.

그 다음 문장은 우리를 놀라게 한다. "우리가 밭뙈기를 모은 것도 아니다"(16절, NKSV). 한 정치가가 통째로 삼킬 수 있었던 땅을 취하지 않은 것을 상상할 수 있겠는가? 이 시대를 초월하는 전법에는 많은 유형들이 있다. 토지는 백성에게서 쉽게 착취할 수 있었다. 다른 경우에는 땅을 담보로 하여 높은 이자를 받고 돈을 빌려줬다. 작은 땅의 소유주들이 돈을 제때에 갚지 못할 때에는 땅을 몰수당하게 된다. 이기적인 정치가들은 빼앗은 땅을 만족스럽게 바라보면서 "우린 그들의 땅을 빼앗지 않았소. 우리는 합법적으로 취한 것이오."라고 말한다. 많은 경우, 권세 잡은 사람이 아무 것도 악용하지 않을지라도 그의 관심은 올바르지 않았다. 그들은 백성을 다스리는 것 보다는 자신에게 관심을 갖는다.

느헤미야는 부동산 사업에 손대지 않았다. 그는 부동산 투기를 하지 않았으며, 저당 잡은 것이 없었다. 그는 토지를 이용해 득을 본 것이 하나도 없었다. 그의 목적은 백성을 부요케 하는 것이지, 자신을 부요케 하는 것이 아니었다. 그는 하나님의 성벽에 관심을 두었다. 느헤미야의 교훈은 적절한 동기를 부여해준다.

그는 일에만 중독된 사람이었을까? 아니다. 그는 예배와 묵상의 시간과 백성의 고충을 듣는 시간을 많이 가졌다. 그는 더 중요한 것을 먼저 하는 삶을 살았다. 데오도르 루즈벨트(Theodore Roosevelt)는 한 맹목적인 추종자에게서 "훌륭한 리더"라는 칭찬을 들었다. 이에 대해 그가 대답하기를 "데오드르 루즈벨트는 훌륭한 리더가 아닙니다. 다만 크게 동기 부여된 사람일 뿐입니다."라고 했다. 우리는 크게 동기 부여된 리더들로서, 하나님께서 우리에게 주신 일들은 무엇이든지 수행해야 한다.

느헤미야는 그의 건축현장에 '정직한 사람이 일하고 있음'이라는 표지를 달았어야 했다. 그의 정직은 하나님을 경외함으로 인한 것이었으며, 하나님께서 그에게 소명을 주셨기 때문에 모든 관심을 한 곳에 집중시킬 수 있었다. 그의 성품의 세 번째 특징은 긍휼히 여기는 마음이다.

3. 정직은 백성 사랑을 수반한다

> 나의 식탁에서는, 주변 여러 나라에서 우리에게로 온 이들 밖에도, 유다 사람들과 관리들 백오십 명이 나와 함께 먹어야 했으므로(느 5:17, NKSV).

느헤미야는 리더십이란 권리를 주장하는 것이 아닌 백성을 위하는 것임을 증명했다. 우리는 두 가지를 보게 된다. 그는 백성을 위한 사람이었다. 느헤미야의 백성 사랑은 바사 총독들이 그들의 높은 직위에 맞게 다른 사람들을 대접하는 것보다 훨씬 의미 있는 것이었다. 그는 150명의 관리들과 여러 손님들을 먹여야 한다는 것을 알았기에 자신에게 "식탁 밑에 내 발을 둘 공간이 있을까?"라는 질문을 해야 했다. 18절에 기록된 "식품 목록"은 매우 풍부했지만, 솔로몬의 영화에 비하면 미약했다(왕상 4:22-23). 사실, 느헤미야의 메뉴는 눈길을 끌만하거나 사치스러운 것이 아니라 평범한 것이었다. 그의 목표는 그의 손님들에게 깊은 인상을 주는 것이 아니라 그들을 섬기는 것이었다. 느헤미야가 단순히 자기 백성만을 사랑했던 사람이 아닌, 모든 백성을 사랑하는 사람이었다는 점이 흥미롭다.

중요한 것은 느헤미야가 그들에게 무엇을 대접했느냐가 아니라, 어찌하여 그가 자기 주머니를 털어서 식탁을 준비했느냐는 것이다. 그의 대답이 그의 성품을 잘 말해 준다. "백성의 부역이 중함이니라." 그는 한 계급의 사람들을 섬기기 위해서 다른 계급의 사람들을 희생시킬 수 없었다. 느헤미야는 편애하지 않았고 특권을 이용하여 착복하지도 않았다.

스코틀랜드의 역사가 토마스 칼릴레(Thomas Carlyle)는 역경을 맞설 수 있는 백 사람이 있다면, 그들 중에서 오로지 한 사람만이 형통할 수 있다고 말했다. 느헤미야는 바로 그 한 사람이었다.

이 시대에는 느헤미야와 같은 리더가 필요하다. 미국에는 수다한 국회의원들이 납세자들이 낸 세금을 가지고 세계를 돌아다닌다. 그들의 활동들 중에는 세계의 문제들을 해결하기 위함이 아니라 오락과 여행을 위한 것들이 많다. 그들은 납세자들이 낸 세금을 가지고 자선 사업을 하기도 한다. 당신은 그들이 존경 받고 있다고 생각하는가? 여론조사는 미국에서 가장 존경 받지 못하는 사람들은 항상 정치인들이라고 보여준다.

오늘날 권력의 이점들은 무엇인가? 한 리더는 다음과 같이 말했다.

당신이 국가 기관에서 일하기 위해 이력서를 넣고서 신속한 허가서를 얻고자 할 때에 "당신이 무엇을 아느냐가 아니라, 당신이 누구를 아느냐"라는 케케묵은 질문을 듣게 됩니다. 단체를 이끄는 리더도 역시 그 단체를 통해 친족 등용과 개인의 안락과 같은 득을 얻을 수 있습니다. 개인의 이익을 위해 일정한 요인들의 이름으로 자금을 모으는 유혹을 받기도 합니다.

느헤미야의 대답은 특권을 남용하던 전 총독들과는 대조적이다. "그러나 나는 하나님이 두려워서 그렇게 하지 않았다"(15절, NKSV). 그는 여호와를 경외함으로 인하여 자기의 정직을 유지했다. 우리가 무슨 일을 하든지, 여호와를 경외함으로 우리의 행위들을 헤아리는 습관을 가질 수 있겠는가? 우리는 확신 있게 "나는 여호와를 경외하기 때문에 내가 지금 하고 있는 일을 하는 것입니다."라고 말할 수 있는가?

느헤미야의 마지막 한 마디는 그의 행위와 잘 어울린다. "나의 하나님, 내가 이 백성을 위하여 하는 모든 일을 기억하시고, 은혜를 베풀어 주십시오"(느 5:19, NKSV). 그는 리더십 역사를 다 마친 후에 주인님에게서 "잘했다."라는 말씀을 듣기를 고대했다.

사탄은 비열한 계략들을 가지고 있다

Chapter 9
개인적 반대세력을 극복하라

반대세력은 느헤미야서의 주요 주제이다. 이것은 첫 여섯 장의 주제로 다뤄지고 있다. 하나님께서는 1-3장에서 예루살렘 성벽 재건의 거대한 프로젝트를 완성하기 위해서 비전과 건축 자재들과 인력을 주셨다. 첫 성공은 경이로웠다. 겨우 한 달간 중수한 후에 느헤미야는 "전부가 연락되고 고가 절반에 미쳤으니"라고 보고할 수 있었다.

그러나 4장과 5장, 6장은 전혀 다른 이야기이다. 생각할 수 있는 모든 장애물이 성벽 건축자들을 가로막았다. 첫째로, 조롱과 비난이 건축자들의 자존심을 상처 입게 했다. 그러고 나서 그들의 신변에 위협이 가해졌다. 심지어 탐욕스러운 유대인들마저 가난한 일꾼들을 착취하므로 성벽 역사에 위협이 되었다. 이제 또 하나의 문제가 계략과 속임수의 형태로 드러나게 된다. 봉투에 오직 한 사람의 이름이 적힌 편지가 원수로부터 전달되었다.

한 공동체가 고난당할 때에 공동체의 일원으로서 반대세력을 만나게 되는 경우가 있다. 어떤 때에는 당신에게만 전적으로 불이 붙는 경우도 있다. 이제 느헤미야는 모든 리더들이 곧 또는 나중에 겪게 될 개인적 공격에 당면하게 된다.

임무 완수 – ALMOST

원수들이 느헤미야를 공격하려 했던 때를 주목하라.

> 산발랏과 도비야와 아라비아 사람 게셈과 그 나머지 우리의 원수들이 내가 성벽을 건축하여 허물어진 틈을 남기지 아니하였다 함을 들었는데 그 때는 내가 아직 성문에 문짝을 달지 못한 때였더라 (느 6:1).

이 유대인들은 바벨론의 포로가 된 이후 처음 있는 예루살렘의 가장 위대한 순간을 목격하려고 했다. 성벽은 다시금 침입자들로부터 유대인들을 보호해줄 것이었다. 회복된 나라의 정체성은 유대인들에게 고개를 들고 그들의 이웃 나라들을 똑바로 쳐다볼 수 있게 할 확신을 줄 것이었다. 게다가, 과거의 실패는 기억에서 지워질 것이었다. 밝은 새 아침이 예루살렘에 찾아오고 있었다. 하지만 새벽이 오기 바로 전이 가장 어두운 때이다. 승리는 확실하지 않았다. 가장 어두운 때는 위험스러웠다. 왜냐하면 이때는 "성문에 문짝을 달지 못한 때"였기 때문이다. 문짝이 아직 달리지 않은 아홉 개의 성문들은 예루살렘을 '개방된 도시'가 되게 했다.

마지막 공격에 맞서다

성벽 역사가 신속히 마무리되어가고 있었지만, 아직 끝난 것은 아니었다. 유대인들은 여전히 쉽게 공격당할 수 있는 상태였기에 축제의 포도주를 마시기에는 너무 일렀다. 원수가 이 마지막 순간을 이용해서 다시 일격을 가할까?

느헤미야는 그 대답을 얻기 위해 오래 기다리지는 않았다.

> 산발랏과 도비야와 아라비아 사람 게셈과 그 나머지 우리의 원수들이 내가 성벽을 건축하여 허물어진 틈을 남기지 아니하였다 함을 들었는데 그 때는 내가 아직 성문에 문짝을 달지 못한 때였더라 산발랏과 게셈이 내게 사람을 보내어 이르기를 오라 우리가 오노 평지 한 촌에서 서로 만나자 하니 실상은 나를 해하고자 함이었더라(느 6:1-2).

산발랏이 성벽 건축이 거의 끝나 간다는 소식을 들었을 때, 얼마나 분노했을지 상상해 보자. 그는 자신에게 "이제 이 유대인들에게 무슨 공격을 해야 하는가? 우리는 수적으로 우세하고, 그들을 포위하고 있고, 고산지대들에 사는 동지들이 있고, 우리에게는 전쟁에서 이긴 역사가 있지 않은가. 우리가 성벽 건축을 멈추게 하기 위해 지금까지 온갖 시도를 다 해보았건만, 이루어진 것은 하나도 없군! 새로운 전략이 필요하겠는걸."이라고 말했을 것이다.

그의 적개심은 이제 한 사람, 즉 리더인 느헤미야에게 초점을 맞추고 있다. 일꾼들은 일을 그만둘 준비가 되어 있었다. 실제로 성벽 건축은 두 번이나 중단되었다. 그들은 몇 주 전에 일을 중단했었다. "우리 힘으로는 이 성벽 다 쌓지 못하리"라는 핑계를 댔지만, 실제로는 두려움 때문이었다. 축 늘어진 일꾼들을 건축현장으로 다시 돌아가게 한 사람은 그들의 리더였다. 그 위기가 지나간 지 얼마 되지 않아서, 느헤미야는 착취를 일삼던 부유한 유대인들을 대면하면서 다시 하루를 보냈다. 그는 산발랏에게 지속적인 가시였다. 키릴 J. 바버에 의하면, 느헤미야는 대적자들보다 책략에서 훨씬 뛰어났다고 한다.

산발랏는 옳게 추측했다. 오직 느헤미야를 죽이는 것이 성문에 문짝을 다는 것을 멈출 수 있는 방법이었다. 그의 전략은 "장교들을 쏴라"였다.

하나님의 목자를 죽이라는 명령

칼아 깨어 일어나서 내 목자를 쳐라. 나와 사이가 가까운 그 사람을 쳐라. 나 만군의 주가 하는 말이다. 목자를 쳐라. 그러면 양 떼가 흩어질 것이다. 나 또한 그 어린 것들을 칠 것이다(스 13:7, NKSV).

1. 속임수에 의한 반대(6:1-4)

산발랏은 느헤미야를 대적하여 삼중 공격을 개시했다. 각 공격은 성격이 달랐지만, 그 목적은 동일했다. 각 공격은 느헤미야의 생명을 해치거나 그의 인격을 모독하기 위해 계획되었다. 다음의 구절들은 첫 공격에 대한 기록이다.

> 느헤미야에 대한 음모
> 내가 성벽을 쌓아 올려 무너진 곳을 다 이었다는 말이 산발랏과 도비야와 아랍 사람 게셈과 그 밖의 원수의 귀에까지 들어갔다. 그러나 그 때까지도 성문들의 문짝은 만들어 달지 못하고 있었는데, 산발랏과 게셈이 나에게 전갈을 보내 왔다. "오노 들판의 한 마을로 오시오(Come let us meet together at Chephirim in the plain of Ono). 거기서 좀 만납시다." 나는 그 말 속에 그들이 나를 해치려는 흉계가 있는 줄 알았으므로, 그들에게 사람을 보내어, 다음과 같이 대답하였다. "나는 지금 큰 공사를 하고 있으므로, 내려갈 수 없소. 어찌 이 일을 중단하고, 여기를 떠나서, 당신들에게 내려가라는 말이오?" 그런데도 그들은 똑같은 것을 네 번씩이나 요구해 오고, 그 때마다 나도 똑같은 말로 대답하였다.(느 6:1-4, NKSV).

느헤미야는 산발랏과 게셈에게서 만나자는 초청장을 받았다. 우리는 '무해한 편지' 한 통이 큰 소동을 일으킬 수 있다는 점에 놀랐다. 이 말씀을 읽어보라. "오노 들판의 한 마을로 오시오. 거기서 좀 만납시다." 이 말은 충분히 우호적으로 들린다. 왜 느헤미야는 긍정적으로 대답하지 않았던 것일까? 그는 부유한 유대인들과 가난한 유대인들을 화해시켰다. 얼마 전까지만 해도 느헤미야를 적대하던 사람들이 한 자리에 모여서 문제 해결을 위해 이야기하자는 제의를 하는 것이다. 이보다 더욱 그럴싸한 전략이 어디 있겠는가? 산발랏은 마치 이렇게 말했을 것이다. "여보게, 느헤미야, 성벽 중수는 이미 끝났지 않은가. 우리에게는 서로 다른 점들이 있지만, 자네에게 악의 같은 것은 품지 않는다네. 이제 우리가 힘을 합하여 예루살렘을 평화롭게 정치하세. 친구가 되는 것이 어떨까?"

사도 바울은 우리가 사탄의 계략을 알지 못하는 자들이 되지 않도록 경계했다. 음모는 도리에 어긋나지 않는 것처럼 보이기에 우리를 쉽게 속일 수 있다. 하와는 선악과를 따먹는 것이 많은 유익이 있다고 생각했기에 범죄했다(창 3장). 느헤미야가 산발랏과 화해하면 실제적인 유익이 올 수도 있다. 그는 성벽 재건의 완성 이후에 영적 필요들을 채워야 했고, 예루살렘에 많은 유대인들이 거주하도록 해야 했다.

우리는 그의 회고록의 나머지 부분에서 이러한 교훈을 얻게 된다. 산발랏의 위협이 없었다면 예루살렘 성의 회복은 더욱 빠르게 이루어질 수도 있었다. 그렇다. 이제는 화평할 때다. 리더의 자질이 없는 사람은 "내가 산발랏과 화해한다면 성벽 건축에 내 모든 힘을 집중시킬 수 있다. 싸우는 것은 이제 지긋지긋하다."라고 생각할 것이다. 싸우는 것보다 대화하는 것이 훨씬 이성적이지 않은가?

"아니오!"라고 말해야 할 때

느헤미야는 단호히 거절했다. 그가 거절한 데에는 몇 가지 이유들이 있다.

적절치 않은 장소

산발랏은 한 장소를 제안했다. 오노 들판(plain of Ono)은 우호적인 만남을 갖기에 훌륭한 장소였다. 오노 들판은 여러 작은 마을들이 모여 있던 곳으로서 예루살렘 북서쪽에서 25마일 정도 떨어져 있었다. 케피림(Chephirim)이라는 이름은 특정한 마을이었을 수 있으며, 또한 '마을들 중 하나'로 번역될 수도 있다(역자 주: 새미국표준성경(NASV)에서는 '케피림'(Chephirim)이라는 단어가 기록되어 있다. 저자는 '케피림'이 특정한 지역을 의미할 수도 있다는 것과 '여러 마을들 중에 한 마을'이라는 뜻으로도 이해될 수 있다는 것을 말한 것이다). "느헤미야, 오노 들판의 한 마을을 선택하게. 거기에서 만나자." 그러나 오노에 대해서는 뭔가 의심스러운 점이 있다. 오노는 산발랏의 고향인 사마리아와 접해 있었다. 오노로 오라고? "오, 노!" 느헤미야는 지혜롭게 대답했다. 오노는 원수의 영토였다.

적절치 않은 사람들

산발랏과 도비야와 게셈과 그 밖의 사람들은 이스라엘의 친구들이 아니었다. 그들이 느헤미야에게 전갈을 보낸 것은 예루살렘의 형통을 방해하기 위함이었다. 예수님은 마태복음 12장 30절에서 "나와 함께 아니하는 자는 나를 반대하는 자요 나와 함께 모으지 아니하는 자는 해치는 자니라."고 가르치셨다. "우리의 씨름은 혈과 육에 대한 것이 아니요"라는 말씀이 진리라면, 우리는 지구상에 사는 사탄의 대리인들과 더불어 협상해서는 안 된다. 만약 산발랏이 적법한 조약을 제시했다면, 우리는 느헤미야에게 불신자 산발랏의 제의를 받아들이라고 말했을 것이다. 나라들은 나라들과 교섭한다. 하지만 크리스천들은 구원 받지 못한 사람들과 상호 조약을 해서는 안 된다(고후 6:14-18). 아무리 봐도, 이들은 느헤미야의 친구들이 아닌 것이 분명하다.

적절치 않은 시간

느헤미야는 그들의 초청을 거절한 본질적인 이유를 말했다. "나는 지금 큰 공사를 하고 있으므로, 내려갈 수 없소. 어찌 이 일을 중단하고, 여기를 떠나서, 당신들에게 내려가라는 말이오?" 그는 원수의 제안이 아무리 좋아도 결국에는 성벽 역사를 혼란케 할 것이라는 점을 분별했다. 그리고 최악의 경우에는 그의 생명을 해하기 위해 시도된 것이라는 점을 분별했다. 느헤미야가 예루살렘의 안전한 환경을 두고, 오노에 있는 원수의 영토에 들어갔다면 어떤 일이든 일어났을 것이다. 느헤미야가 사망했거나 혼란이 일어났다면 성벽 역사는 그의 리더십이 없는 상태에서 중단됐을 것이다. "산발랏, 잘 있게나. 일이 끝나면 보자고."

분별

분별의 능력이 없이 리더십을 유지할 수 있는 사람은 없다. 느헤미야는 산발랏의 초청이 그럴싸하기는 했지만 그것이 옳지 않았다는 것을 알았다. "나를 해코자 함이라." 지혜가 하나님으로부터 오는 것 같이 분별도 하나님으로부터 온다. 성경은 분별이 획득되어지는 은사라고 가르치지는 않는 듯하다. 분별은 간절한 마음을 가진 사람들에 의해 찾아지며, 성경 연구와 기도로써 발견되기도 한다. "내 아들아, 네가 만일 나의 말을 받으며(성경 말씀)…, 네가 만일 분별을 구하면(기도)… 네가 분별하게 되리라…"(잠 2:1-5, 역자가 NASV를 문자적으로 해석했음). 히브리인들도 분별에 대한 동일한 교훈을 얻었는데, 이는 그들의 영적 양식이 하나님 말씀의 단단한 식물이었기 때문이다(히 5:14).

산발랏의 초청은 성벽 역사의 완성을 방해하기 위한 시도에 불과하다. 그래서 느헤미야는 어떻게 했던가?

> 그들에게 사람을 보내어, 다음과 같이 대답하였다. "나는 지금 큰 공사를 하고 있으므로, 내려갈 수 없소. 어찌 이 일을 중단하고, 여기를 떠나서, 당신들에게 내려가라는 말이오?"(느 6:3).

느헤미야의 원수는 끈질겼다. "그들은 똑같은 것을 네 번씩이나 요구해 왔다." 그러나 느헤미야는 한결 같은 대답을 하기로 결심했다 – "그 때마다 나도 똑같은 말로 대답하였다." 안 돼! 안 돼! 안 돼! 안 돼!

쓸데없는 혼란들은 "안 돼!" 불필요한 위험들은 "안 돼!" 세속적인 동맹은 "안 돼!" 역사가 끝나기 전에 중지하는 것은 "안 돼!"

나는 느헤미야가 "안 돼."라고 말했던 이유에 감동 받았다. "나는 지금 큰 공사를 하고 있으므로, 내려갈 수 없소." 새국제역(NIV)에는 "나는 위대한 프로젝트를 하고 있으므로, 현장을 떠날 수 없소(I am carrying on a great project and cannot … leave it)."라고 번역되었다. 우리가 받은 위대함의 비전이 우리의 일을 계속 되게 해준다.

헛소문 제조 공장

산발랏은 느헤미야를 '협상 테이블'로 끌어들이기 위한 네 번의 시도에 실패한 후에 자포자기가 되었다. 그는 새로운 공격을 개시했다. 다음의 구절들은 그 사건에 대한 기록이다.

> 다섯 번째도, 산발랏이 심부름꾼을 시켜서 같은 내용을 보내 왔다. 심부름꾼이 가지고 온 편지는 봉하지 않았는데, 그 내용은 다음과 같다. 당신과 유다 사람들이 반역을 모의하고 있고, 당신이 성벽을 쌓는 것도 그 때문이라는 소문이 여러 민족 사이에 퍼져 있소. 가스무("게셈"의 변형)도 이 사실을 확인하였소. 더구나 이 보고에 따르면 당신은 그들의 왕이 되려고 하고 있으며, 예루살렘에

서 당신을 왕으로 떠받들고서 유다에 왕이 있다고 선포하게 할 예언자들까지 이미 임명하였다는 말을 들었소. 이러한 일은 이제 곧 왕에게까지 보고될 것이오. 그러니 만나서 함께 이야기합시다. 나는 그에게 회답을 보냈다. "당신이 말한 것은 사실이 아니오. 당신이 마음대로 생각하여 꾸며낸 것일 뿐이오." 그들은 우리에게 으름장을 놓았다. 그렇게 하면 우리가 겁을 먹고 공사를 중단하여, 끝내 완성을 못할 것이라고 생각한 것이다. "하나님, 나에게 힘을 주십시오!"(느 6:5-9, NKSV).

2. 중상으로 반대하다(6:5-7)

이제 느헤미야는 산발랏의 초청을 거절하기에 지쳤다. "도대체 이 녀석은 멈추지 않으려는 걸까?" 이 말은 다섯 번째 편지가 도착하자마자 느헤미야의 입에서 나왔을 것이다. 이게 뭐지? 봉인이 없는 편지는 '공개된 편지'이다.

느헤미야 시대에는 일반적으로 파피루스(옛 이집트에서 파피루스 줄기의 섬유를 종횡으로 겹쳐 만든 종이)나 직물 위에 편지가 쓰였다. 편지는 말려지고, 끈으로 묶여진 후에 편지를 쓴 사람의 인장이 찍힌 진흙으로 봉인되었다. 이것은 편지 내용의 비밀과 편지를 쓴 사람의 신빙성을 보증한다.

이 편지는 네 장의 편지들과는 달랐다. 산발랏은 자신의 정체성에는 신경을 쓰지 않고 모든 사람이 그 편지를 읽기를 원했다. 공개된 편지는 공동 소유물이다. 기자들은 많은 사람들이 읽을 수 있도록 하기 위해서 신문에 기사를 올린다. 사설이나 '일간 칼럼'은 공개된 편지와 같다. 사설 기자는 특정한 날에 쓰인 기사들을 비평하기도 한다. 많은 칼럼들은 흥미 있고 유익하다. 공개된 편지가 주는 하나의 위험은 그것을 읽는 사람들이 그것에 기록된 것을 그냥 믿는 경향이 있다는 것이다. 또 하나의 위험은 좀처럼 그것을 반박하는 사람들이 없다는 것이다.

산발랏의 편지를 읽은 느헤미야의 눈은 심각한 모독을 받았다. "당신과 유다 사람들이 반역을 모의하고 있다." 반역은 불쾌한 단어이다. 이전에는 이와 동일한 단어가 말로 퍼부어졌다(2:19). 그러나 이번에는 모든 사람들이 볼 수 있도록 종이에 쓰여졌다. 이 편지는 총독에게 복합적인 위험을 가져왔다. 느헤미야는 바사 왕이 허락한 영역에서만 일했다. 아닥사스다 왕은 한 지방 총독이 자신의 신뢰를 배신하도록 그냥 놔두지는 않았을 것이다.

느헤미야를 반역자라고 비난한 출처는 두 명의 권세자들이다. 게셈(가스무)은 여기에서 유일하게 이름이 기록되어 있다. 그는 처음부터 느헤미야의 원수노릇을 했다. 편견을 가진 원수가 진실성이 입증되지 않은 진술을 마치 진실된 것인 양 인용한 것은 옳지 않은 짓이다.

두 번째 출처는 더욱 설득력이 없다. "소문이 여러 민족 사이에 퍼져 있소."

산발랏은 권세의 거짓된 근거를 만들어서 소위 반역을 설명했다. 1. "당신과 유다 사람들이 반역을 모의하고 있고, 당신이 성벽을 쌓는 것도 그 때문이라는 소문이 여러 민족 사이에 퍼져 있소", 2. "당신은 그들의 왕이 되려고 하고 있으며", 3. "예루살렘에서 당신을 왕으로 떠받들고서 유다에 왕이 있다고 선포하게 할 예언자들까지 이미 임명하였다는 말을 들었소"(7절). 이 말들은 "이 보고에 따르면"이라는 절이 더해지므로 마치 믿을 만한 정보인 것처럼 보이게 했다. 사실대로 말하자면, 이 보고는 거짓되고 터무니없는 것이었다. 원수의 비난은 모든 사람이 읽을 수 있도록 공개되었다. 당신은 느헤미야 마음속에서 일어났을 두려움을 느낄 수 있는가? 아닥사스다 왕은 그의 지상 권세를 대적하는 사람을 그냥 놔두지 않을 것이다. "그러니 만나서 함께 이야기합시다." 그렇게 하지 않으면 아닥사스다 왕의 진노를 당케 될 것이었다.

산발랏이 거짓말과 거짓된 중상들을 퍼부어서 이루고자 했던 것은 무엇인가? 그의 목적은 느헤미야가 자신을 만나지 않을 수 없도록 만드는 것이었다. 그는 이 위협과 더불어 느헤미야와의 만남을 강력히 요구했다. "이러한 일은 이제 곧 왕에게까지 보고될 것이오." 하지만 그의 목적은 명백한 것이었다. "그러니 만나서 함께 이야기 합시다"(7절). 느헤미야는 일찍이 산발랏의 속임수를 알아차렸던 것처럼(느 6:1-4), 원수와의 만남이 얼마나 위험한 일인지 인식했다. 우리는 느헤미야의 경험으로부터 여러 교훈들을 얻을 수 있다.

중상은 쑥덕공론과 같다

중상은 명예를 크게 손상시킬 수 있다. 말에는 힘이 있다. 일단 말이

뱉어지면 다시 주워 담을 수 없다. 이것은 마치 태풍에 의해 떨어진 낙엽과 같다. 거짓말, 반쪽 진리, 심지어는 상황을 벗어난 사실적 진술들은 과장과 왜곡으로 이끌게 된다.

언젠가 우리는 파티 중에 '가십'(Gossip)이라 불리는 게임을 한 적이 있다. 파티에 참석했던 사람들은 열 줄로 나뉘어졌다. 각 줄의 첫 사람은 다음 사람에게 전달해줄 단어를 지정 받았으며, 그 단어는 마지막 사람에게까지 전달되었다. 이 게임의 목적은 원래의 단어가 마지막 사람에게 얼마나 정확하게 전달되는지 알아보고자 하는 것이었다. 우리 모두는 친구들이었음에도 불구하고 마지막 사람에게 전달된 단어는 전혀 다른 것이었다.

중상은 상처를 주기 위해 계획된 것이다

느헤미야는 자기에 대한 비방이 적힌 편지를 읽는 사람들마다 자신을 불신하게 될 것이라는 점을 알았다. 사람들은 다른 사람의 가장 나쁜 소식에 대해서 믿는 데 빠르다. "우리 사장님이 비서와 불륜관계라는 것에 대해 들은 적이 있나요?" 겉으로는 "아뇨. 저는 그걸 믿지 않습니다."라고 대답한다. 그러나 속으로는 "별로 놀랄 일도 아니네. 난 그 사람을 믿어본 적이 한 번도 없는걸."이라고 생각한다. 그리고 나서 무슨 일이 일어나게 될까? 우리는 처음 만나는 사람에게 이와 같은 상처를 주는 가십을 지껄이게 된다.

가장 나쁜 일이 일어나기를 바라는 것이나, 심지어 다른 사람의 불행을 보고 즐거워하는 것은 인간 근성의 일부인 것 같다. 아마도 우리 자신이 우월한 것처럼 느끼도록 만드는 것 같다. 어떤 동기로든 헛소문은 피해자에게 혹독한 결과를 가져온다.

말하기 슬프지만, 중상은 현대의 정치계에 크게 작용한다. 베트남 전쟁 중에 린던 바이네스 존슨 대통령은 공화당원 도전자였던 바리 골드워터 후보와 대결하여 재선운동을 했다. 민주당원들은 골드워터를 전쟁 도발자로 묘사했다. 골드워터가 당선되면 모든 공산국가들이 미국을 세계대전으로 끌어들이게 될 것이라는 비판적인 문제가 제기되었다. 한 TV 광고는 화면 하단에 "골드워터"라는 단어와 더불어 핵폭발 장면을 선전했다. 이 광고는 골드워터를 뽑는 것은 세계의 종말을 야기하는 것임을 의미했다. 그는 미국 역사상 가장 큰 표차인 1,600만 표를 뒤지므로 낙선했다.

중상은 상처를 주기 위해 계획된 것이다. 리더가 아무리 성숙할지라도 그의 명성에 먹칠을 하면 괴로움을 받게 된다. 어떤 유의 공격이 그에게 가장 큰 상처를 주었을까? 그의 인격에 공격을 퍼부은 것은 무엇보다 큰 상처를 안겨주었다. 산발랏이 느헤미야가 반역하기 위해 성벽을 쌓고 있다고 중상한 것은 그에게 깊은 상처를 주었다. 그의 충성은 질책받았다. 당신은 하나님의 사람이 입은 옷 색깔이 마음에 들지 않는다고 해서 그에게 상처를 줄 수는 없다. 하지만 그의 도덕적 정직성을 공격해 보라. 그리하면 그가 고통을 느낄 것이다.

중상에 의해 희생자가 된 리더는 무엇을 해야 하는가? 과거의 많은 성도들은 자신들이 할 수 있는 것은 아무 것도 없음을 느꼈다. 그들은 아마도 예수님을 본받았던 것 같다. "욕을 당하시되 맞대어 욕하지 아니하시고"(벧전 2:23). 느헤미야의 상황은 하나님의 자녀가 고난 받는 것과 관련되어 있다. 느헤미야는 정치가가 비방 받는 것처럼 중상 당했다. 그는 숨길 것이 아무 것도 없었다. 그의 동기는 순수했다. 그는 산발랏의 중상을 정면으로 맞섰다. "이건 거짓말이야. 이건 진실이 아니야." 사람들은 공개적인 비방을 믿는 경향이 있다.

산발랏의 중상적 공격에 대한 느헤미야의 반응은 우리에게 여러 가지 교훈을 준다.

▶ 문제를 정면으로 맞서라. 꾸물거리면 사람들의 의심을 깊게 만들고, 중상을 듣는 자들의 수를 많게 할 뿐이다.

> 나는 그에게 회답을 보냈다. "당신이 말한 것은 사실이 아니오. 당신이 마음대로 생각하여 꾸며낸 것일 뿐이오."(느 6:8, NKSV).

느헤미야의 대답이 아름다운 이유는 그것의 진실됨에 있다. 죄 있는 사람에게는 공갈이 강력한 협박이지만, 두 손이 깨끗한 사람에게는 단지 귀찮게 하는 것일 뿐이다. 느헤미야는 담대히 반박할 수 있는 양심을 소유하고 있었다. 이는 그의 양심이 깨끗했기 때문이다. 더러운 손을 가진 리더를 불쌍히 여기라.

▶ 원수가 공격하는 진정한 이유가 무엇인지 찾아내라. "우리가 겁

을 먹고 공사를 중단하여, 끝내 완성을 못할 것이라고 생각한 것이다."

다시 한 번 주의 깊게 읽어보라. "우리가 겁을 먹고 공사를 중단하여, 끝내 완성을 못할 것이라고 생각한 것이다." 아하! 원수들이 한 사람에게만 공격하려고 한 것이 아니었음이 틀림없다. 이것은 주님의 일을 방해하기 위해 사용한 또 하나의 방법이었다.

▶ 일을 끝까지 하기로 결심하라. 산발랏은 다시금 예루살렘의 신임 총독을 경시했다. 우리가 하나님의 성벽을 건축할 때에는 중단하지 말아야 한다.

▶ 하나님을 당신과 평형 상태로 오시게 하라. 느헤미야는 "내 손을 힘있게 하옵소서!"(HRV)라고 기도했다. "겁을 먹고"(9절)라는 말은 문자적으로 "너의 두 손을 떼라"고 하는 의미가 있다. 당신은 대롱거리는 두 팔을 가지고는 아무 일도 할 수 없다. 그의 기도 - 내 손을 힘있게 하옵소서 - 는 용기를 얻기 위한 부르짖음이었다. 자신의 손을 힘있게 해달라고 하나님께 간구한 것은 그의 생각까지 민첩하게 만들어준 것 같다. 그의 의지는 세 번째 공격을 정면으로 맞서기 위해서 영적인 힘과 육적인 힘이 함께 필요했다. 세 번째 공격은 속임수나 중상보다 훨씬 더한 것이었다. 다음에 무슨 일이 일어났는지 주의 깊게 읽어보라.

하루는, 스마야를 만나려고 그의 집으로 찾아갔다. 그는 들라야의 아들이며, 므헤다벨의 손자인데, 문 밖 출입을 하지 않고 있었다. 그가 나에게 말하였다. "하나님의 성전으로 갑시다. 성소 안으로 들어가서, 성소 출입문들을 닫읍시다. 자객들이 그대를 죽이러 올 것이오. 그들이 밤에 와서 반드시 그대를 죽일 것이오." 나는 대답하였다. "나 같은 사람더러 도망이나 다니란 말이오? 나 같은 사람이 성소에 들어갔다가는 절대로 살아나올 수 없소. 나는 그렇게는 못하오." 나는 그 때에 그가 하나님이 보내신 예언자가 아니라는 것을 알았다. 그는 도비야와 산발랏에게 매수되어서, 나를 해치려는 예언을 하였다. 그들이 스마야를 매수한 것은 나에게 겁을 주어 성소를 범하는 죄를 짓게 하여서, 나의 명예를 떨어뜨리고 나를 헐뜯으려는 속셈이었다. "나의 하나님, 도비야와 산발랏이 한 일을 잊지 마십시오. 예언자 노아댜와 그 밖에 나에게 겁을 주려고 한 예언자들이 나에게 한 일을 잊지 마십시오."(느 6:10-14, NKSV).

3. 육체적 위협으로 인한 반대(6:10-14)

그들이 밤에 와서 반드시 그대를 죽일 것이오.

"느헤미야, 살고 싶으면 도망치시오!"

오노 평지로 느헤미야를 유인하려던 계획을 실패한 산발랏은 종교적인 방법을 사용하기 시작했다. 산발랏과 도비야는 스마야라고 불리던 제사장에게 뇌물을 주어서 친구로 만들었다. 느헤미야는 스마야의 호출을 받았음이 분명하다. 우리는 성경이 그가 "문 밖 출입을 하지 않았다"라고 말한 것의 이유를 명확하게 알 수는 없다. 이는 아마도 스마야가 경고의 심각성을 느헤미야가 확신하도록 하기 위함이었을 수도 있다. 또 하나의 가능한 해석은 느헤미야가 제사장의 보호와 인도를 받기 위해 그에게로 도망한 사람이라는 소문이 나도록 하기 위함이었을 수도 있다. 산발랏은 약삭빠른 대적자였다. 다음의 말씀을 더욱 신중히 읽어보라. "하나님의 성전으로 갑시다. 성소 안으로 들어가서, 성소 출입문들을 닫읍시다."

여러 학자들은 성전에서 만나자는 스마야의 조언이 신탁(하나님이 주신 위엄 있는 말씀)의 유형으로써 하나님으로부터 온 특별 계시처럼 보였다고 설명한다. 한 역본은 2행으로 표현하고 있다.

> 그들은 당신을 죽일 것이오, 그들은 오늘밤에 당신을 죽이려고 몰려오고 있소.(예루살렘 성경)

학자들은 또한 스마야가 "성전"이라고 사용한 단어는 성소를 의미하는 것이라고 지적하고 있다. 오로지 제사장만이 성소에 들어갈 수 있도록 허락되었다. 민수기 3장 10절과 28절은 느헤미야와 같은 평신도가 성소에 들어가는 것을 명백히 금하고 있다. 웃시야 왕은 성소에 들어가면 문둥이가 되므로 성소에 들어가는 것이 명백히 금해진 것이라는 점을 배웠다(대하 26:16-20). 느헤미야는 "그가 하나님이 보내신 예언자가 아니라는 것을 알았다." 그 이유 중에 하나는 그의 성경 지식으로 말미암은 것이었다. 이때에 그는 단지 속임수로부터 자신을 보호한 것뿐만 아니라 하나님 앞에서의 불순종으로 인한 징계를 받지 않을 수도 있었다.

선지자들을 시험하라

느헤미야의 대답은 퉁명스러웠다. "나 같은 사람더러 도망이나 다니란 말이오?" 그는 하나님을 확신하므로 말했는데, 이는 그가 하나님의 진리를 알고 있었기 때문이다. 선지자가 여호와의 이름으로 말한 일에 성취함이 없으면 제 마음대로 한 말이다(신 18:22). 스마야는 하나님으로부터 보내심을 받은 자가 아니었다. 그의 모든 음모는 성경의 정반대이다. 하나님은 진리이시다. 하나님이 하신 말씀에 모순되는 것은 있을 수 없다. 수세기가 지난 후, 예수님께서는 "진리가 너희를 자유케 하리라"고 말씀하셨다. 실제로 진리는 느헤미야가 불순종의 실수를 범하는 것으로부터 자유케 했다. 그리고 거짓 선지자를 두려워하는 실수로부터 자유케 했다.

"나 같은 사람더러 도망이나 다니란 말이오?" 그의 대답은 거만하지 않았다. 그의 대답에는 통찰력이 있었다. 이것은 그의 용기를 반영해주고 있음이 분명하지만, 용기 이상의 것이었다. 그는 어떤 유의 사람이었을까? 그는 리더였다. 성벽과 일꾼들에 대한 책임은 그의 두 어깨에 지워졌다. 그가 산발랏을 처음 대면했을 때(느 2:19-20), 그는 하나님께서 그들로 형통케 하실 것이라는 것과 원수들은 "예루살렘에서 아무 기업도 없고 권리도 없고 기억되는 바도 없다"라고 말해서 연약한 유대인들을 강철같이 만들었다. 유대인들은 평생 이와 같은 용기를 북돋는 말을 들어본 적이 없을 것이다. 그들은 이런 유의 사람을 따르기로 결심했다. 느헤미야는 이제 그들의 기대를 저버려서는 안 된다.

우리도 역시 리더십의 의무를 배워야만 한다. 우리의 행위에는 결과가 따른다. 느헤미야가 만일 도망쳤다면, 일꾼들의 꺾인 사기와 임무의 완수는 다시 회복할 수 없었을 것이다. "나 같은 사람더러 도망이나 다니란 말이오? 나 같은 사람이 성소에 들어갔다가는 절대로 살아나올 수 없소. 나는 그렇게는 못하오." 리더들은 흔들리지 않는다. 또한 우리도 정직을 보여야 할 책임이 있다. 용기는 두려움의 부재를 의미하는 것이 아니라(느 2:2), 두려움의 노예가 되는 것을 거부하는 것을 의미한다. 오직 우리가 두려움에 사로잡힐 때에 이것이 죄 받을 것이 된다. 우리의 추종자들은 우리가 두려움을 어떻게 다루는지를 봄으로 그들의 두려움을 다룰 수 있다.

우리는 하나님의 두 손 위에 우리의 반대세력을 올려놓아야 할 의무가 있다. "나의 하나님, 도비야와 산발랏이 한 일을 잊지 마십시오. 예언자 노아댜와 그 밖에 나에게 겁을 주려고 한 예언자들이 나에게 한 일을 잊지 마십시오"(14절). 이 말씀은 우리가 원수들에게 복수를 할 필요가 없다는 것도 교훈하고 있다. 하나님께서 원수들을 다루시도록 맡기면 된다!

상황이 잘못 되어가고 있을 때

여느 때처럼 상황이 잘못 되어가고 있을 때,
걷고 있는 길이 전부 오르막인 것처럼 보일 때,
비축한 자금은 별로 없고 빚은 많을 때,
미소 짓고 싶지만 한숨을 쉬어야 할 때,
근심이 당신을 무겁게 누를 때,
쉼을 얻고 싶으면 회피하지 말아요.

우리 모두 가끔은 알게 되듯이
인생이란 뒤틀리고 뒤집히고 묘하기도 하지요.
버텼다면 이길 수도 있었고
성공으로 전환할 수 있는 실패도 많았을 거에요.
걸음이 조금 더디다 해도 포기하지 말아요.
한 번 더 노력하면 성공할 수도 있어요.

목표는 가냘프고 비틀거리는 사람에게 보이는 것보다
더 가까울 때도 있어요.
때로 힘써 싸워서 승리의 잔을 얻을 순간에
포기하는 사람도 있지요.

어둠이 사라질 때에 자신이 금 면류관을 얻게 될 때가
곧 온다는 것을 너무 늦게 알게 되었지요.

성공이란 실패가 뒤집힌 것이고,
의심의 구름의 은빛이에요.
그대는 자신이 성공에 얼마나 가까이 있는지 결코 말할 수 없어요.
멀리 있는 것처럼 보일 때에 그것이 가까이 있을지도 몰라요.
가장 힘겨운 역경에 처해도 계속 싸우세요.
그대가 회피하지 말아야 하는 때는 상황이 가장 어려워 보일 때에요.

작가 불명

느헤미야의 리더십에는 상급이 있다. 그는 성벽 중수를 완성했다!

완성된 성벽

성공적으로 목표를 달성하는 기쁨에 필적할 것은 그리 많지 않다. 1991년 동남 아시안 게임은 필리핀에 여러 가지 가슴 설레게 하는 일들을 가져다주었다. 이 게임은 필리핀 역사상 가장 성공적인 경기였다. 12일 동안 이어진 경기 중에 필리핀 사람들에게 두 번이나 졌던 인도네시아보다 단 하나가 모자란 아흔아홉 개의 금메달을 획득했다. 수영에서 여섯 개의 금메달을 딴 에릭 부해인(Eric Buhain)의 가슴 설렘을 상상해보라. 수개월 또는 수년 동안 이어진 훈련과 자기 부인이 그에게 MVP – 운동선수가 이룰 수 있는 최상 성공 – 라는 영예를 안겨주었다.

또한 스물여섯 살 된 어머니로서의 단거리 경주자 리디아 데 베가 – 멀카도(Vega Mercado)를 기억한다. 수많은 사람들은 그녀가 결코 또 하나의 메달을 획득하지 못할 것이라고 말했다. 하지만 그들의 말은 틀렸다. 그녀는 금메달을 목에 걸고 집으로 달려갔다. 테니스 영웅 펠릭스 바리엔토스(Felix Barrientos)는 세 개의 금메달을 획득했다. 메달을 획득한 선수들의 이름은 계속 이어진다. 각 참가자는 목표달성의 기쁨을 경험했다.

성벽 공사는 오십이 일 만인 엘룰월 이십오 일에 끝났다(느 6:15).

엘룰월 이십오 일(10월 2일)은 느헤미야와 그의 일꾼들에게 있어서 축제일이었다. 그는 모든 장애물을 극복했고, 완성된 성벽은 하나님 능력과 한 리더의 지속적인 순종에 대한 진상물로 서게 되었다.

네 가지 놀라운 점

그럼에도 불구하고, 나는 느헤미야가 목표달성에 대해 간략하게 보고한 것에 놀랐다. 그는 승리의 만찬이나 연설이나 축제를 하지 않았다.

그는 단지 "성벽 공사는 오십이 일 만인 엘룰월 이십오 일에 끝났다"라고 말했을 뿐이다. 나는 느헤미야가 완성된 성벽보다 더 중요한 뭔가를 바라보고 있었던 것을 느낄 수 있다. 아마도 그는 성벽이 아니라 성벽 안에 있던 일꾼들이 중요하다고 생각하고 있었을 것이다. 당신은 느헤미야가 "성벽 건축은 백성을 회복시키는 일로 이어져야 한다."라고 말하는 소리를 들을 수 있는가? 그는 리더십의 가장 모진 교훈들 중에 하나인 "마지막에 방법을 분간하기"를 배웠다.

두 번째의 놀라운 점은 16절에 기록되어 있다.

> 우리의 모든 원수와 주변의 여러 민족이 이 소식을 듣고, 완공된 성벽도 보았다. 그제서야 우리의 원수는, 이 공사가 우리 하나님의 도움으로 이루어진 것임을 깨달았다. 그래서 그들은 기가 꺾였다(느 6:16, NKSV).

완공된 성벽의 소식은 원수 나라들에게 충격이었다. "우리는 결코 그들이 성벽 역사를 끝낼 것이라고는 믿지 않았다." 성벽 건축을 중단시키기 위해 사용됐던 모든 방법들이 실패로 돌아갔다. 당신은 원수들이 "기가 꺾였다"는 말씀을 읽을 때에 즐겁지 않은가? 우리 안에 거하시는 분이 세상에 있는 자보다 위대하시다. 열방은 하나님과 그분의 백성에게 대한 새로운 경의심을 얻었다. "이 유대인들이 이루어 놓은 일은 정말 놀랍구나! 그들 하나님의 강력하심이 정말 놀랍구나!"

세 번째의 놀라운 점은 다음의 구절들에서 발견된다.

그 무렵에 유다의 귀족들이 도비야에게 편지를 자주 보내고, 도비야도 그들에게 편지를 보내곤 하였다. 도비야는 아라의 아들인 스가냐의 사위인 데다가, 도비야의 아들 여호하난도 베레갸의 아들인 므술람의 딸과 결혼하였으므로, 유다에는 그와 동맹을 맺은 사람들이 많았다. 그들은, 내 앞에서도 서슴없이 도비야를 칭찬하고, 내가 하는 말은 무엇이든지 다 그에게 일러바쳤다. 그래서 도비야는 나에게 협박 편지를 여러 통 보내서 위협하였다(느 6:17, NKSV).

느헤미야는 여전히 도비야의 심각한 협박을 받았다. 비록 도비야가 암몬 사람이기는 했지만, 그의 이름이 "여호와는 하나님이시다"라는 의미를 지니고 있는 것으로 보아 여호와와 약간의 관계를 갖고 있었던 것 같다. 그는 유대 사회의 기둥이었던 스가냐의 사위였고(6:18), 그의 아들은 성벽 역사에 참여했던 한 가정에 장가들었다(3:4, 30). 도비야의 영향 있는 유대인들과의 관련(13:4)과 "악담"은 느헤미야에게 내부적 위협을 가했다. 이제 도비야는 무대 뒤로 사라진 듯한 산발랏보다 더욱 위험한 존재가 되었다. 느헤미야는 성벽이 영적 진보를 방해하는 모든 위협들을 막을 수는 없다는 것을 우리에게 교훈하고 있다.

성벽 역사가 끝났다

　네 번째의 놀라운 점은 "오십이 일"만에 끝났다는 것이다. 나의 지식으로써는 성벽 역사가 그렇게 빨리 끝난 사실을 이해하는 데 어려움이 있다. 이토록 엄청난 프로젝트가 두 달도 걸리지 않은 시간 안에 완성될 수 있었을까? 만약 당신도 오십이 일만에 성벽이 완성되었다는 사실이 이상하게 여겨진다면, 여기에 몇 가지 결론들을 숙고하라.

- ▶ 성벽 건축자들은 절박함 속에서 일했다. 절박함은 그들의 아드레날린이 넘치도록 했다.
- ▶ 느헤미야의 조직 능력이 많은 수의 일꾼들을 동원하고, 그들을 사용할 수 있도록 했다. 느헤미야 7장에서 성전 역사에 참여한 4만 2,360명의 유대인들과 7,000명의 종들의 명단을 제공하고 있다(이 명단은 에스라가 편집했음이 분명하다).
- ▶ 성벽의 몇몇 부분들은 그리 크게 훼파된 상태는 아니었을 것이다.
- ▶ 건축자재가 풍부했다.
- ▶ 그리고 무엇보다도 우리는 느헤미야가 직접 말한 바를 문자 그대로 받아들여야 한다. "이 공사가 우리 하나님의 도움으로 이루어진 것임을 깨달았다."

제2부
백성을 회복시키라

끝에서부터 방법들을 분별하라

Chapter 10
리더와 영적 갱신
– Part I

에드사 전당의 콘크리트 바닥에는 다음의 말씀이 기록되어 있다.

> 내 이름으로 일컫는 내 백성이 그 악한 길에서 떠나 스스로 낮추고 기도하여 내 얼굴을 찾으면 내가 하늘에서 듣고 그들의 죄를 사하고 그들의 땅을 고칠지라(대하 7:14).

이것은 유명한 말씀이며, 자주 인용되는 진리이다. 우리는 오늘날 어디에서든지 하나님께서 3,000년 전에 솔로몬에게 주신 이 말씀을 들을 수 있다. 이 구절은 민족의 도덕과 영적 갱신을 구하는 사람들의 입에서 조용히 언급되었다.

솔로몬 시대는 하나님께서 550년 후에 한 나라를 회복시키실 때에 일어날 일에 대한 기록을 제공한다. 느헤미야 8장과 9장은 사람들의 영적 갱신의 첫 단계에 대한 기록이다.

영적 갱신이란 무엇인가

본문을 읽기 전에 영적 갱신이라는 용어를 정의해보자. 영적 갱신은 영적 회복을 의미하지 않는다. 이것은 영적 회복을 이은 것으로써, 영적 생명이 쇠약해질 때에 일어난다.

역사상 하나님께서 영적 갱신을 가져오실 때에는 성결과 능력 가운데 자신을 나타내셨다. 일반적으로, 영적 갱신은 한 사람 혹은 한 무리의 사람들이 영적 냉랭함을 느낀 후에 열렬히 기도하고, 회개하며, 자주 금식하고, 하나님의 용서와 능력을 구한 다음에 찾아오게 된다. 그렇게 되면 "새롭게 되는 날이 주 앞으로부터 이를 것"(행 3:19)이다. 영적 갱신은 한 나라의 회복이 있은 후에 일어날 수 있다.

성벽 중수 후에 – 하나님의 말씀

유대인들의 형편을 생각해보라. 느헤미야는 유대인들이 "곤경"에 빠져 있었다고 설명했다(2:17). 그들은 이웃 이방 나라들의 손에 의해 수치와 치욕을 당했다. 90년 전에 있었던 스룹바벨 성전 회복의 기쁨은 오래 전에 잊혀졌다. 느헤미야보다 12년 먼저 백성에게 율법을 가르쳤던 에스라의 사역은 많은 사람들을 변화시켰다(스 10:1-4). 그러나 하나니의 비통한 말은 느헤미야가 예루살렘에 도착하기 전 예루살렘 유대인들의 형편을 묘사하고 있다. "사로잡혀 오지 않고 그 지방에 남은 사람들은 거기에서 고생이 아주 심합니다. 업신여김을 받습니다."(1:3, NKSV).

성벽 재건은 이제 눈앞에 다가왔다. 고통스러운 시간은 지나갔다. 11장에서는 사람들을 다시 예루살렘에 거주케 하기 위한 계획들이 세워졌다. 우리는 기대에 부풀어 있는 예루살렘 성을 예상할 수 있다. 과연 예루살렘은 그런 도시가 될 수 있을까? 길고 긴 고통의 겨울은 가고 이제 그들에게 봄이 오고 있다. 그러나 영적으로 갱신되지 않은 백성이 사는 국가가 다시 일어설 수 있을까? 예루살렘 총독은 아니라고 대답한다!

이제 느헤미야의 위대한 사역이 시작된다. 느헤미야를 무관심하게 읽는 사람은 이 성경의 주요 요점을 간과하게 된다. 그는 단순히 성벽을 재건하는 것에 만족하지 않았다. 성벽 건축은 제1단계에 지나지 않는다. 느헤미야는 성전 건축을 일정한 시간 안에 성공적으로 완성했다. 그는 제2단계 즉 사람들을 일으키는 일에 시선을 고정시켰다. 존 화이트는 다음의 글을 기록했다.

> 느헤미야는 에스라와 더불어 국가적 개혁의 토대를 놓았는데, 이 개혁의 영향은 그리스도가 오실 때까지 사백 년 이상 이어졌다.

하나님으로부터 받은 느헤미야의 의무는 그분이 오늘날 우리에게 주시는 의무와 상당히 비슷하다. 그 의무는 사람들을 성숙하게 하는 것이다. 하나님께서는 "눈에 보이는 물질적인 성벽"보다는 다른 것에 더 큰 관심을 갖고 계셨다. 그분의 주요 관심은 성벽 안에 살고 있던 사람들의 삶의 질에 있었다. 모든 리더는 이 영원한 진리를 자신에게 적용해야 한다. 사람들의 마음이 냉랭한데 예루살렘 안의 화려한 주택들과 도시 개혁이 무슨 소용이 있겠는가? 내적 질의 기본 조건에 대한 하나님의 관심은 결코 변하지 않았다.

> … 나는 사람이 판단하는 것처럼 그렇게 판단하지는 않는다. 사람은 겉모습만을 따라 판단하지만, 나 주는 중심을 본다(삼상 16:7, NKSV).

이 장은 느헤미야의 중추적인 장이다. 이 장에서는 '성벽 세우기'에서 '사람 세우기'로 초점이 바뀐다. 이제부터 하나님의 말씀이 이스라엘의 국가적 삶의 중심이 될 것이다.

성경과 국가적 갱신

이스라엘이 영적 갱신을 경험하기 전, 하나님의 말씀이 먼저 선포되었고, 백성은 정결케 되었다. 본문으로 돌아가서, 7장 마지막 절의 중간부터 읽어보자.

백성에게 율법을 읽어 주다

이스라엘 자손이 그렇게 여러 마을에 흩어져서 살고 있었다. 일곱째 달이 되었을 때에, 모든 백성이 한꺼번에 수문 앞 광장에 모였다. 그들은 학자 에스라에게, 주께서 이스라엘에게 명하신 모세의 율법책을 가지고 오라고 청하였다. 일곱째 달 초하루에 에스라 제사장은 율법책을 가지고 회중 앞에 나왔다. 거기에는, 남자나 여자나, 알아들을 만한 사람은 모두 나와 있었다. 그는 수문 앞 광장에서, 남자든 여자든, 알아들을 만한 모든 사람에게 새벽부터 정오까지, 큰소리로 율법책을 읽어 주었다. 백성은 모두 율법책 읽는 소리에 귀를 기울였다. 학자 에스라는 임시로 만든 높은 나무 단 위에 섰다. 그 오른쪽으로는 맛디댜와 스마와 아나야와 우리야와 힐기야와 마아세야가 서고, 왼쪽으로는 브다야와 미사엘과 말기야와 하숨과 하스밧다나와 스가랴와 므술람이 섰다(느 7:73b-8:4, NKSV).

이 장은 단순한 구분이 있다. 나는 느헤미야 8장 1-4절을 일컬어 하나님의 말씀에 대한 유대인들의 요구라고 한다. 하나님의 말씀에 대한 그들의 응답은 8장 5-18절에 기록되어 있다. 이때에 비범한 요구를 위한 전례 없는 집회가 열렸다. "모세의 율법책을 가지고 오라."

1. 하나님의 말씀에 대한 그들의 요구(7:73-8:4)

사건들의 연대기는 주목할 가치가 있다. 느헤미야는 4월 즉 "첫째 달"에 바사 왕에게 부탁했다. 그의 수산 성에서 예루살렘으로의 여행은 두 달, 세 달, 혹은 네 달이 걸렸을 수도 있다. 성벽 중수는 여섯 번째 달 혹은 9월 27일에 완성되었다. 이제 10월 즉 "일곱째 달이 되었을 때에" 이스라엘 자손들은 하나님의 율법을 가르쳐달라고 요구했다. 여기에서 우리가 주목해야 할 점은 그들이 시간을 낭비하지 않았다는 것이다. 그들은 오로지 "성경을 잡기" 위해서 연장들을 내려놓은 듯하다. 그들은 어떻게 하나님의 말씀을 듣고자 하는 엄청난 동기부여를 받았을까?

한 가지 확실한 것은 하나님께서 그들의 마음 가운데 이러한 열정을 부어주셨다는 것이다. 예수님은 하나님의 불변의 목적을 "나는 아버지께서 내게 하라고 맡기신 일을 완성하였습니다.", "나는 그들에게 아버지의 말씀을 주었습니다."(요 17:4, 14)라고 말씀하심으로 상기하셨다. 유대인들의 흩어짐은 그들이 유다 안에서 영적 굶주림을 결코 느끼지 못했다는 것을 드러내준다. 유대인들은 성숙해지기 위해서 하나님의 말씀이 필요했다.

살아있는 서신들

두 번째 이유는 에스라의 가르침 때문이다. 그는 명확한 목표들을 품고 느헤미야가 예루살렘에 도착하기 12년 전에 왔다.

> 에스라는 주의 율법을 깊이 연구하고 지켰으며, 또한 이스라엘 사람들에게 율례와 규례를 가르치는 일에 헌신하였다(스 7:10, NKSV).

당신은 이 구절이 무엇을 말씀하는지 이해했는가? 어떤 사람들은 설교를 하기 위해서 성경을 연구한다. 그러나 에스라는 그렇게 하지 않았다. 그는 다른 사람들을 가르치기 전에 개인적으로 하나님의 말씀을 순종했다. 하나님 말씀에 대한 그의 순종은 그의 설교를 세밀하게 만들어 주었다. 만약 그러하다면, 두 달 간의 건축 프로그램은 단지 오랜 가르침의 막간이었을 가능성이 있다. 또한 그가 예루살렘을 얼마간 떠나 있다가 다시 돌아온 것일 수도 있다. 그러나 에스라는 어디로 가든지 하나님의 말씀을 향한 목마름이 있었다. 성경 인물들이 설교한 내용을 설교하는 것은 믿음을 준다.

세 번째로 훌륭한 이유는 느헤미야 자신에게서 발견된다. 한 번 보는 것은 천 번 말하는 것보다 낫다. 사람들은 성벽을 보았다. 그들은 느헤미야와 함께 하지 않았더라면 성벽 중수는 있을 수 없었다는 것을 확신했다. 뿐만 아니라, 그들은 느헤미야의 능력의 근원이 하나님이시라는 것을 알고 있었다. 모든 사람들 즉 친구건 원수건 "이 공사가 우리 하나님의 도움으로 이루어진 것임을 깨달았다"(6:16).

사람들은 자발적으로 모였다. 물론 하나님께서 그들을 모으셨음이 확실하다. 그들의 모임은 인간의 조작이나 광고나 술책과 계략으로 인한 것이 아니었다. 느헤미야와 에스라의 모본이 백성들에게 크게 호소한 것이다. 이 두 사람은 여러 면에서 다른 모습을 지니고 있었지만 마치 하나인 것처럼 보였다. 이 두 사람은 하나님의 말씀에 전적으로 헌신했다. 결과를 보라. 백성은 모든 마을들로부터 수문 앞 광장으로 일제히 모여들었다. 그들의 연합한 목적은 감동적이다. "한 사람처럼!"

아이들이 허락되다

고대 이스라엘에게 하나님의 말씀이 얼마나 중요했을까? 우리는 2-4절에서 많은 것들을 배우게 된다. 에스라의 메시지를 들었던 사람들 중에는 남자들과 여자들과 알아들을 만한 아이들이 포함된다. 여자들과 아이들은 일반 모임에 참석하지 않았다. 하지만 이 모임은 특별한 경우였다. 하나님께서 그분의 말씀을 통해서 선포하실 예정이었다. 하나님의 율법은 매 7년마다 모든 이스라엘 백성 즉 "남녀와 어린이"(신 31:10-13)에게 읽혀져야 했다. 모세의 마지막 리더십 활동은 율법 전체를 이스라엘 백성에게 읽어주고, 율법에 기록된 축복들과 저주들을 설명하는 것이었다. 여호수아가 아이 성을 정복한 후에 했던 첫 행동도 동일하다. 다음의 기사는 우리의 마음에 감동을 준다.

> 모세가 명령한 것은 여호수아가 이스라엘 온 회중과 여자들과 아이와 그들 중에 동행하는 거류민들 앞에서 낭독하지 아니한 말이 하나도 없었더라(수 8:35).

영적 갱신으로 가는 길

우리는 8장 1-4절에서 하나님의 말씀을 듣기 위해 아침 일찍 모여든 사람들을 보았다. 아침에 해가 뜰 때부터 정오까지 말씀은 대략 여섯 시간 동안 이어졌고, 이것은 이스라엘 백성의 영적 굶주림에 대한 증거이다. 그들의 첫 요구는 "율법책을 가지고 오라"였다. 그들은 율법의 가르침에 어떻게 반응했을까? 그들의 응답은 8장의 나머지 부분의 주제이다.

2. 하나님의 말씀에 반응하기(8:5-18)

다음은 성경에 반응할 때의 다섯 가지 주요 단계들이다. 나는 각 단계가 영적 갱신으로 가는 길의 일부라고 믿고 있다.

경외

경외한다는 것은 존경하고 공경하고 높이 평가하는 것이다. 진정한 부흥이 올 때에는 성경의 선포가 첫째 된다. 성경의 중요성에 대한 우리의 비전은 성경 메시지에 대한 우리의 태도에서 보여진다. 유대인들은 에스라의 팀이 그들에게 성경을 읽어주는 것을 귀 기울여 들었다. 5절을 읽어보라.

> 학자 에스라는 높은 단 위에 서 있었으므로, 백성들은 모두, 그가 책 펴는 것을 볼 수 있었다. 에스라가 책을 펴면, 백성들은 모두 일어섰다(느 8:5, NKSV).

두려움으로 일어서기

극적인 순간이 왔다. 에스라는 단 위에 올라섰다. 단의 높이는 흥미를 더한다. 모든 눈이 에스라의 손에 있던 책에 머물렀다. 예루살렘 성벽 중수가 끝난 지 얼마 되지 않았다. 높은 곳을 바라보는 그들의 얼굴은 그들의 마음을 보여준다. 성벽 다음에는 말씀이다. 결국, 그 책이 펼쳐졌다. 모든 유대인들은 경외하는 마음으로 일제히 일어났다.

먼저 구하라

하나님께서는 그분의 말씀의 가치를 비밀로 붙이시지 않았다. 그분께서는 여호수아에게 이렇게 말씀하셨다.

> 이 율법책을 네 입에서 떠나지 말게 하며 주야로 그것을 묵상하여…(수 1:8).

예레미야와 같은 선지자들은 진리를 갈망했다.

> 주께서 저에게 말씀을 주셨을 때에, 저는 그 말씀을 받아먹었습니다. 주의 말씀은 저에게 기쁨이 되었고, 제 마음에 즐거움이 되었

습니다(렘 15:16, NKSV).

예수님께서는 성경의 영원한 가치를 말씀하셨다.

진실로 너희에게 이르노니 천지가 없어지기 전에는 율법의 일점 일획도 결코 없어지지 아니하고 다 이루리라(마 5:18).

하나님의 말씀을 경외하는 것은 영적 갱신의 길로 가기 좋은 지점이다. 존 웨슬리(John Wesley)와 동시대 사람이었던 조지 휫필드(George Whitefield)는 영국의 암흑기에 주님의 말씀을 선포했다. 그는 사역을 시작하기 전에 다음의 글을 통하여 영적 갱신에 대해 언급했다.

나는 무릎을 꿇고서 성경을 읽기 시작했다. 다른 책들은 거들떠보지도 않았다. 나는 할 수만 있다면 말씀을 읽는 중에도 기도했다. 성경은 내 영혼의 진정한 양식이며 음료이다. 나는 매일같이 위로부터 오는 새로운 조명과 능력을 받았다. 나는 지난 한 달 동안 하나님의 말씀을 읽으므로 말미암아 세상의 모든 사람들이 쓴 책을 통해 얻은 지식보다 더욱 많은 진리의 지식을 얻게 되었다.

예배

그런 다음에 에스라는 예배의 역동적 활동인 대표기도를 드렸다.

"에스라가 광대하신 하나님 여호와를 송축하매", "송축하다"라는 단어는 히브리어의 "무릎을 꿇다" 또는 "무릎"이라는 단어와 연관이 있다. 예배의 두 가지 역동적인 관점은 에스라의 "송축"에 의해 표현되었다. 그 중에 하나는 하나님의 주권이다. 다윗이 기뻐하면서 "내가 여호와를 항상 송축함이여"라고 말한 것은 "내가 내 인생의 모든 상황 속에서 하나님 앞에 무릎을 꿇겠나이다"라는 의미이다. 이것은 하나님의 주되심을 예배하는 것이다. "하나님이시여, 주는 모든 상황을 주관하시는 이시니, 내가 주를 송축하나이다." 아마 느헤미야는 하나님께서 그를 수산성에서 나오게 하셔서 예배할 수 있도록 했던 순간을 회상한 듯하다.

> 모든 백성이 손을 들고 "아멘, 아멘" 응답하고 몸을 굽혀 얼굴을 땅에 대고 여호와께 경배하였느니라(느 8:6).

여호와를 바라라

에스라의 "축복"에서 보여지는 예배의 두 번째 관점은 하나님께서 모든 축복의 근원이심을 인정하는 것이다. 그분은 주권자이시며, 공급자이시다. 이스라엘 백성(예배자들)의 응답은 이 두 가지 관점들에 대해 그들이 어떻게 이해하고 있는지 보여준다.

예배자들이 손을 드는 것은 그들이 하나님의 임재를 구하는 것을 가리킨다. "주의 이름으로 말미암아 나의 손을 들리이다"(시 63:4). 하나님 홀로 나의 필요를 채우신다. "내가 주의 지성소를 향하여 나의 손을 들고 주께 부르짖을 때에 나의 간구하는 소리를 들으소서"(시 28:2). 그들은 자신들의 수중에 아무것도 없음을 하나님께 보여 드렸고, 빈 손을 채우실 수 있는 분을 향하여 손을 들었다. 하나님께서는 구하는 자들에게 '물질' 이상의 것을 주실 것이다.

여섯 시간 동안 이어진 예배는 하나님으로부터 '동냥' 하기 위해 기다리는 것으로써 이해되어서는 안 된다. 유대인들의 예배와 흐느낌은 하나님을 향한 그들의 마음을 보여주는 것이지, 하나님에게서 뭔가를 받기 위함이 아니다.

그들의 행동은 초신자들을 어리둥절하게 할 수 있다. 그들은 하나님을 향하여 손을 들고서 몸을 굽혀 얼굴을 땅에 댔다. 이것은 마치 그들이 "주님, 우리는 주님의 임재를 원합니다. 하지만 주님 앞에 서기에 부끄럽습니다. 주님은 지극히 거룩하십니다."라고 말하는 것과 같다.

하나님의 임재를 구하는 것은 영적 갱신의 특징이다. 하나님의 임재를 구하는 것은 개인의 경건을 위한 불타는 열정과 연결된다.

"오늘은 너희 하나님 여호와의 성일이다"

10월 8일(일곱째 달의 첫날)은 유대인들에게 중대한 날이다. 에스라의 성경 해석은 유대인들의 하나님의 기준에 대한 생각을 열어 주었다. 많은 사람들이 그날 처음으로 자신들이 하나님의 기준에 얼마나 못 미쳤는지 알게 되었다. 그들은 분명히 이 새로운 정보에 의해 달리 행동할 것이다. 그들의 다음 단계는 매우 중요하다.

회개

하나님의 율법은 낭독되고 해석되어 즉각적인 결과를 낳았다. 9절을 살펴보자.

> 백성이 율법의 말씀을 듣고 다 우는지라 총독 느헤미야와 제사장 겸 학사 에스라와 백성을 가르치는 레위 사람들이 모든 백성에게 이르기를 오늘은 너희 하나님 여호와의 성일이니 슬퍼하지 말며 울지 말라 하고(느 8:9).

그들은 왜 울었을까? 죄책감을 느꼈기 때문이다. 그들이 무슨 잘못을 저지른 것일까? 그들의 생각은 바벨론에 포로로 머물러 있던 시절로 돌아갔다. 그들은 예루살렘을 멸망하게 한 우상숭배와 불순종도 회상했다. 그들의 조상들이 저지른 죄악과 자신들이 저지른 잘못들이 기억났다. 그들은 지극히 거룩한 하나님의 율법을 거역했기에 주님의 임재 앞에 감히 설 수 없었다. 어떻게 해서 그들은 갑작스럽게 죄책감을 느끼게 되었을까? 이는 그들이 구약 율법의 설명을 들었기 때문이다.

수문 앞 광장에 모였던 군중은 하나님의 진정한 본질에 대해 가르침을 받았다. 낭독된 율법은 하나님의 거룩하심을 보여주었다. 율법을 듣는 동안 자신들의 죄가 선명히 드러났다. 그들은 자기 자신들을 보았다. 그들은 울었다.

이 날은 슬퍼해야 할 날이 아니었다. 하지만 우리는 9절에서 그들이 슬퍼했음을 보게 된다.

> 백성이 율법의 말씀을 듣고 다 우는지라 총독 느헤미야와 제사장 겸 학사 에스라와 백성을 가르치는 레위 사람들이 모든 백성에게 이르기를 오늘은 너희 하나님 여호와의 성일이니 슬퍼하지 말며 울지 말라 하고(느 8:9).

"하나님 여호와의 성일"은 그날이 엄숙한 날이라는 것을 의미하지 않는다. 이것은 하나님을 위해서 따로 구별된 날이라는 의미이다. 울음과 슬픔은 그들이 주님의 임재 속에서 얻게 될 기쁨을 반영해주지 못한다(신 12:7, 12).

리더십의 한계들

이 구절은 느헤미야와 에스라가 처음으로 함께 등장하는 모습을 그려준다. 느헤미야는 12장 27절이 될 때까지 1인칭을 사용하지 않았다. 우리는 인간이 얼마나 교만한지 알고 있다. 심지어 리더들 중에도 교만한 자들이 많다. 그러나 느헤미야가 다른 리더를 위해서 매우 쉽게 자리를 양보한 것은 우리에게 깊은 인상을 준다. 이것은 느헤미야의 겸손을 말해준다. 그는 가장 높은 인물로서, 얼마나 자신을 앞세우는가에 따라 리더십이 측정되는 것이 아니라는 점을 알고 있었다.

또한 그는 리더십의 한계를 알고 있었다. 하나님께서는 그때를 위해서 한 사람을 보내셨다. 에스라는 하나님의 훈련과 부르심을 받은 최고의 인물이었다. 느헤미야는 자리를 양보하는 것에 아무런 어려움을 느끼지 않았다. 에스라는 율법 선생이었다. 느헤미야는 자신의 리더십에 한계가 있다는 것을 인정했다. 모든 리더들도 자기의 한계를 인정해야 한다. 하나님께서는 새롭게 회복시키기 위해서 두 사람을 연합시킴으로 영광을 받으셨다. 하지만 느헤미야는 무대에서 완전히 사라진 것이 아니다. 그는 다시금 앞으로 나와서 중심에 섰다. 그는 "근심하지 말라."고 권고했다. 10절이 이에 대해 설명한다.

> 느헤미야가 또 그들에게 이르기를 너희는 가서 살진 것을 먹고 단 것을 마시되 준비하지 못한 자에게는 나누어 주라 이 날은 우리 주의 성일이니 근심하지 말라 여호와로 인하여 기뻐하는 것이 너희의 힘이니라 하고(느 8:10).

이날은 축제의 날이다. 슬퍼해야 할 시간은 나중에 오게 될 것이다(9장). 이 구절은 하나님의 풍성한 용서의 마음을 드러내 준다. 그분께서는 자비와 은혜의 하나님이시다. 어떤 사람은 "죄에 대한 건전한 슬픔은 결코 기쁨과 거리가 멀지 않다."라고 말했다. 오늘 우리는 기뻐하며 "준비하지 못한 자들에게" 나누어 주는 것이 느헤미야의 방식이다. 느헤미야 5장 14-19절을 읽어보라. 한 단어가 모든 것을 정의해준다 – 축제. 그들이 축제를 한 이유를 다음에서 설명하고 있다. "이는 그들이 그 읽어 들려 준 말을 밝히 앎이라"(느 8:12).

순종

이 장 전체를 통해 순종의 단계들을 보여주고 있지만, 특히 여기에서는 그 절정을 발견할 수 있다. 그들이 받은 마지막 응답의 중요성은 그냥 지나치기가 쉽다.

오직 진리만이 지속적인 결과를 야기한다. 13절과 14절이 그 상황을 말해준다.

> 그 이튿날 뭇 백성의 족장들과 제사장들과 레위 사람들이 율법의 말씀을 밝히 알고자 하여 학사 에스라에게 모여서 율법에 기록된 바를 본즉 여호와께서 모세를 통하여 명령하시기를 이스라엘 자손은 일곱째 달 절기에 초막에서 거할지니라 하였고(느 8:13-14).

이 전날은 계속된 활동으로 하루를 지냈다. 그들은 경외심이 불타는 예배자들로 하루를 시작해서 저녁에는 집으로 돌아가서 축제를 벌이는 것으로 마무리했다(12절). 이제 또 하나의 집회가 열리게 되었다. 느헤미야는 전날의 군중 가운데에서 "뭇 백성의 족장들"이 학사 에스라가 머물던 곳에 모였다고 기록했다. 그들은 어떤 사람들이었을까? 신명기 6장 6-9절은 이에 대한 대답을 준다. 그들은 자신들의 가계(households)의 영적 우두머리로서의 의무를 깨달은 족장들이었다. 게다가, 그들의 의무는 결코 바뀌지 않았다(엡 6:4; 골 3:21).

리더는 자신의 의무를 어떻게 수행하는가? 그는 어떤 방법과 어떤 특별한 지혜가 필요할까? 그 영적 리더들은 자신들이 "명철"이라고 부르는 것을 갖고 싶어 했다. 명철은 지혜롭고 현명하게 되는 것을 의미한다. 명철을 소유하는 것은 분별력을 소유하는 것이다. 물론 명철은 하나님의 말씀으로부터 온다. 시편 기자는 성경을 묵상할 때에 명철함이 모든 스승보다 낫게 되었다고 말했다(시 119:99). 그러나 이것은 저절로 오는 것은 아니다! 명철은 구하는 자에게 주시는 하나님의 선물이다. "내가 주의 법을 어찌 그리 사랑하는지요! 내가 그것을 종일 작은 소리로 읊조리나이다"(시 119:97).

모든 유대인이 여섯 시간 동안이나 성경 낭독을 들었고, 이를 통해 그들은 많은 것을 깨달았다. 또한 그 영적 리더들은 그 정보를 지혜롭게 사용할 수 있는 명철이 필요하다는 것을 느꼈다. 현대의 리더들도 역시 명철이 필요하다. 우리는 13절을 통해서 명철에 대한 세 가지 교훈을 얻을 수 있다.

▶ 명철은 성경으로부터 얻어진다.
▶ 명철은 구하는 자에게 주어진다.
▶ 명철은 학사 에스라와 같은 경건한 사람들과 교제할 때에 온다.

발견

뭇백성의 족장들이 명철을 얻고자 하던 열망은 둘째 날에 이루어졌다. 그들은 초막절에 대한 가르침을 발견했다. 초막절은 90년 전에 스룹바벨에 의해 마지막으로 지켜진 후로 오랫동안 잊혀져 있었다(스 3:4).

초막절과 유월절과 오순절은 모든 성인 남자들이 "매년 세 번씩 주 여호와께 보여야" 하는 절기들이다(출 23:14-17; 레 23:37-43). 그들은 '초막'에 거해야 했다. 초막은 장막이 아니었다. 이것은 나뭇가지들과 큰 잎들을 사용해서 만든 임시 오두막이었다. 한국인들은 초막이 어떤 것인지 잘 알고 있다. 오두막은 성경에서 발견된다! 초막절은 매년 지켜져야 했던 절기였다. 이것은 이스라엘 백성에게 애굽에서 가나안으로 인도하신 하나님의 예비하심을 기억하게 하는 절기이다. 약속된 땅에서 얻은 곡물들도 '감사 예배'에 사용되었다.

그들은 성경에서 초막절에 대한 내용을 발견했다. 초막절은 일곱 번째 달(태양력 10월)의 15일부터 22일까지 지켜졌다. 이날은 10월 2일이다(느 8:2,13). 그들은 초막절을 위해 두 주 동안 준비했다.

공포

15절은 다음에 일어난 사건에 대해서 말해준다.

> (에스라, 느헤미야, 선생들) 또 일렀으되 모든 성읍과 예루살렘에 공포하여 이르기를 너희는 산에 가서 감람나무 가지와 들감람나무 가지와 화석류나무 가지와 종려나무 가지와 기타 무성한 나무 가지를 가져다가 기록한 바를 따라 초막을 지으라 하라 한지라(느 8:15).

"가라"(go)는 짧은 단어에는 지혜가 담겨 있다. 이것은 무미건조한 고대 역사의 기록이 순간의 진리로 전환되는 것과 같다. 그들은 성경에 기록된 말씀을 "공포"했다. 이것을 간과하지 말라. 그들은 즉시 순종했다. 리더들이 순종할 때에 무슨 일이 일어날까? 16절을 읽어보라.

> 백성이 이에 나가서 나뭇가지를 가져다가 혹은 지붕 위에, 혹은 뜰 안에, 혹은 하나님의 전 뜰에, 혹은 수문 광장에, 혹은 에브라임 문 광장에 초막을 짓되(느 8:16).

"백성이 이에 나가서…" 백성은 순종하는 리더들을 따랐다. 여기에서 무언가가 일어난다. 그것은 우리가 성경을 읽을 때와 그분의 말씀을 선포할 때에 종종 부족하다고 느끼는 것이다. 백성은 응답했고, 즉각 변화가 일어났다.

그들은 24시간 전에는 결코 들어본 적이 없었던 절기를 지키기 위해 2주 동안 준비할 생각에 사로잡혔다. 그들은 일상생활에 바쁜 유대인들이었다. 그러나 하나님은 주린 영혼들에게 말씀하신다. 그들의 응답은 즉각적이었다. 작은 오두막들이 예루살렘에 세워지기 시작했다. 그들의 능동적인 순종은 예루살렘 성과 그 백성을 변화시켰다.

『성경 지식 주석』(The Bible Knowledge Commentary)은 이렇게 말한다.

> 8장의 순서는 인상적이다: 말씀에 대한 지적 응답(1-8절), 말씀에 대한 감정적 응답(9-12절), 말씀에 대한 의지적 응답(13-18).

이것이 진리가 아닐까? 나를 변화시키는 유일한 진리는 내가 실천에 옮기는 진리이다. 진리를 행하는 것은 의지의 행동이다. 사도 야고보는 아무에게도 속아 넘어갈 사람이 아니었다. 성경을 소극적으로 읽는 사람과 말씀을 능동적으로 순종하지 않는 사람은 "자신을 속이는 자"이다. 소극적인 "신앙은 헛된 것"이다(약 1:22-26, KNSV).

유대인들이 나뭇가지와 잎을 가져와 하나님께서 그들에게 기억하여 지키라 명하신 절기를 준비한 것은 그들의 능동적인 순종이었다.

한 주간 동안의 성경 공부는 9장의 사건을 위해 그들을 준비시켰다. 이스라엘은 결코 예전과 같지 않게 되었다. 미래를 돌리는 선회축(旋回軸)은 하나님의 말씀이다. 물론 그들은 성경 말씀을 항상 순종하지는 않았다. 말씀을 잘못 적용하거나 심지어 오해했던 때가 있었다. 하지만 구약 성경에 대한 유대인들의 열심은 국가의 운명을 바꾸어 놓았다.

영적 갱신에는 신비가 있다. 영적 갱신은 "바람이 임의로 불매 당신이 그 소리를 들어도 어디서 오며 어디로 가는지 알지 못하는 것"과 같다(요 3:8).

영적 갱신은 통례가 있다. 느헤미야는 우리에게 네 가지를 보여준다. – 경외, 예배, 회개, 순종.

예루살렘 성에 영적 갱신이 일어났는가? 적어도 영적 갱신이 시작되었다는 것은 분명하다.

역사로부터 교훈을 얻으라

Chapter 11
리더와 영적 갱신
– Part II

우리가 역사로부터 교훈을 얻지 않으면, 과거의 과오들을 반복하게 된다. 이 영구한 원리는 성경에서 가장 긴 기도가 기록된 느헤미야 9장의 경고이다. 그 기도는 이스라엘의 창조자이신 하나님에게 대한 찬양과 더불어 시작한다. 그러나 9장의 마지막은 "우리가 오늘날 종이 되었는데 곧 주께서 우리 조상들에게 주사 그것의 열매를 먹고 그것의 아름다운 소산을 누리게 하신 땅에서 우리가 종이 되었나이다"라고 하는 비참한 결론으로 마친다. 이스라엘은 하나님으로부터 등을 돌렸었다.

초기에 받은 축복과 현재의 포로 신세 사이에는 고통스러운 교훈이 있었다. 하지만 유대인들은 나라를 성공적으로 세우기 위해서 이것으로부터 교훈을 얻어야 했다. 역사는 성경과 일치한다. 의가 나라를 영화롭게 하는 것이지(잠 14:34), 리더들의 천재성이나 군대의 힘이나 국고의 부요가 나라를 영화롭게 하는 것이 아니다. 유명한 통계학자인 로버트 밥슨(Robert Babson)은 이렇게 기록했다.

> 한 나라의 시금석은 그 백성의 지적 성장과 영적 성장이다. 돈과 소위 형통은 그리 중요하지 않다!

위의 말은 허풍처럼 들릴 수 있다. 그러나 그게 정말 허풍인가? 한 나라가 엄청난 양의 석유를 발견했다고 가정해보라. 그 나라의 통치자들은 예전에 꿈꿨던 것보다 훨씬 많은 돈을 벌었다. 그러나 그 돈이 일반 시민들에게 알맞은 가격의 주택을 제공할 수 있는가? 새롭게 얻어진 부요가 잘 관리되고 공정하게 분배되느냐 하는 문제이다. 선교 명령은 어떠한가? 새롭게 얻어진 자금들이 전 세계적 복음 전파를 위해 사용될 것인가? 역사는 부요가 그 나라에 유익을 끼치지 못했음을 가르쳐준다.

쓰라린 역사의 교훈

이스라엘은 부유하고 강력한 나라였다. 그러나 이제 이스라엘 사람들은 자기 나라에 노예로서 남아 있게 되었다. 바사와 헬라도 한때 부유하고 강력한 나라였다. 밥슨에 의하면 그들의 부유는 그들을 멸망케 한 원인이었다고 한다. 25년 전까지만 해도 미국은 세계에서 가장 부유한 나라였다. 하지만 오늘날 자원은 감소하고 있고, 국가적 문제들은 해결

될 기미가 보이지 않고 있다. 관심을 갖는 시민들은 "우리나라에 무슨 일이 일어나고 있는 겁니까?"라고 묻는다. 정치인들은 더 많은 세금을 부과한다. 크리스천들은 도덕성을 위해 더욱 기도한다. 미국은 역사로부터 교훈을 얻지 못했다.

밥슨은 "우리는 안전보다는 내구력을 키워야 하며, 이득에 앞서 정직을 위해 섬기려 하는 열정으로 충만해야 합니다."라고 기록했다. 바벨론과 바사와 헬라와 이스라엘과 미국 같은 강대국들은 모두가 역사의 교훈을 받아들이지 않았거나 받아들이지 않고 있다.

로마가 멸망한 이유

국가의 의는 어떤 것일까? 국가의 의는 어떤 특성들이 있는가? 신약성경은 로마 제국 시절에 기록되었다. 하나님께서는 '당시의 전 세계'에 복음을 전하기 위해서 로마의 평화와 로마의 길과 로마의 정치를 사용하셨다. 그러나 로마도 역사의 교훈을 올바르게 받아들이지 않았다. 유명한 로마시대 역사가인 에드워드 기본(Edward Gibbon)은 거대 제국의 쇠퇴와 멸망의 다섯 가지 주요 원인들을 나열했다.

- ▶ 가정의 붕괴와 급속한 이혼 증가
- ▶ 세금의 계속적인 인상과 지나친 과소비
- ▶ 쾌락 추구와 잔인한 스포츠

- ▶ 계속적으로 증가하는 원수의 공격에 맞서 싸우기 위한 전쟁 무기 제조 증가(로마제국의 진짜 원수는 사회 속의 부패였다.)
- ▶ 무수하고 복잡한 유형들로 종교가 부패함, 한결 같은 지침 없이 사람들을 방관함

이스라엘은 솔로몬의 통치 기간 동안 국가적 흥왕의 최고점에 다다랐었다. 기본의 다섯 관점을 솔로몬의 통치와 비교하는 것은 의미 있는 일이다. 열왕기상 10장과 11장을 보면, 우리는 다음의 것들을 발견하게 된다.

- ▶ 가족 – 그는 이방 여자들을 사랑했다(11:1).
- ▶ 세금과 소비 – 그는 매년 2,000만 달러어치의 금을 모았고, 당시 은은 돌처럼 흔했다(10:14-17, 27).
- ▶ 쾌락 – 그의 말년은 무절제한 삶과 정욕으로 흥청망청했다.
- ▶ 전쟁 무기 – 그는 병거들과 마병들에 의지했다(10:26-29).
- ▶ 종교의 쇠퇴 – 그는 이방신들을 좇았다(11:5-8).

이스라엘의 역사는 유대인들에게 많은 교훈을 남겼다. 당신은 한국인으로서 한국을 볼 때에 어떤 교훈을 얻게 되는가? 역사는 오늘의 모든 민족에게 "현대인이여, 정신 차려라! 당신의 문화가 고대 로마 제국의 것과 동일하지는 않는가?"라고 경고하고 있다.

영적 갱신의 특징들

이런 유의 긴박감을 통해 우리는 죄에 대하여 깨닫게 된다. 죄에 대한 자각이 죄인을 구원으로 이끈다. 이것은 느헤미야의 시대에 예루살렘에서 일어났던 일이다. 이 사건은 진정한 영적 갱신의 특징들을 담고 있다. 나는 전 장에 다음의 내용을 역설했다.

- ▶ 하나님의 말씀을 듣고 이해함(8장)
- ▶ 죄에 대한 비애와 회개(9장)
- ▶ 변화 받은 인생들을 이끄는 순종(10장)

축제에서 금식으로

수문 앞 광장에서의 성경 낭독을 통해 백성들은 그 나라를 위한 하나님의 역사적 계획에 대하여 알 수 있었다. 성경 낭독을 듣고 이스라엘 백성이 과거에 열정적으로 기념했지만 오랫동안 잊혀져 있었던 절기를 생각했다.

초막절 또는 장막절은 디스리월(10월) 15일에서 22일까지 8일간 이어졌다. 임시 처소에서 지내는 기간 동안 그들은 하나님이 애굽의 종살이에서 기적적으로 구원하신 것과 광야에서의 보호하심을 기억했다. 초막절은 추수감사절과 비슷했다. 8장 18절은 이에 대해서 더 자세히 설명하고 있다.

> 에스라는 첫날부터 끝날까지 날마다 하나님의 율법책을 낭독하고 무리가 이레 동안 절기를 지키고 여덟째 날에 규례를 따라 성회를 열었느니라(느 8:18).

일반적으로 속죄일은 같은 달의 십 일이다(레 23:26-42). 그들은 이 날을 지키지 않았다. 아마도 충분한 시간이 없었기 때문이었을 것이다. 이 모든 절기들에 대해 묘사하고 있는 성경 말씀을 발견한 것은 디스리월 2일이라는 점을 기억하라(8:13-14). 또한 장막절의 분위기는 즐겁고 기쁨에 넘쳤다. 그들은 그 달 이십삼 일을 휴식한 후에 다시 한 자리에 모였다. 성경 낭독은 하나님의 선하심뿐만 아니라 하나님의 사랑에 대한 그들의 적절치 못한 반응을 드러내주었다. 이 잘못은 간과되어서는 안 된다. 그들의 역사를 통해서 그들이 얻은 교훈은 그들이 회개해야 할 필요가 있다는 것이다.

나는 회개에 따르는 네 가지의 진정한 행위를 발견했다. 첫째, 그들은 슬픔을 표시했다. 회개는 자백의 외적 언어 이상의 것이다. 이것은 회개의 내적 행위이다. 9장 1절이 이에 대해 선명히 말해준다.

> 그 달 이십사 일에 이스라엘 자손이 다 모여 금식하며 굵은 베를 입고 티끌을 무릅쓰며(느 9:1).

회개의 필요를 느끼다

뉘우치는 이스라엘 백성은 금식을 통해 내적 슬픔을 드러냈다. 금식은 구약에서 슬픔(삼상 31:13)과 참회(단 9:3,4)에 대한 표시였다. 베옷 위에 거친 염소 털을 허리에 두르는 것도 슬픔과 회개를 나타내준다(에 4:1-5). 예를 들어, 여호수아는 아이 성에서의 이스라엘의 범죄를 알게 되었을 때에 "옷을 찢고 이스라엘 장로들과 함께 여호와의 궤 앞에서 땅에 엎드려 머리에 티끌을 무릅썼다"(수 7:6). 이 모두는 죄에 대한 내적 슬픔을 보여주는 생생한 방법이었다.

회개가 일어나다

둘째, 느헤미야의 추종자들은 죄에 대한 후회 이상의 것을 했다. 그들은 하나님께 말로 자복했다.

> 모든 이방 사람과 절교하고 서서 자기의 죄와 열조의 허물을 자복하고(느 9:2).

그들이 먼저 이방인들과 절교한 것은 중요한 일이었다. "너희를 만민(이방 나라들) 중에서 구별하였음이니라"(레 20:26). 이것은 여호와와 언약의 백성 사이의 언약이다. 심판은 하나님의 집에서 시작해야 한다.

자신의 잘못을 인정하고 싶어 하는 사람은 없다. 그러나 하나님께서는 죄인들을 용서하시는 분이다. 용서 받기 위해서는 자신의 죄를 인정하는 방법 외에는 없다. 만약 우리가 한 형제에게 원망 들을만한 일을 했으면, 그에게로 가서 우리가 저지른 잘못을 자백해야 한다(마 5:23). 신유의 역사는 우리가 서로에게 지은 죄를 고할 때에 일어난다고 야고보는 가르치고 있다(약 5:16). '죄를 고하다'의 의미는 자신이 지은 죄를 자신이 책임진다는 것이다. 죄를 고하는 것은 "내가 잘못했어요."라고 말하는 것이다.

회개가 이루어지다

셋째, 당신은 그들의 고백의 범위를 인식했는가? 그들은 개인적 죄뿐만 아니라 공동체의 죄까지 인정했다. 주님은 새롭게 열린 그들의 마음에 개인의 죄 외에도 고백해야 할 죄가 있음을 계시하셨다. 그들은 국가적 역사의 일부이다. "저희의 잘못과 선조들의 죄를 고백하였다"(공동번역). 이 말씀은 그들이 선조들의 영적 죄악들에 연대 책임의 원리를 표현해준다. 참된 회개는 절대적이다.

제임스 보이스는 훌륭한 식견을 지니고 있다. "만약 오늘날의 사람들이 모든 것을 선조들이 지은 죄 때문이라고 말한다면, 그것은 책임을 공동으로 지려고 하는 것이기보다는 그들 자신들을 용서하는 것이다." 내 문제들을 다른 사람의 탓으로 돌리는 것은 가장 쉬운 일이다.

"저는 우리 아버지로부터 나쁜 성격을 얻었습니다. 어떻게 당신은 내가 크리스천답게 살기를 바랄 수 있습니까?"

"만약 내 부모님이 가난하지만 않았다면, 나 역시 대학에 들어갔을 것이고 성공했을 것입니다."

"제 엄마는 우리가 어릴 적에 우리에게 소리치곤 했지요. 그렇기 때문에 제가 지금 우리 아이들에게 소리를 지르는 겁니다." 사람이 진정으로 죄를 뉘우치고 있다면, 용서는 이미 이루어진 것이다.

회개는 성경에 응답하는 것이다

진정한 회개에 대한 네 번째 진리는 이것이 항상 하나님의 말씀과 부합된다는 것이다. 우리가 유대인들이 절기의 첫날을 어떻게 지냈는지에 대한 기사를 읽었을 때에 그들의 회개는 하나님의 말씀과 부합했다는 것을 보았다(느 8:1-12). 이와 같은 사건이 3주 반 후에 일어났다.

> 이 날에 낮 사분지 일은 그 처소에 서서 그 하나님 여호와의 율법책을 낭독하고 낮 사분지 일은 죄를 자복하며 그 하나님 여호와께 경배하는데(느 9:3).

하나님의 말씀과 죄 사이의 관계는 무엇인가? 그 해답은 죄의 본질 속에 담겨 있다. 우리는 죄가 인간의 연약함이나 불길한 행위보다 더 악하다는 것을 이해해야 한다. 죄는 이기심보다 더 악한 것이다. 웨스트민스터 소요리문답은 죄에 대해서 이렇게 말한다.

죄는 하나님의 법을 순종함에 부족한 것이나 혹 어기는 것이다.

성경에 기록된 죄에 대한 가장 일반적인 표현들은 "과녁에서 빗나가다"(요일 1:8), "잘못 측정하다"(엡 2:1), "적정선을 넘다"(롬 4:15)이다. 죄인들이 맞추지 못한 과녁은 하나님의 말씀에 묘사된 하나님의 기준을 일컫는다. "모든 사람이 죄를 범하였으매 하나님의 영광에 이르지 못하더니"라는 말씀은 죄의 진정한 본질을 표현해준다. 하나님의 영광은 성경에 정의되었고 계시되었다. 죄는 악하다. 왜냐하면 "죄는 하나님을 거슬려 대적하는 것이고, 하나님의 거룩한 주권과 통치에 도전하는 행위이기 때문이다"(새 성경 사전).

하나님의 자비를 구함

이스라엘의 수많은 죄들과 하나님의 수많은 용서에 대한 역사의 기록이 유대인의 마음을 감동시켰다. 죄가 많은 곳에 은혜가 넘치는 법이다. 그들은 자비와 은혜를 간청했다.

우리 하나님이여 광대하시고 능하시고 두려우시며 언약과 인자를 지키시는 하나님이여 우리와 우리 열왕과 방백들과 제사장들과 선지자들과 열조와 주의 모든 백성이 앗수르 열왕의 때로부터 오늘날까지 당한바 환난을 이제 작게 여기시지 마옵소서 그러나 우리의 당한 모든 일에 주는 공의로우시니 우리는 악을 행하였사오나 주는 진실히 행하셨음이니이다 우리 열왕과 방백들과 제사장들과 열조가 주의 율법을 지키지 아니하며 주의 명령과 주의 경계하신 말씀을 순종치 아니하고 저희가 그 나라와 주의 베푸신 큰 복과 자기 앞에 주신 넓고 기름진 땅을 누리면서도 주를 섬기지 아니하며 악행을 그치지 아니한 고로 우리가 오늘날 종이 되었삽는데 곧 주께서 우리 열조에게 주사 그 실과를 먹고 그 아름다운 소산을 누리게 하신 땅에서 종이 되었나이다 우리의 죄로 인하여 주께서 우리 위에 세우신 이방 열왕이 이 땅의 많은 소산을 얻고 저희가 우리의 몸과 육축을 임의로 관할하오니 우리의 곤란이 심하오며 (느 9:32-37).

이 기도의 결론은 감동적이다. 하나님은 광대하시고 두려우신 분으로 보여지고 있다(1:5; 4:14). 비전은 커지고 있다. 주님의 사랑은 도움을 구하는 유대인들의 간청의 견고한 기초였다. 이스라엘의 불순종은 고난의 역사를 야기했다. 느헤미야 시대가 오기 410년 전, 앗수르는 이스라엘의 첫 주요 침략국이었다. 앗수르의 침략은 하나님의 심판으로 말미암았음이 분명하다(33절). 그들의 리더들은 하나님의 율법을 지키지 않았다. 그들은 바사의 종이 되어서 세금과 수확한 것의 일부를 바쳤다(36

절). 그들이 그들의 땅에서 종노릇한 것은 아이러니다(37절)! 그들은 역사가 주는 교훈을 얻었다. 심은 대로 거두는 법이다.

하지만 하나님께서는 그들의 실패를 보시고 가만히 계실 분이 아니다. "오늘날까지 당한바 환난을 이제 작게 여기시지 마옵소서." 하나님, 우리에게 자비를 베푸소서.

우리 모두는 용서가 필요하다. 이상하게도, 우리가 자백할 필요가 있는 죄로부터 오는 죄책감은 우리로 하여금 자백하지 못하도록 할 수 있다. 어느 날 하나님께서는 히브리서 4장 16절을 통해서 나에게 놀라운 진리를 보여주셨다. 나는 내가 저지른 일 때문에 별로 기분이 좋지 않았었다. 나는 하나님께서 나의 실수를 싫어하셨을 것이라고 생각했다. 어떻게 주님 앞에 다시 나아갈 수 있었을까? 나는 새로운 방법으로 하나님의 사랑의 본질을 보게 되었다.

> 그러므로 우리가 긍휼하심을 받고 때를 따라 돕는 은혜를 얻기 위하여 은혜의 보좌 앞에 담대히 나아갈 것이니라(히 4:16).

그분께서는 나에게 긍휼을 베푸실 것이라고 약속하셨을 뿐만 아니라 담대히 주님 앞에 나아오라고 명하셨다. 놀랍지 않은가? 우리는 우리가 잘했을 때에 하나님께서 우리에게 담대히 보좌 앞에 나아오라고 말씀하시기를 기대한다. 하지만 우리가 잘못했을 때에도 동일한 담대함으로 주님의 보좌 앞에 나아갈 수 있다.

역사의 다섯 가지 교훈

하나님은 은혜가 풍성하신 분이다. 그러나 우리는 감히 그분의 은혜를 죄를 가리는 도구인양 생각해서는 안 된다. 반면 그분께서는 우리가 이스라엘의 역사가 주는 교훈을 통해 배우기를 원하신다. 사도 바울은 고린도전서 10장 6-11절을 통해 짧은 강좌(코스)를 제공한다.

저희에게 당한 이런 일이 거울이 되고 또한 말세를 만난 우리의 경계로 기록하였느니라(고전 10:11).

바울은 이스라엘이 당한 일은 오늘날 우리에게 대한 메시지라고 말하고 있는 것이다. 위의 구절에서 바울이 "일"(things)이라고 언급한 것은 고린도전서 10장 6-10절을 묘사하고 있는 것임이 틀림없다. 그것들은 무엇인가? 그것들은 다섯 가지의 시대를 초월한 경고들이다.

첫 번째는 욕망에 대한 경고이다

우리로 하여금 저희가 악을 즐겨한 것 같이 즐겨하는 자가 되지 않게 하려 함이니(고전 10:6).

이 구절은 민수기 11장과 연관이 있다. 하나님께서는 이스라엘에게 만나를 풍성히 보내주셨다. 그러나 그들은 만나만으로는 만족하지 않았다. 그들은 고기를 원했다. 욕망과 즐김은 그릇된 욕구다. 고기를 먹는 것은 악이 아니지만, 이것은 하나님께서 이스라엘에게 공급해주신 것이 아니었다. 바울은 하나님께서 예비하시지 않은 것을 우리가 열망해서는 안 된다고 경고했다. 이 진리를 적용하라.

두 번째는 우상숭배에 대한 경고이다

> 저희 중에 어떤 이들과 같이 너희는 우상 숭배하는 자가 되지 말라 (고전 10:7).

이 구절은 출애굽기 32장과 관련이 있다. 우상숭배는 우리의 손에 거짓 신들을 들고 있는 것보다 악한 행위이다. 우상숭배는 우리의 마음 안에 잘못된 야망을 품는 것이다. 그렇기 때문에 바울은 여러 가지 죄악들을 하나하나 열거한 후에 "너희는 우상 숭배하는 자가 되지 말라"고 경고한 것이다.

세 번째는 간음에 대한 경고이다

> 저희 중에 어떤 이들이 간음하다가 하루에 이만 삼천 명이 죽었나

니 우리는 저희와 같이 간음하지 말자(고전 10:8).

이스라엘 남자들은 모압 여자들과 음행을 저질렀다(민 25장). 하나님께서는 여전히 부도덕한 행위에 사형을 선고하신다. 한 남자가 그의 아내 외에 다른 여자와 부정한 행위를 하는 것은 그의 아내와의 관계의 종말을 의미한다.

네 번째는 불신에 대한 경고이다

저희 중에 어떤 이들이 주를 시험하다가 뱀에게 멸망하였나니 우리는 저희와 같이 시험하지 말자(고전 10:9).

이 말씀의 배경은 민수기 21장에서 이스라엘 사람들이 하나님께서 말씀하신 것을 믿고 순종하기를 거부했다. 예수님께서는 이것을 일컬어 주 우리 하나님을 시험하는 것이라고 하셨다.

다섯 번째는 원망에 대한 경고이다

저희 중에 어떤 이들이 원망하다가 멸망시키는 자에게 멸망하였

> 나니 너희는 저희와 같이 원망하지 말라(고전 10:10).

이스라엘의 배은망덕으로 인한 끊이지 않은 원망은 오늘날의 수많은 크리스천들에 의해 흉내내지고 있다. 대부분의 불평하는 크리스천들은 하나님께서 배은망덕을 어떻게 취급하셨는지 알게 되면 충격을 받을 것이다. 감사하지 않는 것은 어두워진 마음과 우상숭배와 동성애와 함께 기록되었다(롬 1:21).

이스라엘이 과거에 받은 경고 메시지들이 오늘 당신의 삶에 들려졌는가? 당신은 역사의 교훈을 받아들일 예정인가? 예루살렘에 살던 유대인들의 고백이 우리에게 그 방법을 보여준다.

> 내 이름으로 일컫는 내 백성이 그 악한 길에서 떠나 스스로 겸비하고 기도하여 내 얼굴을 구하면 내가 하늘에서 듣고 그 죄를 사하고 그 땅을 고칠찌라(대하 7:14).

스스로 겸비하게 하는 교훈

성경에는 우리에게 겸비하기 위해서 기도하라는 말씀이 없다. 나 스스로가 겸비하는 것은 내 의지의 행위이다. 이것은 내가 죄 없는 척하지 않는 것을 의미한다. 나는 하나님 앞에서 스스로 겸비하여 나의 부족함을 인정한다.

기도하게 하는 교훈

오직 하나님의 선하심이 우리를 회개하도록 한다. 어찌하여 그런 것일까? 우리의 죄를 인정하는 것은 쉬운 일이 아니다. 때로 교만은 우리가 정직한 고백을 하지 못하도록 막는다. 어떤 때에는 하나님께서 우리를 용서하시지 않을 것이라고 두려워한다. 하지만 우리는 기도해야 한다. 다윗은 "내가 입을 열지 아니할 때에 종일 신음하므로 내 뼈가 쇠하였도다"라고 말했다.

하나님의 얼굴을 구하게 하는 교훈

하나님의 얼굴을 구하는 것은 어떤 것보다 그분의 임재가 더 중요하다는 것을 의미한다. 이것은 내가 그분과 함께 거할 수 있다면 뭐든지 할 것이라는 의미이다. 이것은 하나님이 내가 해야 할 일을 할 수 있도록 힘을 주시는 유일한 분이라는 것을 의미한다. 이것은 하나님이 바꾸기를 원하시는 것은 내가 무엇이든지 받아들일 것이라는 의미이다. 심지어 나의 이기적인 목표들과, 시간 낭비와, 사람들에게 인정받으려 하는 태도까지 바꾸려는 계획을 받아들일 것이라는 의미이다.

악한 길에서 떠나게 하는 교훈

회개는 죄에 대한 태도를 바꾸는 것이다. 이것은 죄로부터 돌이켜서 하나님께로 향하는 것이다. 그러나 우리는 하나님께서 죄를 대하시는 것처럼 우리의 죄를 대할 의향이 있는가?

나는 주인에게 말하지 않고 물건을 빌리는 것일 뿐이라고 말한다 – 하나님은 이것을 일컬어 도둑질이라고 하신다.
나는 내 마음이 다른 여자를 생각하느라 방황하고 있다고 말한다 – 하나님은 이것을 일컬어 간음이라고 하신다.
나는 다른 리더가 휴식을 취하는 것이 부럽다고 말한다 – 하나님은 이것을 일컬어 질투라고 하신다.

"길(ways)"이라는 단어는 복수로 쓰였다는 것도 알아야 한다. 얼마나 많은 나의 죄들로부터 내가 돌이켜야 하는 것일까? 나는 모든 죄들로부터 떠나야 한다! 어떤 사람은 "저에게는 고할 죄들이 너무 많아요."라고 말할 수 있을 것이다. 정말이다. 하지만 당신이 죄들에서 떠나고 나면 하나님께서 당신에게 무엇을 공급하시는지 보라. 그분께서는 하늘에서 들으실 것이라고 약속하셨다. 그분께서는 우리의 죄를 사하시기로 약속하셨다. 그분께서는 우리의 땅을 고치시기로 약속하셨다. 역사는 도덕적 갱신과 영적 갱신으로 가는 길은 오로지 회개밖에 없다고 가르친다.

하나님께 약속하다

Chapter 12
리더와 영적 갱신
– Part III

결혼식의 절정은 신랑과 신부의 서로에게 대한 선서 또는 약속이다. 선서가 없으면 주례자는 그들이 혼인했다는 것을 선포할 근거가 없다. 약속은 "뭔가를 하기로 동의하는 것 또는 하지 않기로 동의하는 것"이라고 사전에서 정의된다. 선서는 '엄숙한 약속'이다. 결혼은 하나님께서 인정하신 것이고 하나로 묶는 서약이기 때문에 성스럽다. 두 사람이 결혼을 할 때, 그들은 결혼의 조건들을 서로에게 이행할 것이라는 서약에 동의한다.

결혼 서약은 발언된 약속 이상의 것이다. 두 사람은 동의의 서명을 한다. 서약서는 그들의 서로에게 대한 결정을 온 세상에 증명한다. 서약은 솔로몬이 경고한 바와 같이 중요한 것이다.

> 네가 하나님께 서원하였거든 갚기를 더디게 하지 말라 하나님은 우매한 자들을 기뻐하지 아니하시나니 서원한 것을 갚으라 서원하고 갚지 아니하는 것보다 서원하지 아니하는 것이 더 나으니(전 5:4-5).

이 말씀은 우리가 하나님께 약속하는 것을 방지해주는 편리한 조항이 아니다. 오히려 이것은 우리가 행동하기 전에 재삼 생각해보라는 경고 메시지이다.

하나님께 약속하다

우리는 이 장에서 이스라엘의 서원에 대해서 살펴볼 것이다. 느헤미야 10장은 성경 속의 전례 없는 사건을 다루고 있다. 유대인들은 하나님께 서약서를 바쳤다. 이스라엘은 말로 하나님께 많은 약속을 했지만, 이번 것은 독특하다.

> 우리가 이 모든 일로 말미암아 이제 견고한 언약을 세워 기록하고 우리의 방백들과 레위 사람들과 제사장들이 다 인봉하나이다 하였느니라(느 9:38).

"이 모든 일로 말미암아"라는 말은 뒤에 따르는 모든 것들의 열쇠이다. 이 말은 마치 화살처럼 목표물을 향하고 있다. 이 경우에는 화살이 영적 갱신으로 나아가기 위한 필수 불가결한 단계들로써 근래에 있었던 두 사건을 가리키고 있다.

영적 갱신으로 나아가는 3단계

첫 번째 사건은 무엇인가? 영적 갱신의 첫 단계는 하나님의 말씀을 가르치는 것과 설명하는 것과 이해하는 것이다. 수문 앞 광장에서 가장 비범한 사건이 일어났다. 백성은 아침 6시부터 정오까지 이어졌던 성경 낭독을 요구했다. 높은 단에 서 있었던 에스라는 13명의 레위인들의 보조를 받았다. 그들은 돌아가면서 성경을 낭독한 듯 보인다. 후에 또 하나의 레위인 무리가 백성들 가운데로 가서 백성들이 율법을 이해할 수 있도록 설명했다. 결과는 즉시 나타났다. 그들은 하나님 말씀에 대한 경외심으로 말씀을 듣는 데 집중했다. 그들의 눈물은 그들이 죄에 대해 어떻게 느꼈는지를 보여주었다. 초막절 기간 동안 날마다 성경을 접하게 된 사건은 영적 갱신으로 가는 두 번째 단계를 준비해 주었다.

다음 사건은 수문 앞 광장에서의 성경 낭독이 있은 지 3주가 지났을 때에 일어났다. 이 시간 역시 하나님의 말씀을 세 시간 동안 듣는 것으로부터 시작되었다. 이제 화살은 영적 갱신의 두 번째 단계인 회개를 가리키고 있다. 그들의 회개는 전형적인 고백으로 표현되었다. 그 기도는 레위인들에 의해 인도되었으며, 이는 성경에서 가장 긴 기도이다. 이스라엘의 전 역사는 인간의 죄에 대한 고백들과 하나님의 용서로 가득하기 때문에 그 기도의 길이는 적당한 것이었다.

　부흥으로 가는 세 번째 단계는 이 장의 주제이다 – 문서로 하나님께 서약함. 이것이 가장 중요한 일이다. 성경이 진리인 것을 인정하고 감정적인 설교를 듣고 눈물을 흘리며 반응하지만, 그 가르침을 근본적으로 순종하지 않는 사람들을 몇 명이나 알고 있는가? 나는 그런 사람들을 너무 많이 알고 있다. 하지만 이 날의 이스라엘은 전과 달랐다. 유대인들의 회개가 참된 것인지 어떻게 알 수 있는가? 참된 회개는 변화된 삶이 뒤따른다. 이스라엘은 이제 새로운 우선권에 따라 헌신했고, 그들의 성실을 보여주는 기록을 남겼다. 솔로몬은 우리에게 생각하지 않고서 행동하지 말라고 경고했다. 이 유대인들은 행동하지 않고서는 생각하지 않았다. 그들의 순종은 매우 중요한 것이기에 이러한 힘을 가질 수 있었다. 순종은 영적 갱신의 성격을 드러내준다.

　다음은 갱신으로 가는 길의 개요이다.

8장 – 율법 낭독
　주요 단어는 "회중"이다. 회중이 상세히 설명된 하나님의 말씀을 들으려고 한곳에 모였다.

9장 – 율법에 대한 응답
　주요 단어는 "자복"이다. 유대인들이 행했던 일들을 반대하는 하나님의 말씀을 들었을 때에 그들은 자신들이 유일하게 할 수 있었던 일을 했다. 그들은 하나님 앞에 정직한 사람들이 되어 자기의 죄를 자복했다.

10장 – 율법에 대한 재헌신
주요 단어는 "서원"이다. 그들의 새로운 헌신의 진지함을 보여주기 위해서 그들은 서원을 문서로 만들었다.

당신은 그 유대인들이 했던 일이 무엇인지 알고 있는가? 그들은 로마서 12장 1절을 순종한 것이다. 그들은 하나님께 자신들을 드렸으며, 진정한 예배를 드렸다.
이 장을 세 부분으로 나누어 충분히 연구해 보자.

1. 동의의 중요성 (9:38)

이 구절은 10장을 소개해준다. "우리가 이 모든 일로 말미암아…"라는 말은 이스라엘의 과거를 지적하고 있다. 유대인들과 하나님 사이에 법적 동의를 만들고자 했던 결정은 그들로 하여금 국가의 역사를 회고하게 하는 결과를 야기했다. 역사의 회고는 그들에게 두 가지 사실들을 상기시켰다.
이것은 역사 속에서 하나님께서 무엇을 행하셨는지를 보여주었다.

…옛적에 아브람을 택하시고 갈대아 우르에서 인도하여 내시고

아브라함이라는 이름을 주시고 그의 마음이 주 앞에서 충성됨을 보시고 그와 더불어 언약을 세우사 가나안 족속과 헷 족속과 아모리 족속과 브리스 족속과 여부스 족속과 기르가스 족속의 땅을 그의 씨에게 주리라 하시더니 그 말씀대로 이루셨사오매 주는 의로우심이로소이다 주께서 우리 조상들이 애굽에서 고난 받는 것을 감찰하시며 홍해에서 그들의 부르짖음을 들으시고 이적과 기사를 베푸사 바로와 그의 모든 신하와 그의 나라 온 백성을 치셨사오니 이는 그들이 우리의 조상들에게 교만하게 행함을 아셨음이라 주께서 오늘과 같이 명예를 얻으셨나이다 또 주께서 우리 조상들 앞에서 바다를 갈라지게 하사…(느 9:7-11).

하나님은 특별하고 역사적인 행사를 일흔일곱 번 행하셨다고 언급되었다. 그분께서는 인간의 운명을 주관하시는 하나님이시다. 그분께서는 살아 계시며, 강력하시고, 인격적이고, 가까이하기 쉬운 존재이시다. 역사는 그분의 이야기이다.

우리는 리더들로서 하나님이 우리의 환경들을 통제하신다는 것을 개인적으로 알고, 사람들에게 가르쳐야 할 필요가 있기에 이것을 강조한다. 우리는 운명과 행운과 기회와 우연이라고 부르는 것들로부터 유익을 얻는 사람들도, 피해를 입는 사람들도 아니다.

둘째로, 같은 장은 이스라엘이 역사를 주관하시는 하나님을 순종하지 않았던 것을 지적한다.

> 그들과 우리 조상들이 교만하고 목을 굳게 하여 주의 명령을 듣지 아니하고 … 그들은 순종하지 아니하고 주를 거역하며 주의 율법을 등지고 주께로 돌아오기를 권면하는 선지자들을 죽여 주를 심히 모독하였나이다(느 9:16, 26).

이스라엘의 문제는 불운한 환경으로 얻어진 결과가 아니라 고의적인 불순종이었다.

36절과 37절을 주의 깊게 읽어보라.

> 우리가 오늘날 종이 되었는데 곧 주께서 우리 조상들에게 주사 그것의 열매를 먹고 그것의 아름다운 소산을 누리게 하신 땅에서 우리가 종이 되었나이다 우리의 죄로 말미암아 주께서 우리 위에 세우신 이방 왕들이 이 땅의 많은 소산을 얻고 그들이 우리의 몸과 가축을 임의로 관할하오니 우리의 곤란이 심하오며(느 9:36-37).

뉘우치던 유대인들은 자신들이 왜 종이 되었는지를 알았다. 이것은 운명 때문이 아니라 "주께서" 그들 위에 이방인들을 세우셨기 때문이다. 그들은 하나님께서 왜 그런 일을 하셨었는지를 분명히 이해했다. 그들이 종 되었던 것은 그들의 죄로 말미암은 것이었다(37절).

이것은 오늘날도 마찬가지이다. 우리는 인간의 운명을 통제하시는 하나님을 불순종했기 때문에 실패하는 것이지, 하나님께서 우리의 실패를 원하시거나 파멸을 허락하시기 때문이 아니다. 그리고 만약 하나님께서 우리를 책망하시고자 하더라도 잔인한 파멸을 원하시지는 않는다. 그분께서는 우리를 책망하실 때에도 모든 것을 주관하신다.

때로 우리의 실패는 하나님의 방법에 대한 무지로 말미암는 것이지, 결코 우연히 그렇게 되는 것이 아니다. 시편 139편은 전지하시고 전능하시고 무소부재하신 사랑의 하나님을 그려준다. 그분께서는 우리가 태어나기도 전에 우리가 어떤 사람들이 될 것인지 알고 계신다. "주께서 내 내장을 지으시며" – 장기들, 심장, 콩팥. "나의 모태에서 나를 만드셨나이다" – 그분이 우리를 만드셨다(13절). "내가 은밀한 데서 지음을 받고 땅의 깊은 곳 – 자궁에 대한 시적 표현 – 에서 기이하게 지음을 받은 때에 나의 형체 – 뼈 – 가 주의 앞에 숨기우지 못하였나이다"(15절). "주의 책에 다 기록이 되었나이다" – 하나님의 예정의 책. 그분은 미리 예정하셨기 때문에 우리가 어떤 사람들이 될지 알고 계신다(16절). 내 육체뿐만 아니라 나의 생명도 성스러운 디자인의 산물이다. "나를 위하여 정한 날이…"

히브리서의 기자는 이렇게 말한다. "우리 앞에 당한 경주를 경주하며"(히 12:1). "당한"이라는 단어는 미리 예정되었다는 것을 의미한다. 또 하나의 성경역은 "계획된 경주"라고 표현한다. 하나님께서는 우리에게 미리 작정하신 삶의 길이와 한계에로 우리를 부르신다!

역사는 그분의 이야기이다

세상 창조로부터 노아를 구원하시기까지, 아브라함을 부르셨던 때로부터 그리스도의 죽음까지, 그분의 부활부터 그분의 재림까지, 하나님은 계획을 갖고 계시며 그 계획은 이루어질 것이다. 어떤 것도 하나님의 계획을 가로막지 못한다. 하지만 우리는 만유를 통제하시는 하나님은 긍휼이 많으신 하나님이라는 사실을 절대로 잊어서는 안 된다. 느헤미야 시대에 살았던, 영적으로 새롭게 된 유대인들은 자기가 실패한 것은 자기의 잘못 때문이었다는 것을 이해했다. 그들은 하나님의 길로 되돌아가기로 결심했다. 그들은 말하기를 "우리는 예전처럼 말로 약속하고 싶지 않습니다. 우리는 언약에 서명할 것입니다."

여기에서의 "언약"이라는 표현은 구속력이 있는 맹약을 일컫는다. 이것은 "아멘"이라는 단어와 관계가 있다. "아멘"이라고 말하는 것은 두 가지 의미가 있다. 첫째는 그 사람이 들은 말에 동의한다는 것이다. 두 번째는 그 사람이 들은 말을 따르거나 순종하겠다는 것이다. 그 유대인들은 자기의 약속들을 지킬 것을 기록하므로 자신들을 스스로 묶은 것이다.

그들이 문서화한 약속들은 인봉되었다. 인이 쳐진 언약은 봉투에 넣어져서 봉해졌음을 의미하는 것이 아니다. 이것은 인봉한 사람들을 증명하는 공무상의 직인이었다. 이것은 오늘날 우리가 서명한 후에 공증하는 것과 같다. 그 인은 어떤 리더들의 이름이 기록되었는지를 증명했다.

담대히 여호와와 더불어 구속력 있는 맹약서에 인봉한 사람들은 누구일까?

      그 인봉한 자는 하가랴의 아들 총독 느헤미야와 시드기야(느 10:1).

2. 맹약서에 인친 사람들 (10:1-27)

방백

느헤미야가 첫 서명자였다는 것은 그리 놀랄 만한 일이 아니다. 그는 부흥이 일어났을 때에 종교 지도자들에게 자리를 양보했지만, 이제는 본보기를 보이기 위해서 첫 걸음을 내딛었다. 모든 리더들의 특징은 스스로 선두에 선다는 것이다. 시드기야는 두 번째로 인봉한 자이다. 몇몇 저자들은 시드기야는 느헤미야의 비서였을 것이고, 증인으로서 모든 법적 서류들에 인봉했던 사람이었을 것이라고 말한다. 이 사람들은 이스라엘의 방백이었다. 84명의 이름들 중에 첫 두 이름들은 역사적인 맹약서에 인봉되었다.

종교 지도자들

두 번째 부류는 종교 지도자들인 제사장들이다(2-8절). 21명의 이름이 기록되었으며, 12장 1-7절의 리스트에서 가장 많이 발견된다. 이 사람들은 느헤미야보다 80년 먼저 예루살렘으로 귀환한 스룹바벨과 관계된 사람들이다. 이 제사장들은 가족 단위의 대표들로서 인을 쳤다는 의미이다. 에스라의 인은 어디에 있는가? 그는 스라야 집의 일원이었으며, 가족의 이름에 포함되어 있다(느 10:2; 또한 에스라 7장 1절을 읽어보라).

세 번째 부류는 17명의 레위인들이다. 그들 중 대부분도 길게 줄을 지어 섰던 가족들을 대표했다(9-13절). 이들 중 몇몇은 수문 앞 광장에서 백성을 가르쳤던 사람들이다(8:2). 레위인들은 유대 역사상 중요한 역할을 감당했다. 그들은 레위의 후손들(창 29:34)로서 일찍이 제사장들처럼 여겨졌었다(신 18:6-8). 그러나 나중에 그들은 제사장들에게 돌리운 자들이 되었다(민 3:9-10). 레위인들은 제단에서 제물을 드릴 수 없었으며(민 16:40), 기업이 없었고 이스라엘 백성의 십일조를 받아서 생활하며 온 지파들 가운데에서 살았다(신 12:12, 18-19). 레위인들이 백성에게 하나님의 말씀을 가르친 것은 그들도 종교 지도자들이었다는 것을 뜻한다.

일반 리더들

이 네 번째 무리 속에는 백성의 지도자들(족장들)이 포함되어 있다(14-27절). 이 족장들은 에스라의 리스트에서 발견되며(스 2장), 느헤미야가 사람들을 예루살렘으로 모을 때에 쓰임 받은 자들이다(7:5). 그들 중 몇 명은 성벽 건축자들로 등장하기도 했다.

그들은 느헤미야를 따라서 인을 쳤다. 그들은 어떤 사람들이었을까? 그들은 유대의 정치적, 영적 지도자들이었다. 마치 한 국가의 대통령과 각료들과 종교 지도자들이 성경에 성실할 것을 엄중히 선서하는 것과 같다. "이제 더 이상 깨진 약속들을 참을 수 없습니다. 주님, 우리의 계획들은 주님께서 보실 수 있도록 기록되었습니다. 주님, 여기에 우리 이름들이 있습니다."

남은 백성은 어떻게 했을까? 느헤미야와 그 동료들이 백성을 대신하여 인을 쳤다. 나머지 백성은 중립을 취한 것일까?

> 그 남은 백성과 제사장들과 레위 사람들과 문지기들과 노래하는 자들과 느디님 사람들과 및 이방 사람과 절교하고 하나님의 율법을 준행하는 모든 자와 그들의 아내와 그들의 자녀들 곧 지식과 총명이 있는 자들은 다 그들의 형제 귀족들을 따라 저주로 맹세하기를 우리가 하나님의 종 모세를 통하여 주신 하나님의 율법을 따라 우리 주 여호와의 모든 계명과 규례와 율례를 지켜 행하여(느 10:28-29).

백성은 행동에 옮기는 계획을 가진 리더들과 자기의 말에 명예를 건 리더들을 따른다. 남은 백성은 순종할 것을 맹세하였으므로 그들의 리더들에게 아멘 했다. "만약 우리가 맹세를 지키지 않는다면 하나님께서 저주를 내리시기를 원한다." 많은 추종자들이 오로지 감정에 기초하여 곧 망각될 약속들을 만든다. 하지만 느헤미야를 좇았던 유대인들은 그렇게 하지 않았다. 그들은 의지의 행동으로써 유대 땅에 살던 이방인들과 절교했다. "주님, 우리는 이웃들이 무엇을 하든지 관심 갖지 않습니다. 우리는 주님의 길로 행하기로 작정했습니다." 성장한 자녀들도 예외는 아니다. 가족 중에 지식과 총명 있는 모든 사람들이 이 언약에 참여했다.

그들의 약속은 목적을 명확히 밝혔다는 점에서 가장 의미가 있다. 그들의 약속은 "주 여호와의 모든 계명과 규례와 율례"를 지키는 것이었다. 이스라엘은 이 계명들로부터 등을 돌렸었다. 영적 갱신은 성경을 순종하는 자리로 돌아가는 것이다.

다음 부분은 그들의 기록한 서약의 구체적인 표현들이다. 그러나 리더들이 태도를 바꿨을 때에 추종자들에게 어떤 일이 일어났는지 마지막으로 보자. "그 남은 백성이… 그 형제 귀족들을 좇아…" 굉장하다!

3. 동의의 조항들(10:30-39)

지혜롭게도, 그들의 첫 약속은 주님의 모든 율법을 좇고자 하는 총체적인 진술이었다(느 10:29). 이런 말은 쉽게 느껴질 수 있다. 그러나 율법을 좇는 것은 쉬운 일이 아니다. 좇는다(to observe)는 말의 의미는 무엇일까? 『웹스터 신세계 사전』은 이에 대해서 여섯 가지로 정의하고 있다.

(1) 법, 규칙 등에 충실하다
(2) 명절 등을 기념하다
(3) 무언가를 주목하고 특별한 관심을 갖다
(4) 결론을 내리다
(5) 약식으로 말하다, 주의하다
(6) 과학적으로 검토하다

여섯 개의 정의들 중에서 오직 하나만이 하나님의 식으로써의 "좇다"에 대한 정의이다. 우리는 (2) '국가 성경 주간'을 기념할 수 있고, (3) 성경의 가르침에 관심을 가질 수 있고, (4) 성경에 대한 여러 가지 결론들을 내릴 수 있고, (5) 성경에 대해 약식으로 말할 수 있고, (6) 심지어 성경을 과학적으로 검토할 수도 있다. 하지만 여기에서의 가르침은 우리가 하나님의 말씀에 충실하는 것으로써의 좇음(지킴)이다. 좇는다는 것은 순종한다는 의미이다.

여호수아가 유대인들을 약속된 땅으로 인도하기 바로 전, 한 놀라운 일이 일어났다. 하나님께서는 여호수아의 겉옷을 당기면서 물으시기를 "여호수아야, 가나안에서 형통하고 싶으냐?"라고 하셨다. "주님, 물론이죠. 요즘은 모든 사람들이 형통을 원하고 있습니다." "여호수아야, 내가 만약 너에게 성공할 수 있는 신적 비결들 중에 하나를 말해준다면, 너는 무어라 말하겠느냐? 그 비결에 관심이 있느냐?" 이에 대해 우리는 여호수아가 "오직 어리석은 사람만이 그 성공 비결을 배척할 것입니다. 주님, 그 비결이 뭔가요?"라고 대답하는 것을 듣게 된다.

> 이 율법책을 네 입에서 떠나지 말게 하며 주야로 그것을 묵상하여 그 안에 기록된 대로 다 지켜 행하라 그리하면 네 길이 평탄하게 될 것이며 네가 형통하리라(수 1:8).

"오, 이제 저는 평탄하고 형통케 되는 법을 알겠습니다. 묵상을 하면 형통케 되는 것이죠. 그렇지 않나요? 다윗은 특히 시편에서 이것에 대해 많이 기록했습니다."

하나님께서 말을 이으셨다. "여호수아야, 좋은 대답이구나. 근접했어. 하지만 이 구절을 다시 읽어보아라. 묵상은 수단이다. 묵상은 나의 말에 집중할 수 있도록 도움을 줄 뿐만 아니라 말씀을 뚜렷하게 해준다. 그러나 여전히 너는 하루 종일 묵상을 하고도 상을 얻지 못할 수도 있다."

여호수아의 눈이 번쩍였다. "주님, 이제야 알겠습니다. 주님께서는 제가 성경에 쓰여진 모든 것을 지켜 행해야 한다는 것을 말씀하신 것이군요. 그것이 주님이 말씀하시는 비결이군요! 그렇게 할 때에 제가 비로소 성공할 것입니다!"

"네 말이 옳다, 여호수아야. 가나안에서 모든 사람에게 이것을 말하라. 안타깝게도, 내 백성 중에 많은 사람들이 평탄한 삶을 살고자 하지만 그것을 어디에서 찾을 수 있는지를 알지 못한다."

우리는 하나님께서 다시 말씀하시는 것을 듣게 된다. "여호수아야, 네가 바르게 이해하도록 하기 위해 한 번 더 말하겠다. 성경에 쓰여진 모든 말씀을 다 지켜 행하라고 전하라. 여호수아야, 나를 알기 위해서 지키는 것이 아니라 나의 말을 행하기 위해서 지키는 것이 가치가 있음을 기억하여라."

약속들, 약속들, 약속들

백성은 온 율법을 순종하기로 서약했다. 하지만 구체성 없는 일반적인 약속은 의미가 없다. 그래서 그들은 헌신의 세부 사항을 기록했다. 그들의 약속들은 오늘 우리가 해야 할 약속들과 동일하다.

가정에서 하나님께 순종하기

가정에서부터 시작하는 것은 큰 의미가 있다. 하나님이 그러셨다(창 2:18-25). 가정은 기본적인 공동체이다. 학교, 병원, 문화오락 시설, 그리고 교회는 가정에 뿌리를 두고 있다. 하나님께서는 우리 가정들의 질에 관심을 갖고 계신다. 이것은 결혼에 대한 그분의 관심에서 보여진다.

> 우리의 딸들을 이 땅 백성에게 주지 아니하고 우리의 아들들을 위하여 그들의 딸들을 데려오지 아니하며(느 10:30).

그러므로, 그들이 제일 먼저 한 행동이 가정을 정결케 하는 것이었음은 놀랄 일이 아니다. 그들은 세속적인 환경에 의해 고통당했다. 하나님이 아닌 이교 신앙이 그들의 도덕을 그렇게 만들었던 것이다. 오늘날 우리도 이와 같은 위험에 노출되어 있다. 빌리 그래함(Billy Graham) 박사는 이에 대해 이렇게 말했다.

> 사회의 도덕이 추락할 때, 가장 먼저 고통 받는 것은 가정이다. 가정은 사회의 기본 단위이며, 국가는 가정이 강한 만큼 강해질 수 있다.

사업장에서 하나님께 순종하기

> 혹시 이 땅 백성이 안식일에 물품이나 온갖 곡물을 가져다가 팔려고 할지라도 우리가 안식일이나 성일에는 그들에게서 사지 않겠고 일곱째 해마다 땅을 쉬게 하고 모든 빚을 탕감하리라 하였고(느 10:31).

안식일은 인간에게 주신 하나님의 선물이다(막 2:27). 이 날은 '사업을 위한 평일'이 아니다. 이 날은 예배와 가정과 섬김을 위한 날이다. 외국 무역상들은 안식일에 물건을 사고팔도록 이스라엘 백성을 꼬드겼다. 이것은 안식일의 정신을 파괴하는 행위였다. 안식년도 역시 은혜의 표시이다. 제 7년마다 땅을 쉬게 하는 것은 땅과 농부들과 그들의 가축들에게 좋았다. 게다가, 이것은 가난한 자들에게 양식을 공급해주었다. 그들은 자연적으로 자생한 곡식들을 먹었다(출 23:10). 신명기 15장 1-3절은 동료 유대인들에게 빌려준 돈을 면제하라고 설명한다.

이 말씀은 이런 의미가 있는 것 같다. 유대인들은 세상의 윤리로 하여금 자신들을 통제하도록 허용했다. 그들은 가게 문에 "금일 휴업" 표지를 걸어 놓지 않았다. 그들은 하나님께서 제정하신 기준들을 지키지 못했다. 당신은 영적 온도가 낮을 때에 윤리가 창밖으로 나가는 것을 알아챘는가?

하나님께서는 윤리를 우선시하신다. 리더에게 부여된 많은 필요조건들 중의 하나는 그가 "책망할 것이 없는 자"(의심할 나위 없는 정직성)

이며, "칭찬 받는 자"이어야 한다는 것이다. 동네와 은행과 가게에서도 이 원리는 진리로 적용된다. 이 시험을 이긴 리더는 복 있는 사람이다. 찰스 스윈돌은 이렇게 말한다.

> 경건한 리더의 특징은 일을 할 때에 정직하게 하는 것에 있다. 그는 일을 할 때에 온 힘을 쏟는다. 그는 출근 시간을 철저히 지킨다. 그는 자신에게 속하지 않는 것을 취하지 않는다. 그는 지출된 금액을 계산할 때에 장부를 조작하지 않는다.

성전에서 하나님께 순종하기
다섯 가지의 구별된 약속들이 만들어졌다.

> 우리가 또 스스로 규례를 정하기를 해마다 각기 세겔의 삼분의 일을 수납하여 하나님의 전을 위하여 쓰게 하되(느 10:32).

성전세(32-33절) - 이스라엘이 애굽의 종 되었던 곳에서 구원 받은 사건은 이스라엘 나라의 시작을 의미한다. 하나님께서는 많은 방법을 사용하셔서 이스라엘 백성에게 출애굽의 중요성을 심어주셨다. 그 중에 하나는 출애굽기 30장 11-16절에서 시작된 성전세 제도이다. 이스라엘은 인구 조사를 할 때에 20세 이상 모든 성인이 반 세겔을 드렸다. 부자든 가난한 자든 동일한 액수를 드렸다. 이것은 주님이 그들의 생명을 구원하신 것을 말해주는 상징적인 특권세이다. 여기에서는 반 세겔이 아닌 3분의 1세겔이 약속되었다. 그 돈은 성전의 일을 위해 사용되었다 (10:33). 예수님 시대에는 다시 반 세겔을 드리게 되었다(마 17:24).

> 또 우리 제사장들과 레위 사람들과 백성들이 제비 뽑아 각기 종족대로 해마다 정한 시기에 나무를 우리 하나님의 전에 바쳐 율법에 기록한 대로 우리 하나님 여호와의 제단에 사르게 하였고(느 10:34).

단을 위한 나무 – 제비뽑기는 순번을 정하는 일반적인 방법이었다. 이것은 "우리 하나님 여호와의 제단"에 대한 특별 계획과 개인적 의무를 말해준다. 나무는 성지(聖地)에서의 드문 일용품이었다. 이스라엘의 예배는 짐승 제사에 토대를 두고 있었다.

> 제단 위의 불은 항상 피워 꺼지지 않게 할지니 제사장은 아침마다 나무를 그 위에서 태우고 번제물을 그 위에 벌여 놓고 화목제의 기름을 그 위에서 불사를지며(레 6:12).
> 해마다 우리 토지 소산의 맏물과 각종 과목의 첫 열매를 여호와의 전에 드리기로 하였고(느 10:35).

첫 열매를 드림 – 첫 열매들은 제사장들과 레위인들을 돕기 위해서 성전으로 운반되었다(출 23:19; 민 18:13). 신명기 26장 1-11절은 첫 열매에 대한 심오한 의미를 설명하고 있다. 첫 열매를 드렸던 사람은 "내가 오늘 당신의 하나님 여호와께 아뢰나이다 내가 여호와께서 우리에게 주시겠다고 우리 조상들에게 맹세하신 땅에 이르렀나이다."라고 말했다.

첫 열매를 드리는 사람은 애굽의 혹독한 노예 생활로부터의 구원(우리의 세상으로부터의 구원을 묘사함)을 곰곰이 생각하면서 먼저 자기에게 열매를 허락하신 하나님께 "땅에서 얻은 소산의 첫 열매"를 드렸다. 첫 열매는 "우리 주 여호와 앞에 예배"할 때에 드려졌다. 첫 열매는 우리의 모든 소유가 하나님으로부터 온 것임을 인정하고, 기쁜 마음으로 감사하도록 한다.

> 또 우리의 맏아들들과 가축의 처음 난 것과 소와 양의 처음 난 것을 율법에 기록된 대로 우리 하나님의 전으로 가져다가 우리 하나님의 전에서 섬기는 제사장들에게 주고(느 10:36).

맏아들들과 가축의 처음 난 것 – 근 400년 동안 애굽에서의 종 노릇은 장자를 하나님께 드리는 것을 소개해준다. 하나님의 백성을 놓아주기를 거부한 바로의 결정으로 인해 애굽의 모든 장자가 죽임을 당하게 되었다.

> 내가 그 밤에 애굽 땅에 두루 다니며 사람이나 짐승을 막론하고 애굽 땅에 있는 모든 처음 난 것을 다 치고 애굽의 모든 신을 내가 심판하리라 나는 여호와라(출 12:12).

> 여호와께서 애굽 땅에서 모든 처음 난 것 곧 왕위에 앉은 바로의 장자로부터 옥에 갇힌 사람의 장자까지와 가축의 처음 난 것을 다 치시매(출 12:29).

유대인들의 장자들은 유월절 어린양의 피로 인해 죽음을 면하게 되었다. "내가 피를 볼 때에 너희를 넘어가리니"(출 12:13). 이스라엘 백성은 자녀들 중에 장자와 생축의 처음 난 것을 주님을 위해 따로 구별하므로 애굽의 종 되었던 때를 기억했다(출 13:2). 그들은 속죄물을 지불하여 다시 데리고 올 수는 있었지만, 첫 열매 드림의 교훈은 명백하다. 생명은 하나님으로부터 왔으며, 그분에게 속한 것이다.

> 또 처음 익은 밀의 가루와 거제물과 각종 과목의 열매와 새 포도주와 기름을 제사장들에게로 가져다가 우리 하나님의 전의 여러 방에 두고 또 우리 산물의 십일조를 레위 사람들에게 주리라 하였나니 이 레위 사람들은 우리의 모든 성읍에서 산물의 십일조를 받는 자임이며 레위 사람들이 십일조를 받을 때에는 아론의 자손 제사장 한 사람이 함께 있을 것이요 레위 사람들은 그 십일조의 십분의 일을 가져다가 우리 하나님의 전 곳간의 여러 방에 두되 곧 이스라엘 자손과 레위 자손이 거제로 드린 곡식과 새 포도주와 기름을 가져다가 성소의 그릇들을 두는 골방 곧 섬기는 제사장들과 문지기들과 노래하는 자들이 있는 골방에 둘 것이라 그리하여 우리가 우리 하나님의 전을 버려두지 아니하리라(느 10:37-39).

십일조 – 제사장들과 레위인들의 필요는 이스라엘 백성에 의해 충족되어야 했다. 바울은 이 변하지 않는 원리를 언급했다. 복음 전하는 자들은 복음으로 말미암아 산다(고전 9:14).

자신을 드리는 것은 자기의 물질을 드리는 것으로 이어진다. 유대인들은 금전상의 의무를 약속했다. 이것은 당신이 사랑하지 않아도 줄 수 있지만, 주지 않고서는 사랑할 수 없다는 원리를 증명해준다.

성경은 베풂에 대해서 가르친다. 베풂은 물질의 많고 적음에 기초하지 않고 자원하는 마음에 기초한다(고후 8:12). 바울은 "극심한 가난"에도 불구하고 풍성한 연보를 한 초대 교회 성도들을 묘사하므로 오늘 우리에게 촉구하고 있다(고후 8:2). 베풂은 영적 갱신의 부차적 결과이다. 이 유대인들의 경험은 마게도니아의 그리스도인들과 잘 어울린다. 그들도 역시 "먼저 자신을 주께 드렸다"(고후 8:5).

느헤미야를 따르던 가난에 찌든 유대인들은 이 진리를 발견했다. "우리는 하나님의 전을 방관하지 않겠습니다."라는 말은 그들의 서약을 잘 요약해 준다. 국가적 갱신을 통해 그들은 영적 헌신을 하고, 회복된 성전을 돌보았다. 이것이 바로 느헤미야가 예루살렘 성을 중수했던 진정한 목적이었다.

내 몸은 하나님의 성전이다

두 번째 방법은 이 진리를 신약의 성전인 우리 몸에 적용하는 것이다. 하나님은 더 이상 건물들 안에서 사람들을 만나시지 않는다(화려한 건물일지라도). 이제 그분께서는 그리스도 안에서 인간들을 만나신다. 하나님께서는 지금 어디에 거하시는가? 모든 믿는 자들의 마음에 거하신다.

> 너희 몸은 너희가 하나님께로부터 받은 바 너희 가운데 계신 성령의 전인 줄을 알지 못하느냐 너희는 너희 자신의 것이 아니라 값으로 산 것이 되었으니 그런즉 너희 몸으로 하나님께 영광을 돌리라 (고전 6:19-20).

놀라운 진리다. 방탕하여 그릇된 행동을 하던 어거스틴은 자신에게 "바보 같은 자야, 너는 네가 하나님을 모시고 다니는 것을 알지 못하느냐?"라고 책망했다.

이것은 두 가지 질문을 던져준다.

1. 내가 하나님을 위해 준비한 이 집에서 그분이 환영 받고 있는가? 그분께서는 내 모든 성전 방들로 자유롭게 출입하시는가? 나는 몇몇 방들에 '들어오지 마시오'라는 표지를 걸어놓지는 않았는가? '방해하지 마시오'라는 표지를 다른 방들에 걸어놓지는 않았는가?

2. 하나님의 전은 거룩한 전인가? 아마도 나는 집 청소를 해야 할 필요가 있을지도 모른다. 자신의 사적인 삶을 청소해야 할 필요가 있는 리더가 다른 사람들에게 그들의 삶을 청소하라고 말하는 것은 그들에게

큰 상처를 입힌다.

갱신으로 가는 길

수문 앞 광장에 모였던 유대인들에게 일어났던 비슷한 영적 갱신이 웨일즈에서 일어났다. 이 강력한 성령 충만의 역사를 이끌었던 사람은 이반 로버츠(Evan Roberts)이다. 미국의 한 신문기자가 웨일즈에 가서 "당신이 우리 미국 교회에 전할 메시지는 무엇입니까?"라고 물었다. 이반 로버츠의 대답은 단도직입적이었다.

1. "과거는 청산되어야 하고, 모든 죄는 하나님께 자백되어야 하며, 다른 사람에게 저질러진 잘못은 시정되어야 합니다." 당신은 모든 사람을 용서했는가? 모든 사람을? 만약 모든 사람을 용서하지 못했다면, 당신의 죄들이 사함 받을 것이라고 생각하지 말라.

> 너희가 사람의 잘못을 용서하면 너희 하늘 아버지께서도 너희 잘못을 용서하시려니와 너희가 사람의 잘못을 용서하지 아니하면 너희 아버지께서도 너희 잘못을 용서하지 아니하시리라(마 6:14-15).

2. "우리의 삶 속에 있는 모든 의심스러운 것들은 전부 제거되어야 합니다." 성경은 "믿음으로 좇아 하지 아니하는 모든 것이 죄니라"라고

말씀하신다. 나는 내가 하는 모든 일이 하나님께서 원하시는 것이라고 확신해야 한다. 나는 그 모든 일에 하나님에게 복을 달라고 구할 수 있어야 한다. 당신의 마음에 가득한 생각들과 당신이 보는 영화들과 당신이 집에서 시청하는 TV 프로그램들이 하나님께서 원하시는 것들인가? 만약 그렇지 않다면, 그러한 것들로부터 떠나라. 당신과 하나님 사이에 구름이 지나간 흔적이 없어야 한다.

3. "하나님의 신에게 민첩한 순종과 믿음을 드리세요." 성령님이 당신 마음에 감동하시는 것은 주춤거리거나 두려워하지 말고 하라. 그렇게 하기 위해서 모든 대가를 지불하라.

4. "그리스도를 공개적으로 시인해야 합니다." 이것은 세상이 보는 앞에서 공개적으로 헌신된 삶을 살아야 한다는 의미이다. 이것은 이웃의 여자들이 우리 아내들의 삶을 지켜보고 있다는 것을 아내들에게 상기시키는 것을 의미한다. 이것은 남자들이 직장에서 어떻게 하느냐에 따라서 동료들이 그리스도를 평가하게 된다는 것을 경고하고 있다.

그 길로 행하다

어떤 사람들이 갱신의 길로 행하는가? 그들은 자신들의 실수와 잘못을 기꺼이 인정하고자 하는 사람들이다. 그들은 잘못을 바로잡고 실수로부터 교훈을 얻는 사람들이다. 그들은 하나님께 자신들의 삶을 재헌신하기로 작정하는 것을 기꺼이 기록할 마음이 있는 남녀들이다. 그들은 다음의 기도와 같은 기도를 기꺼이 하는 남녀들이다.

아버지, 당신께서는 역사를 주관하시는 하나님이십니다. 우리는 주님의 말씀과 우리를 향하신 신실하심으로 인해 감사드립니다. 아버지, 우리가 주님의 말씀을 듣고 이해하는 것뿐만 아니라, 그 말씀을 전적으로 순종할 수 있는 힘을 허락해 주세요. 아버지, 당신의 말씀으로부터 얻은 교훈으로 인하여 감사드립니다. 또한 우리는 성공과 실패로부터 교훈을 얻었습니다. 주님의 뜻을 분간할 수 있도록 마음의 민감성을 주시고, 말씀 안에서 행할 수 있도록 능력을 주시고, 우리의 경주를 마칠 수 있도록 용기와 결단력을 주세요. 모든 영광을 주께 돌립니다! 아멘!

리더는 일이 끝나기 전에는 축제를 벌이지 않는다

Chapter 13
성벽을 주님께 드리다

"오늘은 제 생애에 가장 행복한 날입니다!" 이런 말은 특별한 일을 해서 상을 받는 사람들에게서 들을 수 있는 말이다. 일을 마치기 위해 열심히 일해본 적이 있는 사람은 그것이 주는 특별한 기쁨이 무엇인지 안다.

때로 우리의 희열은 외로운 프로젝트를 완성할 때에 오기도 한다. 예를 들어, 운동경기에서 트로피를 얻는 것이나 학교에서 성적 우수상을 받는 것은 우리에게 큰 기쁨을 안겨준다. 당신은 TV에서 프로농구 결승전을 본 적이 있는가? 만약 본 적이 있다면, 당신은 한 팀이 마치 아이들처럼 함성을 지르면서 좋아하는 것을 보았을 것이다. 경기에서 진 선수들의 얼굴에서는 성취의 기쁨을 찾아 볼 수 없다.

대학에서 학위를 취득하는 것도 또 하나의 성취다. 학위를 얻기 위해서는 초등학교와 중학교, 고등학교와 대학교에서의 과정을 무사히 이수해야 한다. 각 단계를 통해 학위를 취득하는 과정으로 나아가며, 이 단계들을 다 거치고 나면 성취에서 오는 특별한 기쁨을 얻게 된다.

느헤미야 12장에서는 그러한 유의 기쁨이 터져 나온다.

> 이에 내가 유다의 방백들을 성벽 위에 오르게 하고 또 감사 찬송하는 자의 큰 무리를 둘로 나누어 성벽 위로 대오를 지어 가게 하였는데 한 무리는 오른쪽으로 분문을 향하여 가게 하니 … 예루살렘이 즐거워하는 소리가 멀리 들렸느니라(느 12:31, 43).

우리는 느헤미야 전체의 클라이맥스와 수천 년 유다 역사의 영적 절정에 다다랐다. 이때는 솔로몬의 불순종과 메시아의 초림 사이에 영적으로 가장 흥왕했던 시대였다. 느헤미야는 영적 절정의 때를 이용해서 예루살렘 성벽을 봉헌했다.

"느헤미야는 왜 성벽 봉헌을 그리도 오랫동안 지연했을까?"라는 질문을 던질 수 있다. 성벽 건축은 적어도 한 달 혹은 두세 달 이전에 완성되었다(6:15). 느헤미야가 활동적인 성격을 소유한 사람임을 아는 사람들에게는 좋은 질문이다. 그 대답은 중요하다. 느헤미야가 수산 성을 떠났을 때에 그는 마음에 여러 가지 목표들을 품고 있었다. 그의 목표는 성벽을 중수하는 것 이상이었다. 그의 기도가 문제 해결의 실마리를 준다. 유대인들을 향한 하나님의 말씀 "만일 내게로 돌아와 내 계명을 지켜 행하면"(1:9)은 느헤미야의 마음을 드러내준다. 영적 갱신은 주님께로 돌아가는 것을 의미한다. 이스라엘의 영적 갱신은 느헤미야가 예루살렘 성벽의 훼파 소식을 전해들은 날부터 그의 주된 목표였다. 완성된 성벽은 그의 목표의 한 단계였을 뿐이다. 성벽이 완성되었지만, 축제를 하기에는 너무 일렀다.

나는 몇 장 전에 성벽 중수는 결론이 아니라 결론으로 가기 위한 방법임을 언급했다. 성벽 안에서 일어난 사건이 성벽 재건을 중요한 일로 만들었다. 좋은 일들은 이제 일어나기 시작한다. 하나님께서는 이 일을 이루기 위해서 두 사람을 사용하셨다.

여기에 성벽 봉헌식을 늦추게 했던 두 번째 이유가 있다. 느헤미야의 회고록은 두 개의 독특한 부분들로 쓰여졌다. 1장부터 7장까지는 예루살렘 성의 재건 기록을 담고 있다. 여기에서는 느헤미야가 주도적인 역할을 했다. 하지만 8장부터 12장에서의 영적 갱신은 에스라가 적극적으로 주도했다.

성경학자인 제임스 보이스는 느헤미야의 연합을 설명한다. 이 두 부분들은 성벽 봉헌에서 함께 드러난다. 느헤미야는 큰 무리를 두 떼로 나누어서 "성벽 위로 대오를 지어 가게 했다"(12:31). 에스라는 감사 찬양하는 무리들 중에 하나를 이끌었다. 느헤미야는 나머지 한 무리를 이끌었다. "더불어 이 두 무리가 에스라의 통솔 하에 느헤미야가 건축한 성벽 위로 항렬을 지어 행진한 사건과 유다의 영적 중심지인 하나님의 전에 선 사건은 매우 의미심장하다."

꼭대기에서 바라보기

하나님이 그 백성 가운데에서 높임을 받았을 때에 리더십의 지휘봉이 느헤미야에게 돌아왔다. 그는 다시금 1인칭으로 말하기 시작했다. "이에 내가 유다의 방백들을 성벽 위에 오르게 하고"(12:31). 나는 이 구절을 읽는 중에 이 위대한 인물의 마음에 스쳤을 생각들이 무엇인지 상상해보았다. 만약 내가 느헤미야에게 질문을 하나 할 수 있었다면, 나는 "꼭대기에서의 전망은 어떠한가요?"라고 물었을 것이다.

리더가 되려고 하는 많은 사람들이 자기 자랑과 금전상의 유익과 같은 그릇된 이유들을 위해서 리더십의 계단을 오르고 있다. 느헤미야의 관점은 달랐다. 그는 자기의 성공을 하나님께 바치기 위해서 꼭대기에 서 있었던 것이다.

봉헌이라는 단어는 두 가지 의미가 있다. 하나는 '따로 구별하다' 이며, 다른 하나는 '바치다' 이다. 그들은 여기에서 성벽을 하나님께 바치기 위해, 성벽을 따로 구별하기 위해 서 있는 것이다. 이것은 마치 하나님이 "느헤미야, 나는 너에게 이 위대한 일을 주었노라."라고 말씀한 듯하다. 그리고 느헤미야는 "주님, 저는 그 일을 완수했습니다. 이제 저는 이 성벽을 따로 구별해서 주님께 봉헌합니다."라고 대답한 듯하다.

리더가 되려고 하는 몇몇 사람들은 자기의 동료들을 질투하고 있다. 느헤미야는 자기의 동료들을 존중하기 위해서 성벽 꼭대기에 섰다! 두 리더들에 의해 인도 받은 두 성가대들은 느헤미야 회고록의 연합보다 훨씬 위대한 것을 보여주고 있다. 이것은 느헤미야의 마음속에 있는 겸

양과 협력의 정신을 보여주고 있다. 이런 정신을 가진 경건하고 확고한 사람은 다른 사람을 최고의 자리에 올려준다.

리더가 되려고 하는 또 다른 사람들은 꼭대기에 이르기 위해 부하들의 등을 밟고 오른다. 느헤미야는 그렇게 하지 않았다. 그는 자기를 따르던 사람들에게 감사하기 위해서 그곳에 올랐다. 성벽 건축자들은 느헤미야의 민주주의적 정신을 기억했다. 그는 섬기는 리더의 전형이었다. 한 사람도 느헤미야가 새벽부터 밤까지 두 손에 흙을 묻혔다는 것을 잊지 못했다(4:2). 느헤미야는 자기가 먼저 하지 않은 일을 다른 사람에게 하라고 명하지 않았다. 그는 필요에 따라서 작업복을 입은 채로 잠자리에 들기도 했다(4:23). 또한 그는 가난하고 궁핍한 사람들을 대신해서 부유하고 영향력 있는 사람들을 기꺼이 대면했다(5:7). 그리고 자격이 없던 사람들을 위해서 사랑하는 마음으로 자기 돈을 사용했다(5:15).

이것이 바로 꼭대기에서의 전망이다. 다른 사람들을 향한 사랑과 희생은 당신을 정상에 오르게 해준다.

바닥에서 바라보기

그러나 꼭대기에 오르기 위해서는 바닥부터 시작해야 한다. 바닥에서의 전망은 어떠할까? 느헤미야는 마음 가득히 예루살렘을 위한 하나님의 목표들을 품고서 수산 성으로부터 예루살렘에 도착했다.

내 하나님께서 예루살렘을 위해 무엇을 할 것인지 내 마음에 주신 것을 내가 아무에게도 말하지 아니하고(느 2:12).

정상에 오르는 것은 쉬운 일이 아닌 것 같다. 말을 타고 성벽 주위를 돌아보며 그는 자신이 해야 할 일을 확인했다. "…예루살렘 성벽이 다 무너졌고 성문은 불탔더라"(2:18). 그는 무너진 성벽보다 더 큰 문제였던 두 번째 위기를 당면했다. 백성의 영이 무너진 것이다. 그들은 "훼파된" 예루살렘의 수치와 더불어 살고 있었다(2:17). 느헤미야는 자기의 계획을 의기소침해 하던 유대인들에게 대담함과 열정으로 말했다. "일어나 건축하자"(2:18).

느헤미야가 예루살렘을 회복시킬 계획을 대적한 세 번째 위협을 당면했을 때에 성벽 역사는 어려움을 겪게 되었다. 그는 필사적으로 성벽 중수를 막으려 했던 원수 나라들에게 포위를 당하게 되었다. "건축하는 돌 성벽은 여우가 올라가도 곧 무너지리라"(4:3)라는 말은 유대인들이 받은 조롱 중의 하나였다. 그 다음에는 거친 공격이 따른다. "우리가 그들 가운데 달려 들어가서 살륙하여 역사를 그치게 하리라"(4:11)라는 말은 느헤미야의 일꾼들을 두려움에 떨도록 했다.

"평화 회의"의 미명 하에 느헤미야를 죽이려는 마지막 공격이 가해졌다. 그는 원수들의 시도에 속지 않았고 원래의 계획을 잊지도 않았다. "어찌하여 역사를 중지하게 하고 너희에게로 내려가겠느냐"(6:3) 이것이 바닥 – 무너진 성벽, 무너진 백성, 가차 없는 반대 세력 – 에서 볼 때에 보이는 것이었다. 이런 유의 장애물들을 넘는 데는 엄청난 수고가 따랐다. 그는 자기의 목표들에서 결코 시선을 다른 데로 빼앗기지 않았기에 꼭대기에 다다를 수 있었다.

먼 곳에서 바라보기

느헤미야의 가장 위대한 업적은 예루살렘에 도착하기 전, 수산 성에서의 일이다. 그는 수산 성에서 하나님께 비전을 구했다. 비전이 느헤미야에게 무슨 일(그의 최상의 업적)을 하게 했는가? 그는 그 백성의 필요를 보았고, "앉아서 울고 수일 동안 슬퍼했다"(1:4). 그는 하나님께 지혜를 구했고, 하나님은 그에게 성을 재건할 계획을 주셨다(1:6). 그는 바사 왕의 은혜를 구하면서 용기 있게 왕에게 접근했다. 이에 놀라운 결과가 생겼다.

아닥사스다 왕은 그에게 예루살렘으로 여행할 수 있도록 왕의 권세를 주었다. 지방 총독에게 보여줄 조서들과 건축 자재들을 위한 왕의 조서가 그의 손에 쥐어졌다(2:7-8). 아닥사스다 왕의 도움과 "하나님의 선한 손"이 그로 하여금 예루살렘을 향한 여행을 하게 했다.

이것이 먼 곳에서 보는 것이다. 성벽 재건을 시작하게 한 비전. 성벽이 완성되는 것을 보게 한 비전.

성벽을 봉헌하다

예루살렘 성벽을 봉헌하게 되니 각처에서 레위 사람들을 찾아 예루살렘으로 데려다가 감사하며 노래하며 제금을 치며 비파와 수금을 타며 즐거이 봉헌식을 행하려 하매 이에 노래하는 자들이 예루살렘 사방 들과 느도바 사람의 마을에서 모여들고 또 벧길갈과 게바와 아스마웻 들에서 모여들었으니 이 노래하는 자들은 자기들을 위하여 예루살렘 사방에 마을들을 이루었음이라 제사장들과 레위 사람들이 몸을 정결하게 하고 또 백성과 성문과 성벽을 정결하게 하니라(느 12:27-30).

봉헌식은 느헤미야의 여느 모험들처럼 잘 준비되었다.

1. 백성을 준비시킴(12:27-30)

느헤미야는 레위인들을 예루살렘으로 불러 모았다. 많은 레위인들이 예루살렘 성 안에서 살고 있었다(11:3). 하지만 여전히 다수가 유다의 작은 성읍들에 흩어져 살고 있었다(11:20). 역사적으로 레위인들은 이스라엘의 경배와 찬양 리더들이었다.

즐거움과 유쾌함과 기쁨과 환희로 충만했다

이날은 이스라엘에게 즐거운 날이었다. 그들은 함성을 지르고 제금을 치고 북을 치고 나팔을 불었다. 만약 당신이 예배는 '쥐죽은 듯' 조용해야 하는 것이라고 생각한다면, 당신은 그들의 봉헌식을 별로 좋게 여기지 않을 것이다. 유대인들이 축제하기 위해 한자리에 모인 사건은 우리에게 예배는 마음과 뜻을 다한 경건한 행위이고 감정의 표현이라는 점을 가르쳐주었다. 하나님께서는 음악의 감정을 사용해서 우리의 영혼을 부드럽게 만드신다.

노래를 맡은 자들의 아들들(11:25)도 역시 지방 도시들로부터 부름을 받았다. 그들도 레위인들이었다. 그들은 다윗 왕에 의해 특별히 임명된 자들이었다(대상 15:16). 다윗이 법궤를 운반했을 때와 솔로몬이 지은 성전을 봉헌했을 때와 스룹바벨의 성전 회복(스 6:13-18)의 때에 노래하는 자들의 목소리를 주님께 드렸다.

봉헌식을 정결케 함의 진리가 포함되어 있다

봉헌식은 정결케 함과 더불어 시작한다. 아마도 그들은 물로 씻고 동물의 피를 뿌려서 정결 의식을 했을 것이다. 중요한 것은 그들이 취한 정결 의식의 방법이 아니라 그들이 몸을 정결케 했다는 것이다.

나는 제사장들과 레위인들이 먼저 자신을 정결케 했음을 발견했다. 사역자들 사이에서는 이런 말이 쓰인다. "당신은 자신이 가 본 것보다 더 먼 곳으로 다른 사람을 이끌 수 없다." 제사장들과 레위인들은 예배 인도자들이다. 하나님은 거룩하다. 그러기에 그들은 다른 사람들을 예배에로 인도하기 전에 자신들이 먼저 정결케 되어야 했다. 다윗은 이 진리를 알았다.

여호와의 산에 오를 자 누구며 그의 거룩한 곳에 설 자가 누구인가 (시 24:3).

이중 질문에는 이중 대답이 있다. – "깨끗한 손과 정결한 마음을 가진 자" 죄 없는 마음이 아니라 정결케 된 마음. 죄 없는 마음을 소유한 사람은 이 세상에 하나도 존재하지 않는다.

기쁨의 축제로 돌아가서, 나는 또 하나의 연관된 진리를 언급하려 한다. 행복은 성결의 부산물이다. 이것은 어려운 교훈이다. 이는 우리의 문화는 "행복해지라"고 말하지만 행복해지는 방법은 언급하지 않고 있기 때문이다. 성경에는 "너는 행복해질지니라"라고 말하는 구절이 없다. 그러나 "너는 거룩하라"라는 구절은 있다. 팔복(The Beatitudes)은 10가지 신령한 특성들을 말씀하고 있고, 우리가 그것들을 소유하면 복을 받게 되거나 '행복' 해질 거라고 말씀한다.

2. 성벽을 봉헌함(12:31-43)

> 이에 내가 유다의 방백들을 성벽 위에 오르게 하고 또 감사 찬송하는 자의 큰 무리를 둘로 나누어 성벽 위로 대오를 지어 가게 하였는데 한 무리는 오른쪽으로 분문을 향하여 가게 하니 … 감사 찬송하는 다른 무리는 왼쪽으로 행진하는데 내가 백성의 절반과 더불어 그 뒤를 따라 성벽 위로 가서 화덕 망대 윗 길로 성벽 넓은 곳에 이르고 (느 12:31, 38).

정치 지도자인 느헤미야는 찬양대를 임명했다. 그러나 종교 지도자인 에스라가 먼저 출발하는 영광을 얻었다. 그 찬양대는 '감사 찬양하는 찬양대'였다. 그들은 노래로 감사의 제사를 하나님께 드렸다. 확실한 것은 아니지만, 그들은 아마도 느헤미야가 달빛 아래에서 성벽 조사를 시작했던 골짜기 문에서부터 출발했을 가능성이 있다(2:13). 에스라의 찬양대는 오른쪽으로 돌아서 분문을 향하여 갔다. 각 찬양대는 나팔을 든 일곱 제사장들이 포함되었다. 레위인들은 다른 유의 악기들을 사용했다.

두 번째 찬양대도 성벽으로 올랐다. 하지만 이 무리는 왼쪽으로 진행했다. 우리는 그들이 두 무리로 나눠서 행진하기 전에 예루살렘 성을 바라보았다고 결론지을 수 있다. 이 책의 앞부분에 있는 예루살렘 성의 성벽과 성문들을 보여주는 지도를 사용해서 각 찬양대가 따랐던 길을 비교해보라. 몇 명이 찬양대에 참여했을까? 우리는 "감사 찬송하는 자의 큰 무리를 둘로 나누어"라고 하는 표현을 통해 그 규모를 추측한다. 그들은 이전 원수들이 비난했던 것과 정반대로 행동했다. "여우 한 마리가 무너뜨릴 수 있을 것"이라고 비난 받았던 성벽은 모든 예배자들의 몸무게를 충분히 감당했다. 나는 느헤미야가 도비야의 어리석은 조롱을 기억하고 있었을지 궁금하다.

그들이 부른 노래는 우리를 놀라게 한다. 몇몇의 저자들은 시편 48편이 그들의 노래와 어울린다고 말한다.

> 너희는 시온을 돌면서 그 곳을 둘러보고 그 망대들을 세어 보라 그의 성벽을 자세히 보고 그의 궁전을 살펴서 후대에 전하라 이 하나님은 영원히 우리 하나님이시니 그가 우리를 죽을 때까지 인도하시리로다(시 48:12-14).

고되고 위험한 성벽 역사의 기억들과 감정들은 상기되었다. "하나님께서 우리를 구원하실까요?", "성벽 중수가 완성될까요?", "이 일을 마칠 수 있는 힘과 능력이 우리에게 있나요?" 그들의 승리의 행진이 이에 대해 대답해준다. "예, 하나님을 찬양합시다. 우리는 하나님의 도우심으로 성벽 중수를 마칠 수 있었습니다!"

프로젝트를 위해 큰 위험을 감수한 사람들만이 완성의 기쁨을 크게 누릴 수 있다. 많은 크리스천들의 얼굴에 먹구름이 끼어있는 이유는 그들이 전투에 참가하지 않았기 때문이다. 전선에서 싸워본 사람들만이 승리의 깃발을 휘날리는 기쁨을 맛보게 된다. 싸워서 이기는 것은 용사의 영광이다. 우리의 싸움이 혈과 육의 싸움은 아닐지라도, 그것은 여전히 싸움이다. 승리는 용사에게 달콤한 꿀과 같다.

이에 감사 찬송하는 두 무리가 하나님의 전에 섰고(느 12:40).

나는 이것의 상징을 좋아한다. 그들은 성 위를 걸은 후에 국가의 생명의 영적 중심지인 성전 앞에서 만났다. 성벽은 당연히 중요하다. 그러나 그것이 중심점은 아니다. 건축자들은 찬양을 헛된 것에 돌리지 않았다. 하나님 홀로 영광 받으소서.

기쁨 없는 세상

남녀노소 모두가 기뻐했다. 우리의 기쁨을 세상에 전달하기 위해 힘을 합하여 일하자. 우리들의 세상은 기쁨이 필요하다. 우리는 "웃으세요, 온 세상이 그대와 함께 웃을 것입니다. 우세요, 그대 혼자 울 것입니다."라고 말하곤 한다. 그러나 우리는 이 말을 바꿔야 한다. 오늘날에는 사람들이 좀처럼 웃지를 않는다. 당신과 함께 버스를 탄 사람들의 얼굴을 보라. 사람들로 북새통인 거리나 쇼핑센터를 걸어 다닐 때에 그들의 얼굴을 유심히 쳐다보라. 대다수가 찌푸린 얼굴을 하고 있을 것이다. 만약 당신이 운다면, 당신은 많은 친구들을 사귀게 될 것이다. 만약 당신이 웃는다면, 당신은 혼자 웃게 될 것이다. 주님을 기뻐함은 우리의 힘이 되어야 한다. 기쁨은 세상의 시선을 집중시키는 힘이다. 비뚤어진 성도들과 침울한 얼굴들은 그릇된 메시지를 전달하게 된다.

> 또 마아세야와 스마야와 엘르아살과 웃시와 여호하난과 말기야와 엘람과 에셀이 함께 있으며 노래하는 자는 크게 찬송하였는데 그 감독은 예스라히야라(느 12:42).

잠언 17장 22절을 기억하고 있는가?

> 마음의 즐거움은 양약이라도 심령의 근심은 뼈를 마르게 하느니라(잠 17:22).

외부적인 것은 하나도 변하지 않았다는 점을 인식하는 것은 중요하다. 원수들은 여전히 '외부에' 있었다. 이방 왕은 여전히 조공을 바치라고 압력을 가하고 있었다. 그들의 문제들은 동일했다. 변한 것은 오로지 그들의 관심사였다. 그들은 하나님을 찬양하면서 즐거운 시간을 보내고 있었다. 그들의 모든 이웃들이 그 소리를 들었다. "예루살렘의 즐거워하는 소리가 멀리 들렸느니라." 와! 이 소리는 지친 세상에 영향을 끼치는 방법이었다.

성경주석자 윌리엄 발클레이(William Barclay)는 이렇게 말한다.

> 우리는 기뻐하기 위해서 택함 받았다. 그리스도인의 여정과 목표

로 가는 길이 제아무리 험할지라도 그것은 기쁨의 길이다. 옳은 일에는 항상 기쁨이 있다.

3. 계속 일하기(12:44-47)

성전에서의 예배를 마지막으로 봉헌식은 끝났다. 하지만 느헤미야는 계속되는 필요를 채우기 위해 즐거운 축제를 열었다. 특히 계속적인 성전의 필요를 위해서 그렇게 했다.

그 날에 사람을 세워 곳간을 맡기고 제사장들과 레위 사람들에게 돌릴 것 곧 율법에 정한 대로 거제물과 처음 익은 것과 십일조를 모든 성읍 밭에서 거두어 이 곳간에 쌓게 하였노니 이는 유다 사람이 섬기는 제사장들과 레위 사람들로 말미암아 즐거워하기 때문이라 그들은 하나님을 섬기는 일과 결례의 일을 힘썼으며 노래하는 자들과 문지기들도 그러하여 모두 다윗과 그의 아들 솔로몬의 명령을 따라 행하였으니 옛적 다윗과 아삽의 때에는 노래하는 자의 지도자가 있어서 하나님께 찬송하는 노래와 감사하는 노래를 하였음이며 스룹바벨 때와 느헤미야 때에는 온 이스라엘이 노래하는 자들과 문지기들에게 날마다 쓸 몫을 주되 그들이 성별한 것을 레위 사람들에게 주고 레위 사람들은 그것을 또 성별하여 아론 자손에게 주었느니라(느 12:44-47).

"그 날"은 큰 축제의 날이었다.

정결케 하기는 봉헌의 한 부분이다. 찬양은 봉헌의 한 부분이다. 그리고 물질을 드림도 봉헌의 한 부분이다. 마지막 네 구절들은 유다 사람들이 하나님의 집을 섬기기 위해서 모든 물질을 모으는 모습을 보여준다. 하나님께서 우리의 마음을 주장하실 때에는 우리의 지갑 – 재정 – 도 주장하신다.

드림의 기쁨! 우리는 가끔 "십일조와 헌금을 드리므로 주님을 예배합시다."라고 광고한다. 즐거워하던 백성은 성전의 물질적 필요를 감독할 사람들을 임명했다. 드림은 예배의 즐거운 행위이다.

정말 위대하고 극적인 날이다! 드림은 하나님이 수개월 전에 느헤미야의 마음에 심어준 비전을 이루게 했다. 이제 43절을 마지막으로 읽은 후에 우리 자신들에게 세 가지 질문을 해보자. 그들은

… 심히 즐거워하였으니 이는 하나님이 크게 즐거워하게 하셨음이라(느 12:43).

1. 어느 누구도 예루살렘의 기쁨을 의심할 수 없었다. 그렇다면 당신의 친구들은 어떠한가? 당신의 친구들은 당신에 대해서 "하나님이 저 친구에게 큰 기쁨을 주셨어."라고 말하는가?

… 부녀와 어린 아이도 즐거워하였으므로(느 12:43).

2. 행복은 전이된다. 당신의 아내와 자녀들은 당신에게서 행복이 전이되는가? 만약 그들이 당신에게서 행복을 얻지 못한다면, 그들이 어디에서 행복을 찾을 수 있겠는가?

··· 예루살렘이 즐거워하는 소리가 멀리 들렸느니라(느 12:43).

3. 우리의 세상은 행복한 장소가 아니다. 얼마 전, 《뉴스위크》지의 표지에 "90년대를 살아남기 위한 지침"이라는 글이 올려졌다. 그 잡지의 주 내용은 90년대를 '불안의 시기'라고 묘사했다.

구원 받지 못한 사람들이 당신을 볼 때에 그들은 당신의 얼굴에서 '불안의 시기'를 보고 있을까 아니면 주님을 기뻐하는 모습을 보고 있을까? "예루살렘의 즐거워하는 소리가 멀리 들렸느니라." 당신의 즐거워하는 소리는 얼마나 멀리까지 들리고 있는가?

하나님의 사람을 기억하라

Chapter 14
리더는 끝까지 경주한다

그의 나이 7세 때, 그의 가족은 합법적 절차에 의해 집에서 강제적으로 쫓겨났고, 가족을 부양하기 위해 일을 해야 했다.

그의 나이 9세 때, 그의 어머니가 사망했다.

그의 나이 22세 때, 그는 가게 점원직을 잃게 되었다. 그는 법대를 들어가고 싶었지만 학력이 충분하지 못했다.

그의 나이 23세 때, 그는 친구와 작은 가게를 동업하다가 빚을 지게 되었다.

그의 나이 26세 때, 그의 동업자는 그가 수년 동안 갚아야 할 빚을 남긴 채 사망했다.

그의 나이 28세 때, 그는 한 여자에게 4년 동안 구애한 후에 결혼해 달라고 청혼했다. 그녀는 싫다고 말했다.

그의 나이 37세 때, 그는 국회의원 선거에서 세 번 낙선한 후에 당선되었다. 하지만 2년 후의 재선에서는 낙선했다.

그의 나이 41세 때, 그의 네 살배기 아들이 사망했다.

그의 나이 45세 때, 그는 상원위원 선거에 낙선했다.

그의 나이 47세 때, 그는 부통령 선거에 낙선했다.

그의 나이 49세 때, 그는 다시금 상원위원 선거에 출마했다가 낙선했다.

그의 나이 51세 때, 그는 미국의 대통령으로 당선됐다. 그의 이름은 아브라함 링컨(Abraham Lincoln)이다. 많은 사람들이 그를 미국 역사상 가장 위대한 리더로 여기고 있다.

인내하지 않고서 어려운 목표를 성취할 수 있는 사람은 없다.

1968년 멕시코 올림픽의 42.195km 마라톤에서 우승한 선수는 이디오피아의 마모 월데(Mamo Wolde)이다. 관중이 흩어진지 한 시간이 지난 후, 탄자니아의 존 아크와리(John Akhwari)가 결승선을 지나갔다. 그의 한쪽 다리는 피에 젖어 있었다. 그는 경주가 시작한지 얼마 되지 않아 넘어지므로 심한 부상을 당했고 다리에는 붕대가 감겨져 있었다. 그는 고통과 아픔 중에 절뚝거리며 결승선을 지나자마자 응급 치료대로 천천히 걸어갔다. 후에 그는 왜 경기를 멈추지 않고 끝까지 했느냐는 질문을 받았다. 그는 자신이 경주에서 우승할 수 없었다는 것을 알지 못했던 것일까? 그는 "내 조국은 나로 하여금 경주를 시작하게 하기 위해서 나를 이곳에 보낸 것이 아닙니다. 그들은 나로 하여금 이 경주를 마치게 하기 위해서 나를 이곳에 보냈습니다."라고 말했다.

성경은 인생을 경주에 비유했다. 우리는 "우리 앞에 당한 경주를" 하도록 부름을 받았다(히 12:1). 헬라어의 인내라는 단어는 참기 또는 끈기로 번역될 수 있다. 이것은 끈질긴 정신이다. 나는 지난 몇 주 전에 시원한 아침 시간을 이용하여 한 큰 학교의 운동장을 세 바퀴 돈 적이 있다. 두 번째 바퀴를 돌고 있는 중에 한 작은 음성이 가끔 속삭였다. "너는 지쳤어. 왜 여기에서 멈추지 않는 거냐?" 마지막 바퀴가 가장 힘들다.

인생과 리더십도 마찬가지다. 리더들은 경주를 마치는 자들이다. 느헤미야 13장은 마지막 한 바퀴를 달리는 장이다.

만약 이 이야기가 소설이었다면, 12장에 기록된 승리의 축제와 더불어 끝났을 것이다. 우리는 이 이야기책에 나오는 성공의 모든 요소들을 가지고 있다. 줄거리부터 시작하자. 포로인 느헤미야는 이방 나라에서 고위급 정치인이 된다. 고향의 처절한 상황에 대한 소식은 그가 긍휼과 믿음의 사람이라는 것을 보여준다. 하나님께서는 불가능한 것에 도전하도록 느헤미야의 마음을 감동시키신다. 철저히 계획된 왕에 대한 호소는 열매를 맺는다. 그는 예루살렘으로 간다.

지혜로운 준비와 감동적인 연설은 예루살렘을 연합하게 한다. "일어나 건축하자!" 그리고 그들은 건축한다. 건축 프로젝트는 52일 만에 완성된다. 하지만 문제들을 극복하는 장면이 없이는 이야기는 그리 재미있지 않을 것이다. 선과 악의 전형적인 대결도 필요하다. 분위기가 살벌해지는 동안 사악한 다수파는 건축자들을 포위한다. 그러나 선한 소수파는 드라마의 주인공에 의해 고무되어 건축을 계속한다.

모든 유의 반대세력을 극복한 후의 성공은 그를 높은 곳에 올려준다. 첫째, 그는 성벽을 재건한다. 둘째, 그는 에스라에게 스포트라이트를 비추면서 백성을 영적으로 부흥케 하는 사역에 조력한다. 하나님께 모든 영광을! 성벽은 하나님께 봉헌된다.

그러나 느헤미야의 회고록은 봉헌식과 더불어 끝맺지 않는다. 그래서 우리는 그의 생애의 리더십 활동 전체를 통해 얻을 수 있는 것이 많다. 우리는 인내가 주는 교훈을 얻는다. 그는 우리에게 리더십이 바닷물과 같다는 것을 가르쳐준다. 리더십은 끊이지 않는 문제 – 해결, 문제 – 해결, 문제 – 해결의 썰물과 밀물이다. 어떤 문제들은 한 번 이상 발생한다.

바벨론으로의 귀환

느헤미야는 12년 동안 훌륭한 리더십(5:14; 13:6 참조)을 발휘한 후에 아닥사스다 왕에게로 돌아갔다. 그가 예루살렘에 없었던 기간이 길어졌다. 그가 그 도시를 떠나 있는 동안 그곳의 영적 상태는 침체되었다. 유대인들이 성전과 가정과 안식일에 대한 규례들을 지키겠다고 한 약속은 크게 경시되었다. "우리가 우리 하나님의 전을 버려두지 아니하리라"(10:39)라는 말은 느헤미야의 귀에 희미하게 들렸다. 미국인들은 이런 경우를 "고양이가 없을 때 쥐가 논다"라고 말한다.

느헤미야가 예루살렘을 떠나 있을 때에 백성은 과거의 악행들을 묵인하고 수용했다. "그들은 일찍이 잘못된 것이라고 여겨진 것들을 수치와 책망과 징계 없는 상태에서 자유롭게 행했다." 우리가 견고하다고 생각하는 것이 악화되면, 그것은 섬기는 리더(servant-leader)의 용기를 시험하는 것이다. 리더십에는 영광이 있다. 리더십에는 고통이 있다. 느헤미야가 명백한 실망을 극복하는 것은 13장의 교훈이다.

느헤미야의 나이는 하나의 요인이다. 제임스 보이스는 느헤미야가 예루살렘을 오랫동안 떠나 있었을 것이라고 추측한다. 나는 그의 추측에 동의한다. 이스라엘이 1년이나 2년 안에 타락하기란 어려운 일이다. 보이스는 느헤미야가 수산 성을 떠날 때에 약 40세 정도라고 추정하는 것이 현실적이라고 믿는다. 느헤미야는 첫 12년 동안 예루살렘에서 봉사했다(2:7; 13:6). 그가 바사로 돌아갔을 때의 나이는 52세였을 것이다. 그리고 만약 그가 예루살렘을 10년이나 15년 동안 떠나 있었다면 마지막 사건들은 그의 나이 65세 정도에 일어났을 것이다. 그 정도 나이면 대부분의 남자들은 휴식을 취하기 위해 리더십을 이양한다. 하지만 우리는 느헤미야가 은퇴에 관심을 두지 않았음을 알 수 있다.

이 글을 쓰고 있는 나는 63번째 생일을 맞았다. 그러나 나는 선교지에서 만났던 몇몇 위대하고 주도적인 교회지도자들에 비하면 풋내기에 불과하다. 90세가 넘은 프롤렌티노 데 헤수스(Florentino de Jesus) 목사는 대부분의 사람들이 피하는 회교권 선교를 효과적으로 시행했다. 그의 간증은 나의 심장을 두근두근하게 했다. 나는 그의 말을 듣는 동안 나의 남은 인생을 하나님께 재헌신하기로 했다. 이반젤리스타 시오도라(Evangelista Siodora) 목사는 50년 동안 목회를 했다. 하나님께서 한 젊은이에게 비전을 주셔서 거대 교육기관과 200여 선교사들과 수많은 교회들을 남기게 하셨다. 나는 근래에 열린 컨퍼런스에서 시므온 레파사나(Simeon Lepasana) 목사를 만나게 되었다. 그는 68세였지만, 34세의 젊은이처럼 활동적이었다. 이 사람들은 영감을 주는 리더들이다. 그들은 마지막 한 바퀴를 힘차게 뛰는 리더들이다. 그들은 공통된 간증으로 젊은 목사들에게 호소하고 있다. "아무도 그대가 젊다고 해서 그대를 업신여기지 못하게 하십시오. 도리어 그대는 말과 행실과 사랑과 믿음과 순결에 있어서 믿는 이들의 본이 되십시오." 끝까지 경주하라.

느헤미야가 예루살렘으로 돌아왔을 때, 그는 예전의 개혁이 유대인들의 뇌리에서 거의 사라졌음을 발견했다. 예배는 거의 사라졌고, 찬양 사역을 위한 물질은 고갈되었다. 안식일에 장사를 하는 일이 슬며시 이뤄지고 있었고, 이방인들과의 결혼은 히브리 문화를 위협할 정도였다. 하나님의 사람은 이런 상황에서 무슨 일을 해야 할까? 그는 첫 일곱 장에서처럼 다시 1인칭으로 글을 쓰기 시작했다. 우리는 한 리더의 노년의 삶을 볼 수 있게 되었다. 느헤미야가 총독으로서 첫 사역을 할 때의 담대함과 결단력은 여전했다. 사실 그는 이전보다 더욱 활동적이었다. 13장의 다음 구절들을 자세히 읽어보라.

> 내가 심히 근심하여 도비야의 세간을 그 방 밖으로 다 내어 던지고…(8절)
> 내가 명령하여…(9절)
> 내가 또 알아본즉 레위 사람들의 받을 몫을 주지 아니 하였으므로…(10절)

내가 모든 민장들을 꾸짖어…(11절)

내가 레위 사람을 불러 모아…(11절)

내가 경계하였고…(15절)

내가 성문을 닫고…(19절)

내가 책망하고 저주하며 그들 중 몇 사람을 때리고 그 머리털을 뽑고…(25절)

내가 이와 같이 그들에게 이방 사람을 떠나게 하여 그들을 깨끗하게 하고…(30절)

그는 거리낌 없는 신실한 마음으로 이렇게 말했다.

이방 사람들을 떠나게 함

13장은 네 개의 주요 부분들과 한 개의 부차적인 부분으로 구성돼 있다. 부차적인 부분인 13장 1-3절은 따로 분리된다. 이 부분은 역사적 사건에 대한 기록이다. 그러나 이 사건은 즉시 일어나지는 않았다. "그 날"이라는 말은 성벽 봉헌식 이후에 느헤미야가 예루살렘으로 되돌아오기까지 발생한 사건에 대해 말하고 있다. 그들은 신명기 3장 3-5절을 읽는 중에 유대인들이 암몬과 모압과 더불어 교제하는 것을 금하는 말씀을 발견했다. 그들은 이스라엘을 돕지 않았을 뿐더러 발람에게 뇌물을 주어 하나님의 백성을 저주하게 했다. 하나님은 저주를 복으로 바꿔

주셨다(민 11-25장). 하나님의 명령은 여전히 유효했기에 느헤미야를 좇던 사람들은 그 명령을 순종했다.

여기에서 두 가지 재미있는 사실이 있다. 첫째는 개혁이 다시금 하나님의 말씀에 기초했다는 것이고 둘째는 이 개혁은 짧았다는 것이다. 다음 부분에서 주역한 도비야는 암몬 사람이었다!(2:10, 19)

느헤미야는 불순종을 제대로 다루는 방법을 보여주었다. 집을 청소하라!

1. 성전 청소(13:4-9)

이전에 우리 하나님의 전의 방을 맡은 제사장 엘리아십이 도비야와 연락이 있었으므로 도비야를 위하여 한 큰 방을 만들었으니 그 방은 원래 소제물과 유향과 그릇과 또 레위 사람들과 노래하는 자들과 문지기들에게 십일조로 주는 곡물과 새 포도주와 기름과 또 제사장들에게 주는 거제물을 두는 곳이라 그 때에는 내가 예루살렘에 있지 아니하였느니라 바벨론 왕 아닥사스다 삼십이년에 내가 왕에게 나아갔다가 며칠 후에 왕에게 말미를 청하고 예루살렘에 이르러서야 엘리아십이 도비야를 위하여 하나님의 전 뜰에 방을 만든 악한 일을 안지라(느 13:4-7).

도비야가 성전에 들어왔다는 사실은 충격적이다. 도비야는 느헤미야를 처음부터 대적한 사람이다. 예루살렘의 재건은 도비야의 심기를 심히 불편하게 했기에(2:10), 그는 여우 한 마리라도 성벽을 무너뜨릴 수 있다고 조롱했다(4:3). 도비야는 무력간섭(4:10)과 뇌물로 거짓 선지자를 매수할 정도로 외부적 적대감을 가지고 있었다.

그러나 도비야에게는 다른 면이 있었다. 그의 내부적 적대감은 느헤미야에게 감절의 위협을 가했다. 이에 대해 자세히 알아보자. 공공연히 도비야를 칭찬하던 유대인들(6:17-19), 유대인과의 결혼(6장 18절을 에스라 2장 25절, 느헤미야 3장 30절과 비교해 보라), 유대의 최고 종교지도자인 대제사장 엘리아십과의 연락(13:4).

도비야가 얻으려 했던 것이 무엇일까? 왜 그는 느헤미야의 없는 틈을 이용해서 성전 안으로 들어가려 했던 것일까? 이는 그가 성전에서 유다의 영적, 사회적, 경제적 영향력을 행사하고자 했기 때문이다.

도비야는 한 사람의 지위를 이용하여 성전에서 권력을 공공연히 휘둘렀다. 그 사람은 누구인가?

성전에는 두 번째 원수가 있었다. 많은 경우에 그는 도비야보다 훨씬 위험한 인물이었다. 그는 대제사장 엘리아십이다. 무엇이 그를 매우 위험한 인물이 되게 했을까? 그는 자신이 마땅히 맞추어야 할 기준들을 낮췄다. 그의 죄는 방임죄이다. 그는 잘못된 것이라고 여겨진 것들을 수치와 책망과 징계 없는 상태에서 자유롭게 행했다. 12년 동안 총독으로 섬겼던 느헤미야의 강력한 리더십은 엘리아십이 활동하지 못하도록 했다. 그러나 느헤미야 총독이 아닥사스다 왕에게로 돌아가자, 엘리아십의 얼굴이 밝아졌다. 그는 느헤미야의 개혁에 진저리를 쳤다.

그렇기 때문에 나는 엘리아십을 이스라엘의 제일의 원수라고 부르는 것이다. 그는 영적 리더였다. 리더의 태만은 추종자들에게 영향을 끼치게 된다. 그것은 나라 전체에 영향을 끼친다. 느헤미야는 그 동안 레위인들이 받을 몫을 받지 못하고 있었던 것"(10절)을 알게 되었다. 백성은 부패한 리더를 후원하고 싶지 않았기 때문에 헌금을 하지 않았다. 모든 유대인들이 성전 안에서의 영적 타락을 감지하고 있었다(15-22절). 대제사장이 유대인들을 사악한 길로 이끌었기 때문에 그들이 이방인들과 결혼을 하게 되었다. 엘리아십의 손자는 산발랏의 딸과 결혼했다!(13:28) "엘리아십이 도비야를 위하여 하나님의 전 뜰에 방을 만든 악한 일을 안지라."라고 한 느헤미야의 말은 엘리아십의 악행을 가장 잘 묘사해준다.

도비야를 만난 느헤미야의 마음은 심히 불쾌했다. 도비야는 느헤미야의 형제가 아니라 추방되어야 할 원수였다. 대제사장을 쥐락펴락했던 도비야의 영향은 성전을 더럽혔다. 예수님이 "더럽혀진" 성전을 보셨을 때, 하나님의 영광을 위해서 분노를 발하셨다. 느헤미야도 그렇게 했다. 성경은 엘리아십이 저지른 잘못을 선명하게 제시하고 있다. "도비야를 위하여 한 큰 방을 만들었다"(5절). 느헤미야는 이에 대한 해결책을 가지고 있었다.

> 내가 심히 근심하여 도비야의 세간을 그 방 밖으로 다 내어 던지고 (느 13:8).

그는 도비야의 가구들을 밖에 내어 던지므로 집을 청소했다. "명령하여 그 방을 정결하게 하고"(9절). 이 방법은 의식적으로 정결하게 한 것이거나 사실상의 훈증 소독(향을 피움)이었을 수도 있고, 두 가지 모두일 수도 있다. 느헤미야는 도비야의 체취조차도 방에 남아 있는 것을 원치 않았다! 하나님의 전의 기명과 소제물이 새롭게 청소된 방에 놓여졌다.

2. 십일조 회복(13:10-14)

느헤미야는 성전을 청소한 직후 본연의 예배를 회복시켰다.

> 내가 또 알아본즉 레위 사람들이 받을 몫을 주지 아니하였으므로 그 직무를 행하는 레위 사람들과 노래하는 자들이 각각 자기 밭으로 도망하였기로(느 13:10).

느헤미야의 다음 사역은 대제사장의 타협으로 인한 예배의 퇴보에 관계가 있다. 레위인들의 양식을 공급했던 십일조 창고는 텅텅 비어 있었다! 레위인들은 성전을 섬기는 대신 살기 위해서 저마다 밭 있는 곳으로 도망했다. 다음 구절이 보여주는 바와 같이 대제사장과 여느 리더들에게도 책임이 있었다.

> 내가 모든 민장들을 꾸짖어 이르기를 하나님의 전이 어찌하여 버린 바 되었느냐 하고 곧 레위 사람을 불러 모아 다시 제자리에 세웠더니(느 13:11).

하나님의 전을 버려두는 것은 유대인들의 오랜 문제였다. 우리는 이런 문제를 8-12장에서 보게 된다. 하나님께서는 선지자 말라기를 사용해서 이를 거스르는 말씀을 선명하게 하셨다. 말라기는 느헤미야처럼 문제의 근원으로 나아갔다. 말라기 1장은 "더러운 떡"으로 하나님을 예배하던 제사장들의 죄를 책망했다. 곧 백성도 제사장들이 하던 대로 따라 했다. 우상숭배와 경솔한 이혼과 하나님의 십일조를 도적질한 것은 느헤미야가 이곳에서 대면한 유대인들의 죄악과 연결된다. 말라기는 느헤미야가 바사로 돌아가 있었을 때에 이 메시지를 전달했을 가능성이 있다.

느헤미야는 리더들(민장들)을 꾸짖은 후에 레위인들과 찬양대원들을 불러 모아서 다시 "그 처소"에 세웠다. 선하고 경건한 통치는 항상 좋은 결과를 낳는다. 성전이 청소된 후에 무슨 일이 일어났는지 보라.

> 이에 온 유다가 곡식과 새 포도주와 기름의 십일조를 가져다가 곳간에 들이므로(느 13:12).

13절은 약간의 설명이 필요하다.

> 내가 제사장 셀레먀와 서기관 사독과 레위 사람 브다야를 창고지기로 삼고 맛다냐의 손자 삭굴의 아들 하난을 버금으로 삼았나니 이는 그들이 충직한 자로 인정됨이라 그 직분은 형제들에게 분배하는 일이었느니라(느 13:13).

느헤미야는 자신이 소유한 모든 권세를 사용해서 신실한 사람들에게 리더십을 위임했다. 내가 읽어본 주석들 중에서 오직 키릴 바버만이 그 대제사장(엘리아십)의 미래에 대해서 언급했다.

제사장들과 레위인들은 느헤미야의 강력한 리더십 하에 이전의 사역들을 회복했다. 엘리아십의 별은 하늘에서 떨어졌고, 다시는 뜨지 않았다. 느헤미야는 다른 충직한 남자들을 선별하여 엘리아십의 자리를 대신하게 했으며(13:13), 그 형제들에게 적절하고 동등하게 일을 분배하게 했다.

한 가지 주목할 만한 것이 있다. 그것은 여러 서기관들 중에 사독의 이름이 언급되었다는 것이다. 이전에는 오로지 에스라만이 서기관(학사)이라고 불려졌었다. 에스라의 이름이 더 이상 언급되지 않은 것을 보아 아마도 그는 바벨론으로 돌아간 듯하다. 아니면 이때에 그는 이미 활동하기에 너무 늙은 사람이었던지 혹 사망했을 수도 있다.

13장에 기록된 네 기도들 중에 한 열렬한 기도를 마지막으로 이 부분은 끝이 난다. '나를 기억하옵소서'라는 기도는 도움을 구하는 청원과 기억되고자 하는 열망을 드러내준다. 그는 이러한 개혁들이 다시 일어나는 것을 원치 않았다. 느헤미야가 '나를 기억하옵소서' 라고 한 기도는 하나님 앞에서의 그의 솔직함과 영원한 가치를 위한 삶에 대한 생각을 드러내준다.

3. 안식일 회복(13:15-22)

느헤미야가 당면했던 세 번째 큰 문제는 유다 백성이 안식일을 지키고자 하는 관심이 없어진 것이었다. 유대력에 의하면, 안식일(토요일)은 안식하는 날이어야 했다. 안식일은 주님이 세상을 창조하신 후에 안식하신 것을 본받아 지켜지게 되었다. 안식일을 지키는 것은 모세의 율법에만 기록된 것이 아니라 느헤미야 10장 31절에 기록된 바와 같이 유다 백성이 언약하며 인친 영역이기도 하다. 그들은 다시금 자신들의 맹약을 소홀히 했다.

엘리아십의 방임주의는 먼 곳에까지 나쁜 결과를 초래했다. 예루살렘뿐만 아니라 지방 도시들도 동일한 문제로 인해 고통을 받았다. 오늘날도 마찬가지로 강단에서 저질러진 죄악은 성도석의 죄악을 만든다. 느헤미야는 다시금 긴급한 행동과 적극적으로 참여하는 리더십을 통해 우리에게 깊은 인상을 준다. 그는 예루살렘에서 일어나고 있던 일이 무엇인지 알고 있었다. 그는 지방 도시들 안에서 무슨 일이 일어나고 있었는지도 알고 있었다.

> 그 때에 내가 본즉 유다에서 어떤 사람이 안식일에 술틀을 밟고 곡식단을 나귀에 실어 운반하며 포도주와 포도와 무화과와 여러 가지 짐을 지고 안식일에 예루살렘에 들어와서 음식물을 팔기로 그 날에 내가 경계하였고(느 13:15).

한 가지 중요한 암시가 있다.

> 내가 유다의 모든 귀인들을 꾸짖어 그들에게 이르기를 너희가 어찌 이 악을 행하여 안식일을 범하느냐 너희 조상들이 이같이 행하지 아니하였느냐 그래서 우리 하나님이 이 모든 재앙을 우리와 이 성읍에 내리신 것이 아니냐 그럼에도 불구하고 너희가 안식일을 범하여 진노가 이스라엘에게 더욱 심하게 임하도록 하는도다(느 13:17-18).

그는 귀족들을 꾸짖어서 문제의 뿌리를 뽑았다. 귀족들은 하나님께서 금하신 안식일에 일하는 것을 허용했다. 그들은 다른 방식으로 안식일을 지켰거나 자기의 주머니를 채우려고 했다. 어쨌든 그들은 죄를 범한 것이다. 안식일을 범한 것이 그들의 잘못이었다. 범했다라는 말은 그들의 태도에 대한 좋은 표현이다. 이것은 '깔보다, 업신여기다'의 의미를 지니고 있다. 느헤미야는 리더들이 하나님의 날을 존중했으면 백성도 그날을 존중했을 것이라는 점을 알고 있었다. 그는 회고록 전체를 통해 우리에게 리더십의 실패가 가장 큰 문제라는 교훈을 준다. 문제 해결은 리더가 태도를 바꿀 때에 가능하다.

만약 당신이 리더십을 열망하고 있다면, 책망만으로는 충분하지 않다는 것을 기억하라. 책망 다음에는 특별한 행동의 단계들이 따라야 한다. 우리는 우리가 면밀히 살핀 것만을 기대할 수 있다. 많은 리더들이 집으로 돌아가서 자신들이 했던 영감 있는 연설들을 자랑할 시간에 느헤미야는 자신의 명령들이 수행되었는지 확인했다. 유대인들은 해지는 때부터 다음날 해지는 때까지를 하루로 계산한다. 안식일의 해질녘에 그는 성문들 앞에 있었다. "성문을 닫으시오. 안식일이 지나가기 전에는 성문을 열지 마시오." 그는 확실히 해두기 위해서 자기 종들을 성문에 배치해서 감독하게 했다. 다음 두 구절들은 해설이 필요 없다. 그냥 읽어서 교훈을 얻으라.

> 장사꾼들과 각양 물건 파는 자들이 한두 번 예루살렘 성 밖에서 자므로 내가 그들에게 경계하여 이르기를 너희가 어찌하여 성 밑에서 자느냐 다시 이같이 하면 내가 잡으리라 하였더니 그후부터는 안식일에 그들이 다시 오지 아니하였느니라(느 13:20-21).

나는 그의 기도로부터 리더십에 대한 다른 무언가를 배웠다. 그는 정결케 된 문지기들을 배치 – 장기적 문제해결 – 한 후에 하나님께 "주의 크신 은혜대로 나를 아끼시옵소서"(22절)라고 간구했다. 나는 느헤미야가 자신이 연약한 인간이라고 느꼈을 것이라고 생각한다. 리더들은 아놀드 슈월츠제너거들이 아니다. 리더들은 불룩한 근육이 아닌, 전능자의 강한 능력을 믿는 믿음으로 세상을 정복한다. 인간적으로 말해서, 혼자 원수들을 맞선다는 것은 두려운 일이다. 느헤미야는 대제사장과 부자들과 영향력 있는 도비야와 성전을 섬기는 자들과 귀족들과 근골이 억세고 무기를 들고 있으며 검은 수염을 가진 아랍 상인들을 대면했다 (20절). 이런 일에는 용기가 필요했다. 오직 하나님께서만이 우리에게 용기를 주실 수 있다. 리더들도 두려움에 떨 수 있다. 주님, 우리를 아끼시옵소서.

13장은 리더십의 영광보다는 리더십의 고통에 대한 교훈을 주고 있다. 홀로 서기. 재건. 때로 탄자니아의 마라톤 선수 존 아쿠와리처럼 "피에 젖은 붕대"를 두른 채로 끈기 있게 경주해야 했다. 두 번 세 번 수리한 것들이 훼손되어서 다시 수리해야 했다. 그러면서도 역사가 끝나기 전에는 손을 떼지 않았다. 그리고 "우리의 딸들을 이 땅 백성에게 주지 아니하고 우리의 아들들을 위하여 그들의 딸을 데려오지 아니하겠다"(10:30)고 한 언약은 깨졌다. 그래서 느헤미야는 다시 시작해야 했다.

4. 가정 회복(13:23-29)

아마도 모든 문제들 중에서도 가정을 회복하는 것이 느헤미야에게는 가장 어렵고 위험한 일이었을 것이다. 이스라엘 백성에게 이방인과의 결혼은 혼혈과 혼합된 언어와 혼합된 종교를 의미한다.

> 그 때에 내가 또 본즉 유다 사람이 아스돗과 암몬과 모압 여인을 맞아 아내로 삼았는데 그들의 자녀가 아스돗 방언을 절반쯤은 하여도 유다 방언은 못하니 그 하는 말이 각 족속의 방언이므로(느 13:23-24).

그들에게 언어가 없다는 것은 성경을 읽을 수 없다는 것을 의미한다. 하나님의 백성에게 성경이 없으면 그들은 더 이상 하나님의 음성을 들을 수 없다. 이방인과의 결혼은 이스라엘을 다시 균형 없는 멍에를 메고 절름거리게 했다. 하나님께서는 우리를 세상에서 따로 불러내셔서 그리스도인이 되게 하셨다. 왜 그것이 중요한 것일까?

세상으로부터의 분리는 좋은 것이다. 이것은 우리가 세상과 다르다는 것을 보여준다.

> 아들이 있는 자에게는 생명이 있고 하나님의 아들이 없는 자에게는 생명이 없느니라(요일 5:12).

그 생명은 그리스도 자신의 생명과 다름없다. 그 생명은 우리가 죽을 때에 얻는 것이 아니다. 만약 우리가 그리스도를 알고 있으면, 이미 생명을 소유하고 있는 것이다. 그 생명을 소유한다는 것은 내가 더 이상 이방인이 아니라는 의미이다. 나는 새로운 피조물이다. 그리스도를 믿지 않는 자는 오래된 피조물이다.

이 새 생명은 새로운 언어와 새로운 삶의 양식과 새로운 헌신으로 표현된다. 나의 배우자는 나와 동일한 피부색과 동일한 문화를 가지고 있지 않아도 된다. 그러나 그 또는 그녀는 동일한 그리스도를 소유해야 한다. 우리는 그리스도와 사탄을 섞을 수 없다.

> 만일 집이 스스로 분쟁하면 그 집이 설 수 없고(마 3:25).

> 내가 그들을 책망하고 저주하며 그들 중 몇 사람을 때리고 그들의 머리털을 뽑고 이르되 너희는 너희 딸들을 그들의 아들들에게 주지 말고 너희 아들들이나 너희를 위하여 그들의 딸을 데려오지 아니하겠다고 하나님을 가리켜 맹세하라 하고(느 13:25).

느헤미야가 이렇게 폭발적으로 반응한 이유는 무엇일까? 사람을 때리고 머리털을 뽑은 것은 지나친 행동같이 보인다. 특히 죄를 가볍게 여기는 사람들에게는 더더욱 그러할 것이다. 이스라엘의 공동 일치는 위태로웠다. 가정의 미래는 국가의 미래이다. 그는 신의 명령들을 지키지 않은 사람들을 저주 - 불경이 아님 - 해달라고 하나님께 구했다. 그러고 나서 그는 유대인들로 하여금 이방인과의 결혼을 즉시 멈출 것을 맹세케 했다.

> 또 이르기를 옛적에 이스라엘 왕 솔로몬이 이 일로 범죄하지 아니하였느냐 그는 많은 나라 중에 비길 왕이 없이 하나님의 사랑을 입은 자라 하나님이 그를 왕으로 삼아 온 이스라엘을 다스리게 하셨

으나 이방 여인이 그를 범죄하게 하였나니(느 13:26).

느헤미야가 솔로몬의 삶을 예로 들은 것은 강력한 호소력이 있었다. 그는 솔로몬이 모든 장점을 지니고 있었음에도 불구하고 이방 여인들과의 혼인을 피하지 못했는데, 당신이 그것을 피할 수 있다고 생각하지 말라고 한 것이다. 솔로몬의 지혜와 경건은 이스라엘을 최고점에 이르게 했다. 그의 교만과 정욕은 이스라엘을 밑바닥으로 떨어지게 했다.

> 대제사장 엘리아십의 손자 요야다의 아들 하나가 호론 사람 산발랏의 사위가 되었으므로 내가 쫓아내어 나를 떠나게 하였느니라 내 하나님이여 그들이 제사장의 직분을 더럽히고 제사장의 직분과 레위 사람에 대한 언약을 어겼사오니 그들을 기억하옵소서(느 13:28-29).

심지어 대제사장도 이러한 죄를 저질렀다. 일찍이 진술한 바와 같이, 그리고 솔로몬에 대한 기록이 매우 적절히 증명하듯이, 백성을 심판대에 오르게 한 자들은 이스라엘의 리더들이었다. 대제사장 엘리아십의 손자는 산발랏의 딸과 결혼했다. 이 산발랏은 느헤미야의 예루살렘 중수를 맹렬히 반대했던 산발랏과 동일 인물임이 확실하다.

느헤미야는 그들 – 엘리아십의 손자와 산발랏 – 을 추방했고, 하나님의 심판이 그들 위에 임하기를 위해 기도했다. 그들은 레위기 21장의 정결법을 어기므로 제사장직을 더럽혔다.

내가 이와 같이 그들에게 이방 사람을 떠나게 하여 그들을 깨끗하게 하고 또 제사장과 레위 사람의 반열을 세워 각각 자기의 일을 맡게 하고 또 정한 기한에 나무와 처음 익은 것을 드리게 하였사오니 내 하나님이여 나를 기억하사 복을 주옵소서(느 13:30-31).

느헤미야는 문제를 단호하게 바로잡았다. 그렇게 하는 것은 그의 전형적인 스타일이었다. 이방인과의 혼인으로 인해 더럽혀진 사람들을 정결케 하는 것이 문제를 해결하는 방법이었다. 제사장들과 레위인들이 이에 따르는 결과를 책임졌다. 그는 또한 성전에 필요한 나무와 처음 익은 것을 드리게 했다. 그리고 난 후, "내 하나님이여, 나를 기억하사 복을 주옵소서."라고 전형적인 방식으로 기도를 드렸다.

느헤미야의 인생으로부터 얻는 교훈들

느헤미야가 성벽을 건축하고 사람들을 이끄는 것을 보면서, 우리 모두는 리더십에 대한 다수의 귀중한 교훈들을 얻었다. 그 중에서 가장 중요한 것들을 정리해보았다.

비전

회복되고 번영한 예루살렘은 겉으로 보이는 결과이다. 하나님께서 느헤미야에게 주신 비전은 내적이고 비가시적인 양식이었다. 이것은 마치 씨앗이 없이는 꽃을 피울 수 없는 것같이 먼저 비전을 소유하지 않고서는 삶을 변화시키는 리더십이 있을 수 없다는 것을 말하는 듯하다. 비전은 하나님께서 우리 삶 속에서 이루시기를 원하시는 것이 무엇인지를 보게 하는 능력이다. 비전은 미래를 바꾸어 놓는다.

전략

비전은 지각이며, 내적인 그림이다. 그러나 이것은 실제적이고도 효과적이다. 느헤미야는 선명하고 이성적인 계획들을 갖고 있었다. 장시간의 기도와 생각과 계획은 그의 비전을 성공적으로 이루기 위해 지불한 대가였다. 그의 전략에는 다른 사람들에게 자기의 비전을 말하는 기술과 시간적 조절이 포함되었다.

영성

하나님의 말씀과 기도는 느헤미야 인생의 특징이 되었으며, 그에게 힘을 불어넣어 주었다. 이와 같이, 그는 하나님이 무엇을 원하시는지를 알았고, 그분이 그로 하여금 하게 하신 일에 자신의 삶을 헌신했다. 그는 예수님처럼 "나의 원대로 하지 마옵시고, 아버지의 원대로 하옵소서." 라고 말씀드릴 수 있었다.

용기

용기는 우리의 지식이 유효하다는 것을 아는 것으로부터 온다. 어떤 반대자도 "하나님이 내 마음에 주시는 일"을 방해할 수 없다. 정치적 경쟁자들과 원수의 군대들과 배반자들이 느헤미야를 멈추게 하려고 시도했다. 그러나 한 사람도 성공하지는 못했다.

정직

느헤미야는 남에게서 받기 위함이 아니라 베풀기 위해서 자기의 직분을 사용했다. 그는 부하들을 존중했고, 동료들을 높였으며, 수고한 사람들에게 칭찬을 아끼지 않았다. 어떤 스캔들도 그의 사역에 먹구름을 끼게 하지는 못했다.

분별

분별은 영적 육감이다. 이것은 당신이 하나님께로 가까이 나아갈 때와 당신의 두 눈을 주님께 고정시킬 때에 작용된다. 느헤미야는 사람들과 사건들을 분별했던 기민한 관찰자였다. 그는 너그러웠지만 쉽게 상처 받지 않았고, 사람들을 사랑했지만 결코 잘 속아 넘어가지 않았다.

인내

우리는 느헤미야의 소명(1장)부터 마지막 개혁(13장)까지의 시간을 25년 정도로 어림잡는다. 그는 성벽을 건축하기 위해서 모든 반대를 견뎌냈으며, 성벽 봉헌식을 하기 전까지 영적 갱신이 오기를 인내로써 기다렸다. 약 25년 후에 그는 예전과 동일한 문제들을 다시 바로잡는 사역을 했다. 그는 과거와 동일한 방법을 사용했다! 느헤미야는 결코 포기하지 않았다.

이 마지막 장의 소제목에 관심을 기울여보자. - 하나님의 사람을 기

억하라

　　느헤미야는 하나님께서 원하시는 것이 무엇인지를 알 때까지 하나님을 앙망한 인물이다. 그리고 그는 전심으로 그 일을 감당했다. 그는 문제를 해결하는 동안에 원수로부터 도망하지 않았고 문제로부터 등을 돌리지 않았다. 그는 회복된 성벽의 궁극적인 목적은 사람들을 다시 세우는 것이었음을 알았다. 그는 가난한 사람들을 위해 애통해 했으며, 위선자들을 꾸짖었으며, 부자들과 유력한 자들을 두려워하지 않았다. 그는 리더십의 특권들 중의 하나라도 오용하지 않았다. 그의 첫 번째 관심은 하나님의 영광이었으며, 두 번째 관심은 이스라엘 백성의 행복이었다. 그리고 그는 시작한 것은 끝을 보았다.

　　그는 아마도 "내 하나님이여, 나를 기억하옵소서."라고 말할 필요가 없었을 것이다. 하나님께서는 잊지 않으신다.